Jesús Montoya Juárez / Ángel Esteban (eds.)

IMÁGENES DE LA TECNOLOGÍA Y LA GLOBALIZACIÓN EN LAS NARRATIVAS HISPÁNICAS

Jesús Montoya Juárez/Ángel Esteban (eds.)

IMÁGENES DE LA TECNOLOGÍA Y LA GLOBALIZACIÓN EN LAS NARRATIVAS HISPÁNICAS

Iberoamericana - Vervuert - 2013

Derechos reservados

© Iberoamericana, 2013
Amor de Dios, 1 – E-28014 Madrid
Tel.: +34 91 429 35 22
Fax: +34 91 429 53 97

© Vervuert, 2013
Elisabethenstr. 3-9 – D-60594 Frankfurt am Main
Tel.: +49 69 597 46 17
Fax: +49 69 597 87 43

info@iberoamericanalibros.com
www.ibero-americana.net

ISBN 978-84-8489-750-7 (Iberoamericana)
ISBN 978-3-86527-303-6 (Vervuert)

Depósito Legal: M-33252-2013

Impreso en España

Diseño de cubierta: a. f. Diseño Gráfico

Ilustración de cubierta: Shutterstock.

Este libro está impreso íntegramente en papel ecológico sin cloro.

ÍNDICE

PRÓLOGO 9
    Ángel Esteban / Jesús Montoya Juárez

I. PAUTAS CULTURALES EN LA ÚLTIMA NARRATIVA EN ESPAÑOL
    Francisca Noguerol
    Barroco frío: simulacro, ciencias duras, realismo histérico
    y fractalidad en la última narrativa en español 17

    Vicente Luis Mora
    Sujeto a réplica : el estatuto narrativo del sujeto palimpsesto
    y formas literarias de identidad digital 33

    Jorge Carrión
    Zapping de géneros. Una lectura hispánica 61

    Juan Francisco Ferré
    Taxonomías transatlánticas: lo hipertextual
    y lo mediático en la narrativa en español del siglo XXI 73

    Hugo Achugar
    ¿Nuevas novedades? Acerca de las ansiedades
    ante los cambios tecnológicos en la "ciudad letrada" 119

II. HIBRIDEZ TECNOLÓGICA, CULTURA DE MASAS Y POÉTICAS DEL DESPLAZAMIENTO
    Jesús Montoya Juárez
    Más allá de la nostalgia: remediación televisiva
    en *El llanto* de César Aira 141

Virginia Capote Díaz
Silvia Galvis heredera de la tradición massmediática
de Manuel Puig. De *Boquitas pintadas* a *Sabor a mí* 171

Belén Ramos Ortega
Edmundo Paz Soldán: el nuevo realismo (mágico)
en la globalización 189

Ángel Esteban / Yannelys Aparicio
La hibridez multiestructural de Gustavo Pérez Firmat
y Junot Díaz 201

Gustavo Pérez Firmat
Destierro y destiempo 215

III. CAMBIO DE FORMATO: APROXIMACIONES A LA LITERATURA ELECTRÓNICA LATINOAMERICANA

Daniel Mesa Gancedo
Prospecciones en *Tierra de extracción* 225

Doménico Chiappe
La literatura envolvente y otros retos del escritor multimedia 269

SOBRE LOS AUTORES 281

Prólogo

Jesús Montoya y Ángel Esteban
Universidad de Murcia/Universidad de Granada

El desarrollo y penetración social de la tecnología de los medios masivos de comunicación y de la información ha acelerado las conexiones globales y permitido el desarrollo de una simultaneidad a través de la cual el tiempo y el espacio se resignifican. La implosión del espectro digital y la presión de la cultura de la imagen contemporánea, cada vez menos representativa de la realidad cartesiana y más "presentativa" de múltiples realidades que coexisten con ella paralela o virtualmente, no sólo está transformando los modos de presentación, distribución y conexión de la literatura con los lectores, deshilvanando los campos literarios y artísticos de la modernidad, sino que también está transformando vertiginosamente, junto con el sujeto que escribe, la propia producción narrativa. La literatura de las últimas dos décadas viene siendo seducida formal y temáticamente por la imagen, los medios y la tecnología de lo que Mark Poster llama desde los años noventa una segunda edad de los media. Nuevas categorías modifican también el escenario de la crítica literaria: "literaturas postautónomas" (Ludmer), *"after-pop"* (Fernández Porta), "ergódicas" (Aarseth), *"pangeicas"* y *"textovisuales"* (Mora 2007, 2012), "espectáculos de realidad" (Laddaga), "metaficción virtual" (Carrera), "literatura hiperfónica" (Chiappe), "realismos neoliberales" (Noemí) y "del simulacro" (Montoya Juárez) son términos que buscan apresar, desde diferentes aproximaciones críticas, la sensibilidad de la narrativa que se está escribiendo en las últimas dos décadas ante el impacto de la penetración multimediática y los procesos globalizadores. El "Crack" mexicano, la narrativa de "McOndo", los "apocalípticos" chilenos, el "grupo Nocilla" español, los "mutantes" colombianos, el *petit boom* peruano, los "novísimos" cubanos, la "joven guardia" argentina, son etiquetas que agrupan de manera asistemática a los autores que en España e Hispanoamérica, desde la década del noventa, han tratado de actualizar aspectos temáticos y formales de la narración literaria en papel, tratando de reflejar o dar cuenta del impacto de la globalización y las formas de hibridación de los medios de masa y la tecnología de la comunicación con la conciencia subjetiva en ecologías culturales del presente. El volumen que el lector tiene en sus manos ha querido atender particularmente a estas presencias tecnológicas y mediáticas y a sus vínculos con procesos de desterritorialización propios de la globalización, en la literatura de los últimos veinte años tratando de confrontar estas presencias con lo que ya es una verdadera tradición de narrativas mediáticas o seducidas por los medios en el canon de la literatura latinoamericana.

Quien se aproxime a estas páginas encontrará trabajos que reflexionan sobre cómo se ven afectadas la escritura literaria, la producción narrativa y la dispribución editorial en la literatura hispanoamericana hacia los años noventa y los dos mil, que analizan cómo la literatura tematiza las conexiones de la tecnología y los medios de comunicación con las transformaciones del sujeto observador y al *sensorium* perceptivo en los noventa y el nuevo siglo, que exploran cómo la tecnología mediática afecta de manera decisiva a la experiencia y a la representación del *self* o a la construcción de la identidad en las ficciones en un formato en papel, tradicional u *off line*, o buscan entender cómo se modifican y amplían las posibilidades de la comunicación literaria de la literatura electrónica con sus lectoespectadores (Mora 2012).

Una primera sección del libro, titulada "Pautas culturales de la última narrativa en español" reúne visiones panorámicas que ponen en el mapa obras o géneros literarios que han surgido específicamente del impacto tecnológico, tales como la tecnoficción, la narrativa de la multiplicidad de la información, el ciberpunk, la ciencia ficción, el estudio de modos y formas de apropiación de la cultura de masas y la tecnología a cargo de la literatura o, mejor, de cómo la literatura *off-line* se piensa a sí misma desde la ecología que la cultura de masas construye. Estas visiones panorámicas apuntan las claves culturales de la última ficción en español, como son "la simbiosis entre teoría y ficción", la "atención a las ciencias *duras*", la "velocidad" e "interconexión de tramas y personajes", la "fractalidad" y "visualidad atractiva" o la proliferación de "recursos ecfrásticos y de diseño", como bien resume Francisca Noguerol en su ensayo. Jordi Carrión explora el *zapping* como metáfora desde la que pensar la influencia de la televisión, Windows e Internet en la última narrativa latinoamericana y española. Encuentra Carrión que la televisión, lejos de haber perdido vigencia como modelo narrativo, muta y se hibrida con los nuevos medios y sigue afectando decisivamente a muchos narradores. Vicente Luis Mora se pregunta qué fantasmas guían las variadas formas de autoproducción del *self* a cargo de la ficción reciente, formas que van más allá de la experimentación con fórmulas inestables de la identidad que ocuparon a la literatura tardomoderna y posmoderna, cartografiando la ansiedad de "dilución, seudonimato o anonimato" en la última narrativa española en sus múltiples formas. Hugo Achugar estudia la producción narrativa emergente de Uruguay, recorre sus obsesiones y rasgos relevantes y propone tres líneas de fuga o tres formas de resolver el conflicto entre literatura y tecnología en la nueva literatura, "Apocalipsis", "redención" y "parodia", en la medida en que es decididamente una nota común entre los jóvenes rehuir responder de forma binaria a dicho conflicto. Una segunda sección del libro la forman capítulos que acometen *close readings* de obras y narradores fundamentales para hablar de las temáticas objeto de análisis de este libro. Es el caso del capítulo a cargo de Virginia Capote, que estudia comparativamente la narrativa de Silvia Galvis y la de Manuel Puig, reubicando la obra de la escritora colombiana en el canon de la "literatura de los medios". El de Belén Ramos, que analiza la poética del boliviano Edmundo Paz Soldán, particularmente concernida por los medios y la contaminación global de la iconosfera. El capítulo a cargo de Jesús Montoya Juárez, que se detiene en tres formas de hibridación tecnológica en la narrativa argentina del siglo XX –(Bioy Casares, Ricardo Piglia y César Aira) para ilustrar la pérdida progresiva de la nostalgia de una noción de realidad sustentada en mediaciones ajenas a la penetración del simulacro contemporáneo, analizando después qué ha cambiado desde los años noventa en adelante en el modo de resolver el conflicto entre escritura y simulacro. Yannelys Aparicio y Ángel Esteban se embarcan en detallar el espectro de la hibridez multiestructural de la literatura latina en EE UU, particularmente en autores de procedencia caribeña, en la medida en que "las condiciones particulares del Caribe facilitan la hibridez, la proyección diaspórica y la condición multiestructural", y elaboran un mapa de esta hibridez, apenas abordada por la crítica literaria española, centrándose en las obras de Gustavo Pérez Firmat y Junot Díaz, entre otros también analizados. El trabajo de Esteban y Aparicio supone un excelente contrapunto al capítulo de Gustavo Pérez Firmat, broche de oro para esta sección. El autor de *Life on the hyphen* (1994) acomete una reflexión lúcida sobre la condición desterritorializada del escritor latinoamericano en los EE UU, en primera persona. Por último, una tercera sección, más breve, pero de enorme interés, "Cambio de formato: aproximaciones a la literatura electrónica latinoamericana", queda conformada por estudios sobre literatura electrónica, una literatura transmedial, aumentada por las posibilidades de lo multimedia, que los editores pedimos a dos especialistas en las novedades que el medio o el formato electrónico suponen a propósito de literaturas electrónicas latinoamericanas. Es el caso de los trabajos del escritor peruano Doménico Chiappe y de Daniel Mesa Gancedo, precisamente el de este último sobre la obra electrónica colectiva *Tierra de extracción*, coordinada por el propio Chiappe.

Este libro ha visto la luz gracias a la financiación del grupo de investigación "HUM-186: Estudios literarios de la Universidad de Granada", la Consejería de Innovación, Ciencia y Empresa de la Junta de Andalucía, y el Departamento de Literatura Española de la Universidad de Granada, nuestra casa, el lugar de donde parten y adonde regresan nuestros pasos. El lector se halla por tanto ante la última posta de un camino que tuvo su punto de inicio en 2006, y que viene siendo jalonado ya por cuatro seminarios internacionales de narrativa hispanoamericana contemporánea celebrados en la Universidad de Granada, organizados entre 2007 y 2012, y por el congreso "Últimas tendencias en la narrativa hispanoamericana", celebrado en la Universidad de Salamanca (2009). Este libro es el quinto volumen de una serie de publicaciones en las que hemos colaborado (*Entre lo local y lo global: la narrativa latinoamericana en el cambio de siglo* [2008], *Miradas oblicuas en la narrativa latinoamericana contemporánea* [2009], *Narrativas latinoamericanas para el siglo XXI* [2010] y *Literatura más allá de la nación* [2011]), que vienen tratando de explorar el impacto de los procesos globalizadores sobre la literatura, cartografiando las transformaciones de la narrativa latinoamericana desde mediados de los noventa hasta el presente.

Un camino gozoso de investigación e intercambio que nos ha permitido establecer vínculos con especialistas que están trabajando en la misma línea en España, Estados Unidos, Alemania, Francia, Suiza y América Latina, Algunos de nosotros hemos acabado integrando un Proyecto de I+D+i del Plan Nacional de Investigación, que tiene por título "Globaltec: globalización y tecnología en la narrativa hispanoamericana desde 1990" (FFI 2012-37373). Esperamos nos reúna en futuros encuentros en años venideros, en los que aspiramos a establecer nuevas redes, abrir más interrogantes que nos ayuden a pensar la mutación civilizatoria que están catalizando los procesos globalizadores y la penetración mediática de nuestro presente. Globalización y tecnología son dos elementos de juicio para pensar las transformaciones de la literatura culturalmente más relevante de nuestro siglo. Porque, haciendo nuestra la conclusión de Hugo Achugar, que parafrasea a Monterroso, ahora, cuando hemos despertado, a la vuelta del siglo xxi, "la literatura todavía estaba allí". Quizás no sea "la literatura que hemos conocido, pero eso –señala Achugar–, recordando los tiempos pos Gutenberg, no es novedad".

Bibliografía

Aarseth, Espen (2004): "La literatura ergódica". En: Sánchez Mesa, Domingo (comp.): *Literatura y cibercultura*. Madrid: Arco/Libros, 117-146.

Carrera, Liduvina (2001): *La metaficción virtual*. Bogotá: Universidad Católica Andrés Bello.

Chiappe, Doménico (2007): "Literatura hiperfónica y multimedia". En: *Letras Libres*, nº 78, <http://www.domenicochiappe.com/pg_d_3b.html>.

Fernández Porta, Eloy (2007): *Afterpop: la literatura de la implosión mediática*. Córdoba: Berenice.

Laddaga, Reinaldo (2007): *Espectáculos de realidad*. Rosario: Beatriz Viterbo.

Ludmer, Josefina (2007): "Literaturas postautónomas". En: *Ciberletras: Revista de crítica literaria y de cultura*, nº 17, <http://www.lehman.cuny.edu/ciberletras/v17/ludmer.htm>.

Montoya Juárez, Jesús (2013): *Narrativas del simulacro: videocultura, tecnología y literatura en Argentina y Uruguay*. Murcia: Editum.

Mora, Vicente Luis (2007): *La luz nueva.* Córdoba: Berenice.
— (2012): *El lectoespectador.* Barcelona: Seix Barral.
Noemí, Daniel (2008): "Y después de lo post, ¿qué? (Realismos, vanguardias y mercado en la narrativa hispanoamericana del siglo XXI)". En Montoya Juárez, Jesús/Esteban, Ángel (eds.): *Entre lo local y lo global: la narrativa latinoamericana en el cambio de siglo.* Madrid/Frankfurt: Iberoamericana/Vervuert, 83-98.

I
Pautas culturales en la última narrativa en español

Barroco frío: simulacro, ciencias duras, realismo histérico y fractalidad en la última narrativa en español[1]

Francisca Noguerol
Universidad de Salamanca

> "Hoy en día hemos puesto en práctica
> los tres atributos de lo divino: la ubicuidad, la instantaneidad
> y la inmediatez; la visión total y el poder total"
> (Paul Virilio 1997: 19).

¿Cómo influye el contexto actual –definido por el dominio de los mercados transnacionales, el capitalismo tardío, los medios masivos de comunicación y las nuevas tecnologías– en la literatura de nuestros días? ¿Se pueden apreciar cambios de los paradigmas narrativos más recientes a nivel temático, estructural, lingüístico y retórico? ¿Qué escritores optan por hacerse eco de estas *nuevas realidades*?

Estas tres preguntas se encuentran en la base de cualquier investigación que pretenda acercarse con rigor a la literatura producida en nuestros días. Es evidente que algunos autores afirman seguir usando el bolígrafo, vivir de espaldas a la televisión y usar la computadora,

---

[1]. El presente capítulo da cuenta de los primeros resultados del proyecto de I+D+i "Global-tec: globalización y tecnología en la narrativa hispanoamericana desde 1990" del MINECO, convocatoria 2012.

simplemente, como una máquina de escribir. Sin embargo, el número de quienes se confiesan ajenos a la tecnología desciende considerablemente si nos acercamos a los nacidos a partir de los años sesenta y setenta, *nómadas digitales* adscritos a lo que Mark Poster ha denominado "la segunda edad de los media" (Poster 1995), conscientes por ello de haberse criado influidos por la televisión, la cultura pop, los cómics y, en el caso de los más jóvenes, por los videojuegos y el uso de las redes sociales. Estos autores, sumidos en un contexto socioestético definido por Nicolás Bourriaud como *altermodernidad* (Bourriaud 2009) necesitan de nuevas herramientas conceptuales para comprender sus creaciones, con frecuencia tan complejas como novedosas de acuerdo a los criterios de valoración convencionales.

Así, aunque la literatura tardomoderna sigue copando, mayoritariamente, los primeros puestos en librerías y suplementos literarios, se aprecia cada vez con mayor intensidad la impronta ejercida por una nueva hornada de creadores que dan cuenta en sus textos de la revolución tecnológica actual, similar a la que, señala Robert Darnton, provocó en su momento la invención de la imprenta:

> Después del año 1500, el libro impreso, el folleto, el pliego suelto, el mapa y el cartel quedaron al alcance de nuevas clases de lectores y propiciaron diferentes tipos de lectura. Cada vez más uniforme en su diseño, más económico en su precio y mejor propagado por una amplia distribución, el nuevo libro transformó al mundo. Y no únicamente porque ofreció mayor información. Ofreció, más bien, un modo de comprender, una metáfora fundamental para darle sentido a la vida. Fue así como en el siglo XVI el hombre tomó posesión de la Palabra; en el siglo XVII, empezó a descifrar el "libro de la Naturaleza", y en el siglo XVIII, aprendió a leerse a sí mismo (Darnton 1996: 27).

Efectivamente, la aparición de las fuentes itálica y negrita, los cambios de paginación, el cuerpo de letra mayor y la división en múltiples apartados permitieron una diferente apropiación del texto. Este hecho favoreció la expansión de la lectura pero, sobre todo, determinó un cambio de mentalidad en la organización del saber, lo que conllevó un nuevo espacio de opinión pública que remodeló la sociedad occidental (Chartier 2001).

Los cambios, sin embargo, no siempre son recibidos con simpatía, ya que suponen una necesaria adaptación de nuestras psiques. Este hecho queda constatado en la diferenciación que establece Rodrigo Fresán entre dos periodos ontológicamente opuestos, incluida en el último relato de *La velocidad de las cosas*:

> Hubo un tiempo en que el ritmo del planeta se correspondía exactamente con el de una buena historia, con todo el tiempo del mundo para ser contada. No estuve allí pero puedo jurar que fue hermoso: el siglo XIX, el siglo de los libros, la inequívoca sensación de que la trama de los días y de las noches se movía y progresaba en cuentos y capítulos lentos y bien escritos y que el sonido jadeante de la pluma sobre el papel [...] era tan parecido al de una respiración justa y reflexiva (Fresán 2002: 506).
>
> [...]
>
> [Ahora] Todos miran televisión. Es más fácil. O eso piensa la gente. Es mentira: es más fácil leer. Pero, también, exige de ciertos compromisos y de promesas a cumplir. Leer es una forma de pacto entre nosotros y los que están ahí dentro, al otro lado. El Más Allá es, finalmente, un libro. La propuesta de un libro (no es casual que, en su aspecto formal, la forma y el mecanismo del libro responda exactamente al movimiento de una puerta que se abre e invita a ser traspasada) ha sido sustituida por el engañoso juego de las pantallas que no son más que ventanas con vistas a todas partes pero, finalmente, ventanas que no permiten ser abiertas (Fresán 2002: 498).

Vemos pues cómo los narradores actuales se debaten entre la fascinación y el rechazo a los hilos que mueven nuestro presente –siendo Fresán un ejemplo perfecto de ello–, pero la mayoría parece hacerse eco de la vieja idea del krausismo rodoniano, según la cual "para contar el presente, es necesario hacer ingresar la novela a su lenguaje". En esta misma línea se encuentra la siguiente declaración de Alessandro Baricco:

> Ningún libro puede llegar a ser algo [...] si no adopta la lengua del mundo. Si no se alinea con la lógica, con las convenciones, con los principios de la lengua más fuerte producida por el mundo. Si no es un libro *cuyas instrucciones de uso se hallan en lugares que NO son únicamente libros*. [...] La lengua del mundo, hoy en día, sin duda alguna se gesta en la televisión, en el cine, en la publicidad, en la música ligera, tal vez en el periodismo. Es una especie de lengua del Imperio, una especie de latín hablado en todo Occidente. Está formada por un léxico, por una determinada idea de ritmo, por una colección de secuencias emotivas estándar, por

algunos tabúes, por una idea concreta de velocidad, por una geografía de caracteres. [...] El libro, en sí mismo, no es un valor: el valor es *la secuencia* (Baricco 2008: 90).

Destaquemos así cómo el momento actual se encuentra definido por la ciberpercepción, descrita por Roy Ascott como "la obtención de un sentido de conjunto, la adquisición de una perspectiva a vista de pájaro sobre los acontecimientos, del punto de vista del astronauta sobre la Tierra, del punto de vista del cibernauta sobre los sistemas" (2000: 97). El mundo, gracias al Ojo Divino de Google Earth, se ha convertido en un panóptico donde cualquiera puede ser vigilado desde satélites lejanos, acechado *sin ser visto* como en la teoría carcelaria de Bentham.

Este hecho provoca una pulsión escópica colectiva –es cierto, queremos verlo todo– opuesta a los estados permanentes y a la idea de intimidad, signada por la velocidad y, al mismo tiempo, por el amor al detalle –se recrea tanto en la visión *macro* como en las *microepifanías*–, lo que nos lleva a acelerar y desacelerar la percepción en un *continuum* compuesto de súbitos pantallazos y deslumbramientos. Ante esta situación, Román Gubern destaca cómo la cultura contemporánea no resulta representativa de la realidad cartesiana, sino "presentativa" de múltiples realidades que coexisten con ella paralela o virtualmente (Gubern 2007).

De este modo, se entiende que la escritura contemporánea se asocie al *slipstream* descrito en un artículo homónimo por Bruce Sterling, quien supo dar idea de una nueva categoría literaria definida por el irrespetuoso revoltijo de géneros, estilos y estímulos; la voluntaria confusión de fantasía y realidad; el privilegio de la instantaneidad, el tiempo presente y la entropía; y, todo ello, sin renunciar a la especulación a partir de textos tomados indistintamente de la ciencia, la filosofía, la historia o el periodismo (Sterling 1989).

Éste es el mundo reflejado en la obra de autores anglosajones como Don DeLillo, David Foster Wallace, Paul Auster, Chuck Palahniuk o Zadie Smith –leídos con interés por los autores españoles y latinoamericanos comentados en estas páginas– y el reflejado asimismo en la obra del uruguayo Rafael Courtoisie, quien en *Desafíos de la ficción* recalca la nueva visión poética de estos creadores: "Todos estos procedimientos quizás estén relacionados con la idea de caos y/o exaltación de los sentidos no necesariamente anárquica, no necesariamente racional, sino tributaria de una razón poética diferente" (Courtoisie 2002: 71).

Para acercarse a la narrativa escrita en las dos últimas décadas –atendiendo tanto a la influencia de los medios sobre la misma como a los procesos de globalización y las nuevas tecnologías– se han acuñado términos como *narrativa del ensamblaje mediático* (Johnston 1998) o *de la conciencia mediática* (Paz Soldán y Castillo 2001), *metaficción virtual* (Carrera 2001), *literaturas ergódicas* (Aarseth 2004), *pangeicas* (Mora 2006), *afterpop* (Fernández Porta 2007) y *realismos del simulacro* (Montoya Juárez 2008). Como ya se habrá adivinado, en estas páginas nos referiremos al modo en que los textos literarios están cambiando sus instrumentos de trabajo, dejando de lado, a pesar de su evidente interés, las nuevas formas de comunicación surgidas al amparo de la Red –blogs, textualidades electrónicas, *twitteratura*–, que exceden los límites de la presente reflexión.[2]

Así, destaco diez rasgos fundamentales en la última narrativa escrita en español:

- La voluntaria renuncia a establecer límites entre realidad y ficción, con el consiguiente triunfo del simulacro.
- La simbiosis en sus páginas de teoría y ficción, y la atención a las ciencias *duras*.
- La manifiesta velocidad impresa a las historias, unida a la interconexión de tramas y personajes para dar idea de un universo cercano a la histeria.
- La propensión a la fractalidad, con atención especial concedida al detalle.
- La apuesta por una visualidad atractiva, lo que conlleva el uso continuado de recursos ecfrásticos y de diseño.
- La voluntaria asunción de las más diversas fuentes intertextuales en una clara aceptación del concepto de "vida en citas", lo que explica la importancia concedida al concepto de *homo sampler* y a la traducción.
- La frecuente presencia en los textos de identidades *avatáricas* o *nómadas*.

---

2. Para profundizar en este tema, recomiendo consultar los textos de Raphael (2011: 208-212) y Mora (2011: *passim*).

• La presentación de personajes en espacios *otros*, destacando la importancia concedida en las diversas tramas a los *no lugares* y al territorio virtual.

• La asunción en los textos de tiempos ajenos a la linealidad, con privilegio de los presentes continuos o superpuestos en varias capas.

• La presencia en muchos textos de una carga tragicómica y satírica, a veces combinada con el aliento apocalíptico.

Todo ello da lugar a un estilo que me atrevo a bautizar como "barroco frío", exponente tanto de unas ambiciones escriturales como de una forma de enfrentarse al mundo, y cuyas pautas constituyen actualmente el centro de mi investigación. Por ahora, comento los cuatro primeros rasgos que acabo de reseñar.

El triunfo del simulacro

En este momento de nuestra historia, resulta especialmente difícil establecer límites entre ficción y realidad. De acuerdo a la información que recibimos de las pantallas —sean televisivas, computerizadas, videojuegos o de cualquier otro signo— nuestro mundo se presenta como un simulacro, en el que el sentido de lo real se diluye y el concepto de verdad queda reducido a *grumos* (Vattimo 1987) o, con un término quizás más adecuado por conllevar la idea de fragmentación, *esquirlas* (Hopenhayn 1994).

De este modo, la realidad no se ha visto destruida, sino elevada a la categoría de *espectáculo* (en la mayoría de los casos desquiciado e hiperbólico, con la dislocación consiguiente de sus presupuestos). Así lo destaca Heriberto Yépez en *Contra la Tele-visión* (2009), donde critica la capacidad de este medio para escamotear el presente sin hacerlo desaparecer, hecho especialmente evidente en el formato de los *reality shows*. En la misma línea se sitúa Reinaldo Laddaga con *Espectáculos de realidad*:

> Vivimos en medio de una explosión generalizada de actos de ficción que, desconcertantemente, se realizan en nombre de la sinceridad. Los espectáculos de realidad son inseparables de esta situación. No veo cómo un artista podría, hoy, no estar interesado en ellos. Tampoco veo cómo este hipotético artista, confrontado a esta forma de espectáculo, podría pres-

cindir de imaginar una versión fantástica de ella, que extienda alguno de sus principios y cancele sus elementos más funestos (Laddaga 2007: 56).

Este hecho explica las abundantes analogías presentes entre dos textos contemporáneos: si César Aira describe en *La mendiga* (2000) un universo absurdo mediatizado por la telenovela *Siete lunas* y su protagonista, la actriz *real* Cecilia Roth, Manuel Vilas realiza una desopilante sátira de nuestro tiempo a través del discurso que sustenta *Aire nuestro* (2009), donde una "multicadena de televisión hiperrealista" lleva al convencimiento de que el estadio humano definitivo será "una infinidad de canales emitiendo al mismo tiempo, una ebriedad de imágenes ilimitadas, una fiesta de la realidad interminable" (Vilas 2009: 156).

En esta línea, resultan especialmente novedosos los argumentos que plantean nuestra indefensión ante las informaciones manipuladas. Edmundo Paz Soldán recala en este tema con novelas como *Sueños digitales* (2000), historia de un diseñador gráfico especializado en alterar fotos y contratado por el gobierno para ocultar evidencias incriminatorias contra el presidente. Del mismo modo, los piratas informáticos de *El delirio de Turing* (2003) luchan contra un gobierno avezado en utilizar a sus desapercibidos funcionarios –el mismo "Turing" que da título a la obra– para que conculquen la verdad con sus avanzados conocimientos criptográficos e informáticos.

Pero no todos los escritores contemporáneos rechazan la información que recibimos a través de las pantallas. Así, no puedo olvidar en este apartado algunos textos deudores del *arte de contar* característico en las más recientes series de televisión (en especial, las producidas por las cadenas norteamericanas HBO y FOX). Esta fascinación por unos formatos tan complejos como enemigos de los realismos chatos ha llevado a Daniel Link, uno de los más destacados narradores actuales, a aplicar su inteligencia en analizar títulos como *Lost* o *Fringe*: dense un paseo por su blog "Linkillo (cosas mías)", y lo comprobarán. En la misma línea, Pablo Raphael titula el noveno epígrafe de su categorización de la literatura actual "Todos queríamos escribir *Lost* (pasión por las series)" (Raphael 2011: 209), donde comenta la obra indispensable de Jorge Carrión, quien ha sabido subrayar las bondades de estos nuevos formatos narrativos en su ensayo *Teleshakespeare* (2011) y en la novela *Los muertos* (2010).

2. La simbiosis de teoría y ficción y el interés por las ciencias duras

La narrativa actual pretende apostar por la complejidad inherente a la *novela de ideas* sin renunciar a la amenidad, derivada ésta de tramas cargadas de vitalidad y humor irreverente. Así, la superficialidad aparente de los argumentos deviene profundidad en los párrafos más insospechados, con ácidos comentarios hacia la sociedad, política y economía que marcan los derroteros de nuestro tiempo. Y es que, en muchos casos, las obras pueden ser vistas como voceras de lo que señaló Javier Avilés en el título de su espléndida *Constatación brutal del presente* (2011).

Muchos de estos escritores se han formado en las denominadas *ciencias duras*, lo que los ha llevado a mirar la realidad con ojos incisivos y, sobre todo, a desatender los moldes de pensamiento establecidos por la historiografía literaria tradicional. Es el caso de autores como Courtoisie –químico–, Agustín Fernández Mallo –físico–, Óscar Gual –informático–, Germán Sierra –neurocientífico– o Javier Moreno –matemático–, por poner unos cuantos ejemplos. Del mismo modo, abundan los escritores –Heriberto Yépez, Vicente Luis Mora, Pablo Raphael– que transitan con fluidez entre las páginas de la narrativa y el ensayo, siendo una característica bastante generalizada la inclusión en las tramas de conceptos específicos de la ciencia y la tecnología. En estos casos, los creadores alimentan su creación literaria con intereses tan diversos como la música *underground*, el guión de cine o el periodismo *gonzo*, lo que los define como poco *filológicos* en el sentido más tradicional de la palabra.

Este hecho provocó que, con motivo de la publicación de *White Teeth* (2000) –novela de la británica Zadie Smith adscrita a los parámetros que acabo de describir–, el crítico James Wood publicara el airado artículo "Human. All too Inhuman. The Smallness of the *Big* Novel" (Wood 2001), donde desde el propio título rechaza la supuesta inhumanidad de unas novelas demasiado ambiciosas y desatentas a la vivencia particular de los individuos que las protagonizan. La brillante respuesta de Smith no se hizo esperar: el 13 de octubre de 2001 publicó en *The Guardian* un texto del que quiero destacar unas cuantas ideas:

> Are jokes inhuman? Are footnotes? Long words? Technical terms? Intellectual allusions? [...] I want to defend the future possibility of some

words appearing on pages that will be equal to these times and to what I feel and what you feel and what James Wood feels [...]. It's all laughter in the dark – the title of a Nabokov novel and still the best term for the kind of writing I aspire to: not a division of head and heart, but the useful employment of both (Smith 2001).

Los autores contemporáneos, con su rechazo al realismo plano y sus ambiciones escriturales, parecen así dar la razón a J. G. Ballard cuando afirmó que la *fantástica* es la única literatura que puede dar fe de la forma en que evolucionan las sociedades, a diferencia de la narrativa *realista* –obviamente preferida por Wood–, que se interesa por diseccionar existencias individuales en contextos habitualmente estáticos.

3. Realismo histérico: velocidad e interconexión de tramas

Resulta evidente la velocidad impresa por estos autores a sus historias, hecho vinculado a la continua interconexión de tramas y personajes y que da idea de un universo paranoico por necesidad. Este rasgo se vio de nuevo reflejado en la crítica de Wood a la novela de Smith, cuando denuncia la ansiedad de la literatura actual por interrelacionarlo todo, del mismo modo que la información se encuentra ligada en la Red: "It is hysterical realism. Storytelling has become a kind of grammar in these novels; it is how they structure and drive themselves on. The conventions of realism are not being abolished but, on the contrary, exhausted, and overworked. [...] Their mode of narration seems to be almost incompatible with tragedy or anguish" (Wood 2001).

Así, las versiones absurdas –pero tremendamente hiperrealistas– de un suceso terminan alcanzando su sentido en un juego de ensamblaje donde alcanza un papel estelar el multiperspectivismo. Este hecho, que disfrutamos colectivamente en la cinematográfica "Trilogía de la muerte" de Guillermo Arriaga y Alejandro González Iñárritu –*Amores perros* (2000), *21 gramos* (2003) y *Babel* (2006)–, se encuentra magníficamente reflejado en novelas como las de Antonio Orejudo –*Ventajas de viajar en tren* (2002)– Rafael Reig –*Sangre a borbotones* (2002)–, Rafael Courtoisie –*Caras extrañas* (2006)– o Robert Juan-Cantavella –*Asesino cósmico* (2011)–.

En este sentido, se puede comprender la transmigración de personalidades –tan desquiciante como compleja– que emprenden muchos autores para subrayar el delirio que define nuestro tiempo. Así se aprecia en el relato "La Habana-Zaragoza-Madrid-Tarancón", incluido por Manuel Vilas en *España* (2008), en el que se produce una continua contradicción de lo que se narra. Es el caso del siguiente fragmento:

> Geno es corpulenta y de unos hermosos ojos azules. Llevamos juntos seis años y diez meses, pero no hemos querido casarnos ni tener hijos. Nuestros hijos son mayores, y ya podemos dejarlos solos en España. Mario tiene 17 años y Marta 15. Están, además, haciendo un curso de inglés en Dublín. Nos llamamos a los móviles: La Habana-Dublín, Dublín-La Habana. Pobre Cristóbal Colón. Marta se llama como su madre (Vilas 2008: 60).

Ante esta situación se explica que un autor como Fresán defina su estilo como *irrealismo lógico* –"un sitio demencial bombardeado de vez en cuando por esquirlas de lo realista" (Fresán 2008: 126)–, y que Courtoisie describa su poética como "una manera de relatar entre lo lúdico y lo fantástico" (Montoya 2007: 911).

4. Fractalidad y atención al detalle

Concluyo la primera parte de mi exposición atendiendo a un punto especialmente significativo en las narraciones contemporáneas: la propensión a la fractalidad y al formato breve en los *capítulos*, que en más de una ocasión no alcanzan las dos líneas de extensión. Así, por ejemplo, *Santo remedio* (2006) y *Goma de mascar* (2008), de Courtoisie, constan, respectivamente, de 252 y 391 fragmentos. En la última novela citada, el que conlleva el número 203 ofrece un espléndido ejemplo de los recursos empleados por el autor en estas secuencias, con profusión de diálogos e inclusión de significativas imágenes:

> [...]
> –Hay que inventar un nombre diferente para el país.
> –Sí.
> –Y una nueva bandera.

Los volantes lanzados desde los aviones afirmaban:
TERRITORIO LIBERADO
NO MAS KITTYKISTÁN
Y la figura del gato de la bandera aparecía tachada:

Del otro lado del volante, el flamante emblema, el lábaro:

Y la leyenda:
VIVA DOGUIEKISTÁN
TIERRA LIBRE Y FIEL
Enviaron veinte brigadas de marines a cubrir los muros de Doguiekistán con la proclama libertaria:
GUAU! GUAU!
BARK!
La sigla BARK significaba: Base Autonómica de la República Kanina.
El presidente mandó felicitaciones al consejo asesor publicitario por su imaginación y eficiencia.
La paz se restableció en el país. De inmediato comenzó la reconstrucción.
–Doguiekistán ahora es una verdadera democracia –declaró el presidente a la cadena CNN (Courtoisie 2008: 179).

Este hecho, que explica la dificultad de calificar los textos como novelas o colecciones de cuentos integrados, se encuentra estrechamente relacionado con el triunfo reciente de formatos como la minificción, los *cuentuitos* –relatos desarrollados a partir de la plataforma Twitter y popularizados por Cristina Rivera Garza– o la *narrativa SMS*. En esta misma línea, se entiende la profusión de novelas sustentadas a partir de correos electrónicos, formato "epistolar" de nuestra época, como es el caso de Andrés Neuman con *La vida en las ventanas* (2002) o Daniel Link en *La ansiedad. Novela trash* (2004).

Estas técnicas de montaje permiten, por otra parte, captar detalles insospechados y lograr instantes de alta tensión, *congelados* como consecuencia de la abrupta conclusión de las secuencias. Del mismo modo, desarman la concepción lineal de tiempo y espacio –como veremos más adelante– y potencian los frecuentes momentos líricos integrados en las obras. Así se aprecia, por ejemplo, en el *relato-poema* –que de las dos formas podría ser visto– "Manos. No corazones", donde Javier Fernández describe en *staccato* una impactante escena:

> Una niña. Otra niña. Borrachas. Las dos. En el baño. Se besan. Con dulzura. ¿En la bañera? Tumbadas. En la cama. Fingen. Dormir. Abrazadas. Se acarician. Las tetas. Borrachas. Dos amigas. ¿En qué país? Una mano. Generosa. Otra. Cálida. Y húmeda. Ayunos. Y plegarias. Antes eran. Los corazones. Los que daban. Las manos. Ejercicios devotos. Yo los he visto. En todas. Las habitaciones. Amigas abrazadas. Manos. No corazones (Fernández 2007: 17).

No en vano, el volumen en el que se encuentra incluido el párrafo que acabo de citar se titula *La grieta* (2007), concepto al que hacen alusión, asimismo, otros textos contemporáneos eminentemente fractales y reivindicadores de formatos literarios innovadores como *Tajos* (1999), de Courtoisie; *Cut and Roll* (2008), de Óscar Gual; o –más cercano al ámbito de la poesía aunque en la misma línea híbrida de los demás– *Cortes publicitarios* (2006), de Javier Moreno.

Concluyo en este momento, y por razones de espacio, esta investigación en marcha, que espero continuar en posteriores monográficos editados por los profesores Ángel Esteban y Jesús Montoya, indispensables auspiciadores en nuestro país de la reflexión sobe los derroteros seguidos por la última literatura en español.

BIBLIOGRAFÍA

AARSETH, Espen (2004): "La literatura ergódica". En: Sánchez Mesa, Domingo (comp.): *Literatura y cibercultura*. Madrid: Arco/Libros, 117-146.
AIRA, César (2000): *La mendiga*. Barcelona: Grijalbo-Mondadori.
ASCOTT, Roy (2000): "La arquitectura de la ciberpercepción". En: Gianneti, Claudia (ed.): *Ars Telemática, comunicación, Internet y Ciberespacio*. Barcelona: Langelot, 95-101.
AVILÉS, Javier (2011): *Constatación brutal del presente*. Barcelona: Libros del Silencio.
BARICCO, Alessandro (2008): *Los bárbaros. Ensayos sobre la mutación*. Barcelona: Anagrama.
BOURRIAUD, Nicolás (2009): *Radicante*. Buenos Aires: Adriana Hidalgo.
CANTAVELLA, Robert Juan (2011): *Asesino cósmico*. Madrid: Mondadori.
CARRERA, Liduvina (2001): *La metaficción virtual*. Bogotá: Universidad Católica Andrés Bello.
CARRIÓN, Jorge (2010): *Los muertos*. Madrid: Mondadori.
— (2011): *Teleshakespeare*. Madrid: Errata Naturae.
CHARTIER, Roger (2000): *Las revoluciones de la cultura escrita*. Barcelona: Gedisa.
CHIAPPE, Doménico (2007): *Entrevista a Mailer Daemon*. Madrid: La Fábrica Editorial.
COURTOISIE, Rafael (2000 [1999]): *Tajos*. Madrid: Lengua de Trapo.
— (2001): *Caras extrañas*. Madrid: Lengua de Trapo.
— (2002): "Crisis o vigencia de los géneros narrativos: literatura transgénica, transgenérica, transmediática". En: Becerra, Eduardo (ed.): *Desafíos de la ficción*. Alicante: Universidad de Alicante (Cuadernos de América Sin Nombre), 67-77.
— (2006): *Santo remedio*. Madrid: Lengua de Trapo.
— (2008): *Goma de mascar*. Madrid: Lengua de Trapo
DARNTON, Robert (1996 [1986]): "El lector como misterio". En: *Fractal*, 2-3, 1-29.
FERNÁNDEZ Porta, Eloy (2007): *Afterpop: la literatura de la implosión mediática*. Córdoba: Berenice.
FERNÁNDEZ, Javier (2007): *La grieta*. Córdoba: Berenice.

FERRÉ, Juan Francisco (2009): *Providence*. Barcelona. Anagrama.
FRESÁN, Rodrigo (2002): *La velocidad de las cosas*. Barcelona: Mondadori.
— (2008): "9 temas y 62 respuestas". En: *Project Muse. Nuevo Texto Crítico*, 21, 126.
GUAL, Óscar (2008): *Cut and roll.* Barcelona: DVD.
GUBERN, Román (2007): *Del bisonte a la realidad virtual.* Barcelona: Anagrama.
HOPENHAYN, Martín (1994): *Ni apocalípticos ni integrados, aventuras de la modernidad en América Latina*. Santiago de Chile: Fondo de Cultura Económica.
JOHNSTON, John (1998): *Information Multiplicity, American Fiction in the Age of Media*. Baltimore: Johns Hopkins University Press.
LADDAGA, Reinaldo (2007): *Espectáculos de realidad.* Rosario: Beatriz Viterbo Editora.
LINK, Daniel (2004): *La ansiedad. Novela trash*. Buenos Aires: El Cuenco de Plata.
MONTOYA JUÁREZ, Jesús (2007): "Entrevista con Rafael Courtoisie". En: *Revista Iberoamericana*, 73, 221, 905-917.
— (2008): "Realismos del Simulacro: imagen, medios y tecnología en el Río de la Plata" (tesis doctoral), Universidad de Granada. En: <http://hera.ugr.es/tesisugr/17679254.pdf> (12/07/2009).
MORA, Vicente Luis (2006): *Pangea: Internet, blogs y comunicación en un mundo nuevo*. Sevilla: Fundación José Manuel Lara.
— (2012): *El lectoespectador.* Barcelona: Seix Barral.
MORENO, Javier (2006): *Cortes publicitarios.* Madrid: Devenir.
NEUMAN, Andrés (2002): *La vida en las ventanas.* Madrid: Espasa-Calpe.
OREJUDO, Antonio (2000): *Ventajas de viajar en tren*. Madrid: Alfaguara.
PAZ SOLDÁN, Edmundo (2001): *Sueños digitales*. Madrid: Alfaguara.
— (2004): *El delirio de Turing.* Madrid: Alfaguara.
PAZ SOLDÁN, Edmundo/Castillo, Debra (2001): "Beyond the Lettered City". En: Paz Soldán, Edmundo/Castillo, Debra (eds.): *Latin American Literature and Mass media*. New York/London: Garland Publishing, 1-18.
POSTER, Mark (1995): "Postmodern Virtualities". En: Featherstone, Mike/Burrows, Roger (eds.): *Cyberspace, Cyberbodies, Cyberpunk*. Thousand Oaks: Sage, 79-95.

RAPHAEL, Pablo (2011): *La fábrica del lenguaje, S.A.* Barcelona: Anagrama.
REIG, Rafael (2002): *Sangre a borbotones.* Madrid: Lengua de Trapo.
SMITH, Zadie (2001): "This is how it feels to me". En: *The Guardian*, 13 de octubre, <http://www.webcitation.org/5clsv4qWf> (6/2/2012).
STERLING, Bruce (1989): "Slipstream". En: *SF Eye*, 5, <http://w2.eff.org/ Misc/Publications/Bruce_Sterling/Catscan_columns/catscan.05> (6/2/2012).
VATTIMO, Gianni (1987): *El fin de la modernidad: nihilismo y hermenéutica en la cultura posmoderna.* Barcelona: Gedisa.
VILAS, Manuel (2008): *España.* Barcelona: DVD.
— (2009): *Aire nuestro.* Madrid: Alfaguara.
VIRILIO, Paul (1997): *El cibermundo, la política de lo peor.* Madrid: Cátedra.
WOOD, James (2001): "Human, All Too Inhuman. The Smallness of the *Big* Novel". En: *The New Republic Online*, 30 de agosto, <http://www.powells.com/review/ 2001_08_30.html> (6/2/2012).
YÉPEZ, Heriberto (2008): *Contra la Tele-visión.* México: Versus.

Sujeto a réplica: el estatuto narrativo del sujeto palimpsesto y formas literarias de identidad digital

Vicente Luis Mora
Instituto Cervantes

Sujetos a réplica

"No preguntes por qué ya no eres nadie, sólo unos fragmentos pixelados, unas pocas imágenes inservibles, letras que nada significan, signos vacíos"
(Diego Doncel 2011: 114).

"¿Dónde descubrir en el mundo un sujeto metafísico?"
(Ludwig Wittgenstein, *Tractatus*, 5.633).

"Pero más bien quisiera creer que la idea de la personalidad absolutamente libre y la de la personalidad peculiar no son la última palabra del individualismo; antes bien, que el incalculable trabajo de la humanidad logrará levantar cada vez más formas, cada vez más variadas, con las que se afirmará la personalidad y se demostrará el valor de su existencia"
(Georg Simmel 2001:424).

La *Cyclosa mulmeinensis* es un espécimen de arácnido excepcional. Cuando acaba de tejer sus redes construye, en tres dimensiones, una réplica de sí misma. A partir de restos, basuras y pequeñas secreciones levanta una copia corporal a tamaño real, del mismo volumen, con la misma tonalidad, con idénticas forma y apariencia. Según los científicos chinos Ling Tseng y I-Min Tso (2009), que han estudiado la especie, el objetivo de esta maniobra replicadora (variante de lo que en biología se llama *mimetismo batesiano*) no es evitar a los posibles depredadores, sino dirigirlos hacia un objetivo falso. Este mecanismo de defensa de la *Cyclosa* recuerda a un extraño proyecto que surgió *circa* 1917 para construir un París alternativo, cuyo único propósito consistía en ser destruido por los bombardeos alemanes en lugar del original. En aquellos tiempos, cuando todavía no existía el radar, los bombardeos se hacían a simple vista. El objetivo era construir una réplica de la ciudad lo suficientemente grande como para atraer las bombas:

> The story of Sham Paris may have been "broken" in *The Illustrated London News* of 6 November 1920 in a remarkably titled photo essay, "A False Paris Outside Paris —a 'City' Created to be Bombed". There were to be sham streets lined with electric lights, sham rail stations, sham industry, open to a sham population waiting to be bombed by real Germans. It is a perverse city, filled with the waiting-to-be-murdered in a civilian target. Sham Paris seems to me like a reverse city. And a reverse city in the manner of the cities created by the guilty Cain and Romulus —these two were murders who created cities; Sham Paris is a city of created murders to save the innocent.[1]

Recordemos que, durante la Primera Guerra del Golfo, en 1991, los aviones estadounidenses destruyeron multitud de tanques de cartón que los iraquíes habían diseminado por el desierto. El objetivo, como el de la *Cyclosa*, no era evitar el ataque, vano empeño ante un enemigo muy superior, sino hacerlo inútil, lograr que el enemigo gastase la pólvora en salvas. La *Cyclosa*, por tanto, es una excelente estratega y una excelente constructora. Ha aprendido a disfrazarse de ella misma, a ser *una réplica de sí*.

El *simulacro subjetivo*, la posibilidad de hacer que unas cosas pasen por otras, y que unas personas *sean* o parezcan otras mediante la cons-

---

1. Tomado de <http://longstreet.typepad.com/thesciencebookstore/2011/09/a-paris-made-to-be-destroyed-sham-paris-191718-1.html>.

trucción de un yo alternativo, no es exclusivo de nuestro tiempo, sino que forma parte de la historia de todos los tiempos, así como de su literatura. En la escena IV del acto I de *King Lear*, Shakespeare hace decir a Kent, que entra disfrazado en escena:

> If but as well I other accents borrow,
> That can my speech defuse, my good intent
> May carry through itself to that full issue
> For which I razed my likeness.
>
> [Si también puedo deformar mi habla
> para cambiar el tono de mi voz,
> quizá lleve a buen término el designio
> por el cual he alterado mi semblante.][2]

En nuestros tiempos, como ya se ha señalado abundantemente, los simulacros personales son más numerosos que nunca, al ser también innúmeras las formas posibles que existen de telepresencia o de presencia lejana. La *actio in distans* en que, según Sloterdijk (2010: 162 ss.), consiste toda comunicación telemática, facilita los procesos de presentación y representación de uno, como si fuera él mismo o como si fuera otro. Un modo de operar que facilita, como es obvio, la posibilidad de suplantación. Según se dijera Ramón Gómez de la Serna a sí mismo en *El libro mudo* (1911):

> Ramón, los egipcios, por espíritu de evasiva, entierran a sus muertos con una estatuilla, esmaltada de azul, fajada de jeroglíficos, a la que llaman *imagen respondiente*, porque es la que ha de responder ante los dioses de toda su vida de tránsito [...] Ramón, mientras que ahora, todos dados a la suplantación de los otros que se abandonan a la vez a la suplantación, son imágenes respondientes entre sí, con lo que la responsabilidad ni siquiera se cree responsable, bélicamente irresponsable, sino que se ciega, se emboba, se teoriza altamente y sirve sólo para disuadir y disuadirse y refractar los imperativos formidables... ¡Costumbre ancestral de las estatuas respondientes! Estatuas respondientes, con rostro femenino muchas de las de los hombres, y con rostro de hombre, muchas de las mujeres... (1987: 149).

---

2. Traducción de Enrique Moreno Castillo (W. Shakespeare, *Rey Lear*. Barcelona: DVD Ediciones, 2001, p. 64).

Revelador este párrafo de Gómez de la Serna, que con cien años de anticipación prefigura incluso las diversas formas de trasvestismo electrónico a las que luego volveremos. La telepresencia electrónica procura nuevas formas de *imagen respondiente*; en realidad, muchas veces nos *obliga* a ellas. Observemos un momento un blog y veamos las diversas formas identitarias que pueden adoptarse para escribir un comentario a cualquier entrada: el nombre real, sin nombre, o el seudónimo. *Blogger*, por ejemplo, nos *obliga* literalmente a "Elegir una identidad", junto a la casilla para escribir el comentario, de modo que la identidad real y las apócrifas son elegidas como opciones similares, tratando la elección de la identidad *como algo opcional*, sin consecuencias para quien la realiza.

Horkheimer y Adorno comparaban al sujeto moderno con un Nadie, un Ulises, que regresa buscando su identidad.[3] El Nadie *psicotecnológico* huye para disolverla, para borrar su rastro; como ha escrito Eduardo Lago en un relato, "el formato digital me permite ocultarme con tanta eficacia como a ti. [...] Por lo demás, prefiero salvaguardar mi identidad, aunque quien expone su escritura como lo hago yo aquí, inevitablemente deja tras de sí una estela que pone al descubierto una parte importante de su alma" (2008: 12). Como "individuo principalmente centrado en sí mismo que proyecta esta centralización a escala mundial", definía tempranamente el sociólogo Francois Bergeron al internauta.[4] Durante un tiempo existió un programa denominado *egosurf*,

---

3. "[...] cantar la ira de Aquiles y las aventuras de Odiseo constituye una estilización nostálgica de lo que no se deja ya cantar, y el héroe de las aventuras se revela como prototipo del individuo burgués, cuyo concepto se origina en aquella autoafirmación unitaria de la cual el héroe peregrino proporciona el modelo prehistórico" (Adorno/Horkheimer 2003: 97). Como ha escrito Subirats: "La crítica de la producción industrial de la conciencia, inaugurada por Horkheimer y Adorno en 1947, sobre la base de la experiencia social del nacionalsocialismo europeo y de la industria cultural norteamericana, construye un paso adelante en el análisis de la superación moderna del ideal ilustrado de autonomía del sujeto. Pero la interpretación de estos filósofos se detuvo en realidad aquí" (Subirats 2001: 14). Sobre el imaginario de Ulises, véase también Consolo (1997).
4. Según interesantes estudios de Patricia Wallace (2001: 28), el internauta se expresa en algunos foros como si fuera una persona importante a quien estuvieran entrevistando para televisión. Un servicio de Internet llamado *Am I Hot or Not*, permite a los usuarios colgar sus fotos para que su atractivo sexual sea valorado del uno al diez: cf. suplemento La Luna de *El Mundo*, 1/12/2000, crónica de J. L. de Vicente. En los últimos años los servicios de citas *online* como Meetic y redes sociales específicas como Badoo han ahondado en esta revaloración afectiva (Eloy Fernández

que permitía al internauta buscar cualquier referencia a él en la Red. Más tarde, y sobre todo tras la aparición de Google, el *egotrip* se convirtió en una práctica más o menos frecuente, aunque ya desde el principio quienes estudiaron el hecho lo denominaron ciberegoísmo o ciberegotismo.[5] En este punto deberíamos hacer notar la importancia que tiene esa posibilidad de búsqueda de uno mismo en la Red a la hora de construir la subjetividad icónica actual. En *El lectoespectador* (2012), donde se dedicaba un capítulo a la relación entre Google y la subjetividad, se aludía a un relato de Pedro Ugarte, "Un desconocido" (2002: 212-213), donde el narrador se encuentra con su *otro yo* de Google, un homónimo con quien se confunde en la búsqueda digital de su propia identidad. Y el novelista alemán Daniel Kehlmann escribe en su novela *Fama*:

> Empezó a buscar su nombre en Google varias veces al día, corrigió el artículo sobre sí mismo de la Wikipedia, que estaba plagado de errores, controló la lista de castings en todos los bancos de datos que pudo encontrar, tradujo con esfuerzo las opiniones de los participantes en foros de discusión en español, italiano y holandés. Ahí perfectos desconocidos discutían sobre la cuestión de si realmente tenía desde hacía años desavenencias con su hermano y Ralf Tanner, que nunca había soportado a su hermano, leía sus opiniones como si esperara encontrar allí la solución a sus problemas existenciales (2009: 74).

Luego volveremos al "doble digital", pero no es más que una de las formas posibles de egocentrismo electrónico, que son incontables, y no sólo discursivas: toda la Red está llena de *webcams* situadas en dormitorios y de blogs, *fotologs* o diarios íntimos, más o menos insustanciales, mejor o peor escritos, en los que miles de internautas enseñan al mundo su absoluta nadería (escribió Vallejo: "mi ser recibe vaga visita del Noser"), en la mayoría de los casos. Como siempre, lo valioso es escaso y difícil de encontrar.

Apuntaba Javier Echevarría la imposibilidad de hacer un censo en la Red, porque "una misma persona física y jurídica puede actuar en

---

Porta hablaría de *capitalización afectiva*) de la presentación del sujeto en Internet como mercancía sexualmente persuasora.
5. Cf. por ejemplo Borsook (2000). En *Emociónese así*, Eloy Fernández Porta se ha mostrado, por el contrario, reticente a pensar que toda manifestación virtual en redes sociales deba ser entendida como narcisista o exhibicionista; véase Fernández Porta (2012: 38-39).

E3 (el tercer entorno o entorno digital) desde diversas ubicaciones y a través de múltiples identidades" (1999: 465). Cabe incluso afirmar, a su juicio, que ésta es la estructura básica de la identidad en el tercer entorno, siendo tarea de cada sujeto la gestión de dicha identidad plural o *reticular*.[6] El resultado es, una vez más, la identidad como hueco. "Ahora ya no luchamos por la soberanía o por la gloria, luchamos por la identidad", escribe Baudrillard (2000: 59); utilizar algo más que la inteligencia propia para hallar lo que es *la esencia de lo propio* es dar la batalla por perdida antes de comenzarla. La otredad es sustancialmente electrónica, como la identidad.[7] Escribe la pensadora Rosa Mª Rodríguez Magda:

> En la sociedad digital el sujeto, a través de los grupos de discusión, los *chats*, los correos electrónicos, asume múltiples identidades. No hay rostro, éste, reconducido a su origen de máscara, se convierte más bien en mascarada. No hay apariencia física sino simulacro, se adopta un personaje (en los videojuegos, pero también en los grupos de información). No hay comportamiento observable sino verbalización, retórica del hipertexto, orden metafórico, ficción. No hay nombre sino pseudónimo. La dirección (no física) como identidad, frente al alma, el lugar del no lugar. Y correlativamente a ello un proceso de desubicación social. Todo esto comporta una aparente disolución de los criterios de identidad. Encontramos a un individuo agazapado tras la pantalla, que se construye con múltiples simulacros fragmentados, puede fingir su edad, nombre, sexo, nacionalidad..., presentándose ante los otros asumiendo nuevas personalidades (2004-2005: 70).

Claudio Magris llegó a hablar del *yo como videojuego* (1998). Es difícil plantearse cuáles pueden ser a corto plazo las consecuencias literarias de estas revoluciones psicosociales, aunque la ciencia ficción y el

---

6. "un mismo sujeto de E1 [entorno natural] y E2 [ambiente urbano] puede actuar en E3 desde diversas ubicaciones y a través de múltiples representaciones de sí mismo. Podríamos decir incluso que una persona en E3 es ese conjunto de representaciones R vinculadas entre sí a través de un sujeto de E2 o de E1, de modo que también los individuos adoptan en E3 una estructura reticular" (Echeverría 1999: 419).
7. "En el plano de las técnicas, cuando la imagen construida y elegida por *otro* se ha convertido en la principal relación del individuo con el mundo que antes contemplaba por sí mismo, desde cualquier lugar adonde pudiera ir, entonces ya se sabe, obviamente, que la imagen lo aguanta todo" (Debord 1999: 39). En *El lectoespectador* utilizamos, por ello, la imagen del *electrotro*.

ciberpunk son géneros adelantados en esta indagación.⁸ En todo caso, no hay motivo alguno por el que colegir que los resultados artísticos deban ser inferiores a los establecidos desde otros parámetros subjetivos. En nuestra tesis doctoral rastreamos hasta el hartazgo ejemplos literarios y filosóficos que presentan nuestra identidad como una ficción, como una construcción voluntaria y "performática" de actuación. El sujeto como *suposición* está descrito por Žižek, en una reflexión sobre Lacan: "Para Lacan, otro sujeto (y, en última instancia, el sujeto como tal) no es algo directamente dado sino una 'suposición', *algo que se presume, un objeto de creencia*: ¿cómo puedo estar seguro de que lo que veo ante mí es otro sujeto y no una máquina biológica plana y sin profundidad?" (2009: 17). José Luis Brea hablaba de *posidentidad* al referirse a las identidades del mundo virtual (2004), y luego veremos las tesis de Goffman sobre la nuclear "teatralidad" de lo subjetivo. Por tanto, vemos que desde la sociología, la literatura, la filosofía o el psicoanálisis se aprecia que el imaginario de la subjetividad contemporánea es el de una identidad maleable, metanoica, mudable, metamórfica, modelable, por la que el individuo circula plasmáticamente, como un flujo de subjetividad.

Pongamos otro ejemplo. En su novela *El cielo de Pekín*, Miguel Espigado escribe sobre un personaje femenino: "quizá resulte inverosímil aceptar que a la edad de Marlene se pueda adquirir una personalidad ajena con la misma facilidad con la que se cuelga una bata de seda" (2011: 70). Cita que recuerda a otra, antigua, de V. S. Pritchett, citada por Martin Amis en *Visiting Mrs. Nabokov*: "Miss Tagg forcejeó con sus diversas personalidades, las juntó bajo el corsé y se quedó mirando". Pero la experiencia diaria nos demuestra que así es, que se hace de continuo y que no resulta tan difícil como pudiera pensarse. "El arte de 'rehacer' prácticas y

---

8. "Science fiction restores to the zones of postmodernism their radical mutability and restores to the reader the uncertainties of rhetorical and technological engagement. [...] cyberespace [...] is also fully situated within the general paraspatial configurations of the genre of science fiction, wherein the rhetoric of the genre deconstructs the transparent figurations of language and so refuses the subject a fixed site of identification. Such a deconstruction does not point to an *annihilation* of subjectivity, but rather to the limits of the existing paradigms. The subject is deconstructed through the interrelated synaesthetic operations of technology, narrative, and language. Phenomenologically and rhetorically, the, the subject is *broken down* in the zones of cyberespatial simulation, there to await its reconstruction amidst these fields of data" (Bukatman 1993: 180).

sujetos, necesariamente está del lado de la mirada: aquella mirada que se 'antropologiza' en la tematización de determinados tópicos que constituyen ejes. […] A la crítica al sujeto clásico y al individuo moderno debe corresponder una perspectiva antisustancialista del sujeto. Este antisustancialismo ha poseído diversas características por lo menos en las líneas teóricas esbozadas: disolución del sujeto, constitución del mismo a través de modalidades de poder, transformación en agente o desdoblamiento en prácticas táctiles y operativas"; escribe el antropólogo Nicolás Guigou (2004). La mirada antropológica nos es muy útil para verificar hasta qué punto la *performatividad* es parte de la construcción del sujeto, así como la mirada filosófica; como escribe el filósofo Vicente Serrano, "las pasiones, los afectos, los sentimientos básicos volverán una y otra vez a este mapa último, a ese universo de representaciones, de modo que, igual que se afirma que somos lo que comemos, se puede afirmar aún con mayor certeza que somos los que nos representamos" (2011: 48). Esa actividad puede representarse de varias formas, y alterarse de otras muchas. En lo sucesivo vamos a examinar algunos modos literarios de presentación o re-presentación alterada en medios cibernéticos.

Formas digitales de retoque subjetivo

> "El lenguaje corriente estaba plagado de palabras vacías […] Algunas, como 'identidad', 'buscar' o 'nube' se habían visto desprovistas de sustancia debido a su uso en la red, pero había otros casos más complejos"
> (Egan 2011: 386).

Uno de los personajes de la novela de Germán Sierra *Intente usar otras palabras* (2009) habla en estos términos de la relación entre la imagen y la subjetividad:

> La autorización por la imagen se ha convertido en el medio universal para colonizar la subjetividad. Sin embargo, sus métodos y efectos no ha sido analizados hasta muy recientemente porque, a pesar de todo, y quizá

como parte fundamental de su estrategia intrínseca, la influencia de la imagen artificial en la subjetividad fue –y todavía es– tratada como un símbolo de frivolidad intelectual en lugar de ser reconocida como un efecto de la narrativa social dominante (2009: 32).

Photoshop y otros programas similares de retocado digital de imágenes, o las aplicaciones para cámaras digitales tipo Instagram, están teniendo un profundo efecto de distorsión en las formas actuales de representación de la imagen. Una imagen retocada –sea mediante la cirugía, el maquillaje o el Photoshop– exhibe a alguien representando un papel, donde tiene la función de *cuerpo* o *lienzo*, aunque el *actor* es la propia imagen (en el caso del Photoshop) o la *costra simbólica* impuesta sobre la carne. El retocado es una retórica social que contamina la percepción y facilita el camuflaje. En algunos casos, se han producido debates públicos sobre algunas modificaciones por ordenador de fotos de modelos o celebridades, por la influencia que pueden tener en la construcción de una imagen femenina inalcanzable y frustrante para la inmensa mayoría de mujeres (incluidas otras modelos). Varias publicaciones, sobre todo –pero no exclusivamente– feministas, han iniciado reflexiones deontológicas a este respecto y se comienzan a postular códigos de conducta en el tratamiento de la imagen retocada. Dentro del mundo del arte también se han criticado esos excesos y cuestionado su oportunidad, por la fácil apropiación de que pueden ser uso estos programas a la hora de construir una *tiranía de la imagen física perfecta*.[9] Como ejemplo, el vídeo "Fotoshop",[10] creado por Jesse Rosten en 2012, muestra un desopilante anuncio falso de televisión para vender "Fotoshop", un conjunto de cremas que cambian la personalidad tras una sola aplicación sobre la piel. El malévolo vídeo de Rosten hace hincapié precisamente en que no hace falta cirugía plástica cuando se opera de forma directa en la *percepción* de las otras personas sobre uno mismo.

La literatura ha acusado también la recepción de este imaginario corrector y protético. Un ejemplo lo tenemos en Juan Goytisolo, autor crítico con la tecnología que sin embargo hizo en *El exiliado de*

---

9. "Necesitamos una memoria instantánea, una conexión inmediata, una especie de identidad publicitaria que pueda comprobarse en el instante mismo […] lo que se busca ya no es tanto la belleza o la seducción, sino el *look*" (Baudrillard 2000: 21).
10. <http://vimeo.com/34813864>.

aquí y allá (2008) una novela profundamente tecnológica. En ella podemos leer: "Contemplamos a diario tu imagen crispada, con cara de ningún amigo, en tu página web. No te resignes a la decrepitud y desaliento. Ajústate a tus sueños. Si estás descontento de ti y del rostro que te devuelve el espejo, no dudes en contactarnos. Nosotros te diseñaremos, con la ayuda de gráficos y ordenadores, una auténtica sonrisa natural. Firmado: L'Oreal" (2008: 58). Los ejemplos abundan. En su novela *Els jugadors de whist* (2009), Vicent Pagès Jordà presenta como protagonista a un fotógrafo, cuya visión ya tiene *incorporada* con naturalidad la existencia de estos programas: "vas a tener unas ojeras que vas a poder suprimir con un buen programa de retoque, sí, pero que van a quedar grabadas en la memoria de los invitados" (2000: 10). Luis García Jambrina presenta en un relato significativamente titulado "Operación Photoshop" a otro fotógrafo que realiza la siguiente confesión: "la gente piensa que a los fotógrafos nos gusta reflejar la realidad. Nada más falso; a la mayoría nos mueve justamente lo contrario: nuestra pasión es corregirla, manipularla o descubrir su cara oculta" (2010: 139). En el relato, de corte fantástico, el Photoshop del protagonista adquiere poderes mágicos y puede retocar la Plaza Mayor de Salamanca a voluntad. Es significativo este fragmento donde la novia del fotógrafo utiliza el programa para *disolver* la identidad y no para retocarla: "me envió por correo electrónico unas fotos que alguien nos había hecho hacía tiempo en la plaza. Pero en ellas ya no estaba yo. Me había borrado y sustituido por otro, uno de esos actores que a ella le encantaban y que a mí, no hace falta decirlo, me repateaban un poco. Era su manera de comunicarme que habíamos terminado" (2010: 140). En la citada *Intente usar otras palabras*, Germán Sierra también utiliza el Photoshop como modo de eliminar personas indeseadas: "falseamos la mayor parte de nuestros recuerdos (incluso las fotografías, que ordenamos retocar digitalmente para hacer desaparecer las imperfecciones, las arrugas, a aquella persona entonces próxima que ya no deseamos que los demás asocien con nosotros)" (2009: 82). Mercedes Cebrián, por su parte, relaciona la infidelidad de nuestra memoria con la infidelidad de la reproducción de estos programas correctores: "Los recuerdos ocupan el espacio y la apariencia que elijamos para ellos [...] Se pueden tratar y mejorar si el formato elegido es la imagen digital: se ajusta la iluminación, se corrigen los tonos (sí, es lícito corregir lo que nos incomoda de una vivencia vieja) y se almacena en un disco duro"

(2011: 69). El terrorista infiltrado en la inteligencia norteamericana retratado por Jorge Carrión en *Los muertos* (2009) retoca digitalmente los rostros de los criminales más buscados para que no sean detectados por la policía (2010: 131). Y podrían citarse más ejemplos.[11] El retoque de lo que uno es, para parecer otro, no es, sin embargo, la única forma posible de alteridad recogida por la literatura reciente.

Cambio de vida: ser otro. La vida doble en las redes

> "El nuevo historiador no será humano"
> (J. P. Zooey, *Sol artificial*)

El reconocimiento social es una parte del proceso constructivo de la identidad muy importante, y desde el primer momento constituye, como apunta Honneth, no una libertad –como podría pensarse, en el sentido de fundar un *espacio político* de influencia– sino todo lo contrario, una *limitación*: "una persona o un grupo es reconocido mediante la aplicación de determinaciones de cualidades o atribuciones de identidad que son experimentadas por las personas o los miembros del grupo como restricción del espacio de juego de su autonomía".[12] Internet, como exponíamos en *Pangea* y *El lectoespectador*, ha terminado con esa identidad cercenada. Plantea, en realidad, el reconocimiento en la forma berkeleyana del *esse est percipi* y propone una posibilidad infinita de recomenzar el juego identitario y de *reinventarse* desde la otredad digital (seudónimos o avatares) o desde la *notredad* digital (anonimato). El estatuto digital, por su volatilidad, por el he-

---

11. "También pasaba horas observando los recortes de mujeres de revista que había pegado en su escritorio, tratando de adivinar dónde acababa la carne y dónde empezaba el Photoshop" (Espigado 2011: 41). "Pero pasado ese primer minuto comenzaban a notar otras cosas. Por ejemplo, que también se desvanecían las manchas de la ropa y de los muebles y que todas las superficies parecían esterilizadas y pasadas por el Photoshop" (Coupland 2011: 199).
12. Y continúa: "Esto significa que un reconocimiento normalizante no puede motivar el desarrollo de una imagen de sí mismo positiva que conduzca a una asunción voluntaria de tareas y privaciones decididas por otros" (Honneth 2006: 141-142).

cho de estar sometido a la dictadura de lo nuevo y estar marcado por la dificultad de concitar la atención debido a la vastedad de la oferta, necesita ser continuamente renovado. Uno debe actualizarse, contarse mediante *updates* o actualizaciones de su estado. Como ha explicado Raúl Minchinela, "la narración mediante *updates* no es sólo una nueva herramienta literaria: es un indicador de nuestro tiempo; el arma que enarbolamos como la modernidad mientras simultáneamente nos borra el pasado inmediato. Convertir tu vida en titulares te aplica el conocido adagio sobre los diarios: no hay un periódico más viejo que el de ayer. Nos estamos quedando sin historias. Eso cabe en un *update*" (2009). Si la narrativa reciente es, en cierta forma, un espacio de *simulación autorial*,[13] es comprensible que exista una relación natural entre las ficciones narrativas de autor y la ficción personal facilitada por la dúctil identidad digital. Desde ese punto de vista el ciberespacio aparece como un campo de juegos identitario, aunque el juego, en estos temas, suele ser bastante en serio, como ha visto el narrador argentino J. P. Zooey:

> En estos tiempos el hombre disuelve su identidad de barro en fluidos perfiles informáticos. Deshace su único nombre en múltiples nicks. Su sexualidad deviene en identificación provisoria con emoticones mutantes. Y cuando el punto G se pulsa en un joystick, en la pantalla explota extasiado un ser que no es ni hombre ni mujer. El retrato estable se disgrega en granos de Photoshop hasta ser otro, y luego otro, en constante devenir (2009: 42-43).

Erving Goffman describió tempranamente, en *Presentation of Self in Every Day Life* (1959), los procesos performáticos por los que nos presentamos en público y nos singularizamos identitariamente. A su juicio, el modo de re-presentarnos es muy similar a lo que sucede en la representación teatral: "whatever it is that generates the human want for social contact and for companionship, the effect seems to take two forms: a need for an audience before to try out our vaunted selves, and a need for teammates with whom to enter into collusive intimacies and backstage relaxation" (1959: 206). Interpretación de un papel *más* interacción personal relajada: estos parecen ser también los resor-

---

13. "El fingimiento y la simulación están en la base del comportamiento humano y forman parte de los fundamentos creativos de las autoficciones" (Alberca 2010: 32).

tes que mueven la comunicación en las redes sociales. Respecto a la interpretación actoral, de hecho, hay incluso aplicaciones informáticas que permiten la creación de una *película del yo* (<http://www.timelinemoviemaker.com/>) y de un *museo de mí* partiendo de la información volcada en Facebook. En la descripción del programa *The Museum of Me* (<http://www.intel.com/museumofme/r/index.htm>), se lee: "Esta exposición es un viaje de visualización que explora quién soy". La impresión que intenta generarse en el internauta-consumidor es que su vida no sólo es *novelable*, como decían los antiguos, sino que también es *rodable*, convertible en espectáculo cinematográfico,[14] y que es digna de guardarse en un museo, como formas santificadoras del egocentrismo de archivo. En el mismo sentido, lo que Facebook llama la "biografía" es también una especie de fotonovela del periplo autobiográfico, mitad discurso, mitad espectáculo.

El aspecto –apuntado por Goffman– de la comunicación con los demás, incluso íntima, es más importante de lo que parece. Ya en los primeros tiempos de Internet, Howard Rheingold declaraba que la red "será asimismo un lugar en el que las personas frecuentemente terminen por revelarse a sí mismos de una forma más íntima que aquella a la que les invitan a hacer otras sin la intermediación de pantallas y seudónimos" (1994: 27). Y así parece ser, si hacemos caso de algunos estudios realizados sobre los blogs y la descarada exhibición de intimidades que caracteriza la parte menos literaria y más relacionada con el diario íntimo de la blogosfera. El resultado de esta intimidad devenida exterioridad o *extimidad* (Paula Sibilia) es la gestión de la subjetividad propia como si el individuo fuese un producto, una marca (Sibilia 2009: 303 ss.) o incluso un Estado y las redes sociales el lugar de la gestión de sus *foreign affairs*. En este sentido, el poeta Juan Andrés García Román escribió en Facebook una reflexión crítica con notable carga de profundidad: "curioso que muchos particulares emitan comunicados en plan: mis condolencias para... o expreso mi malestar por... de repente todo el mundo es alto comisionado de las naciones unidas por un minuto, ministros de exteriores de sí mismos".[15] Un mal uso de las redes sociales puede potenciar, por lo tanto, la hipertrofia de

---

14. "[...] cada vez más evaluamos nuestra propia vida 'según el grado en que satisface las expectativas narrativas creadas por el cine', como insinúa Neal Gabler" (Sibilia 2008: 60).
15. Juan Andrés García Román en su muro de Facebook, 13/08/2011.

la personalidad. Estudiando el arte digital, Juan Martín Prada ha aportado el concepto de "egología"; a su juicio,

> Se trata de reclamar una democratización de las posibilidades del yo expresivo, de la subjetividad que se hace pública, que se muestra y exhibe, como catalizadora de otras muchas voces interiores que se animarán a seguir ese ejercicio de un yo, dando palabra pública a la conciencia personal que se expresa y se investiga, que se ensaya en la escritura, en la colección e interrelación de cosas y aspectos que le interesan. [...] Propuestas las del "blog art" que no dejarán tampoco de plantear intensos cuestionamientos acerca de si el mundo es, como muchos blogs parecen mostrar, en su extrema intensificación de la presencia de un ego, correlato de aquello que "percibo yo", "siento yo", "creo yo" (2007: 18-19).

La sublimación de ese narcisismo electrónico tiene que ver no sólo con la exposición exhibidora de las dudosas bondades del yo, sino también con un inflado del ego en aras de una mayor influencia en los demás, sea con finalidad crematística o sentimental, como decíamos antes. Es decir, todas estas formas avatáricas de identidad trabajan lo que la pensadora María Rodríguez Magda ha denominado el *márketing existencial* (2004: 153) o se amparan en lo que Paula Drenkard ha denominado "espectacularización de la propia vida".[16] Algo de lo que los autores son conscientes, como demuestra este explícito texto de la escritora mexicana Cristina Rivera Garza:

> En su lugar se ha configurado el *homo technologicus:* un ser post-humano que habita los espacios físicos y virtuales de las sociedades informáticas para quien el yo no es ni secreto ni una hondura ni mucho menos una interioridad, sino, por el contrario, una forma de visibilidad. Conectado a digitalidades diversas, el *technologicus* escribe esa vida que sólo existe para que aparezca

---

16. "Desde un planteo atravesado por el discurso psicoanalítico, retomando también el mito de Narciso, uno de los síntomas que se suman a la descorporeización y a la anteriormente mencionada 'dispersión del yo' en distintos roles –vía las pantallas y el mundo digital– es la espectacularización de la propia vida, la exhibición de las máscaras mediante imágenes luminiscentes y planas, y al mismo tiempo el goce de ver y verse en esa reproducción. Estamos planteando no sólo el fenómeno del voyeurismo sino una repetición –como vuelta atrás, hacia adelante– de la etapa especular de la constitución subjetiva que S. Freud [...] llamó narcisismo primario y J. Lacan [...] estadio del espejo, en la que los sujetos quedan 'pegados' a la imagen del espejo-imago" (Drenkard 2011: 97-98).

inscrita en fragmentos de circulación constante. Una extraña pero sugerente combinación entre el culto a la personalidad y una noción alterdirigida del yo dentro de un régimen de visibilidad total ha provocado que miles de seres post-humanos se lancen raudos y veloces a transmitir mensajes escritos sobre lo que les acontece en ese justo y pompéyico instante (Rivera Garza 2011).[17]

Por lo tanto, la autoconsciencia de los escritores respecto a su situación en el entramado ciberespacial es un elemento a la hora de configurar su posición como autores, y también nos ayuda a entender, como ahora veremos, algunas mutaciones producidas dentro de las formas tradicionales de construir los puntos de vista elocutorios.

Modalidades literarias de aparición del yo tecnológico

1. Avatar

En un texto destinado a describir la estética del "barroco frío" como una de las más destacadas dentro de la narrativa española contemporánea, Francisca Noguerol ha señalado como una de sus características dominantes "la frecuente presencia en los textos de identidades *avatáricas* o *nómadas*" (2012). La palabra avatar, como ha recordado recientemente Daniel Escandell, "tiene su raíz en la visión hinduista del avatar como encarnación terrestre del dios Visnú, un remedo divino que viene del sánscrito y que se traduce como 'el que desciende' del mundo de los dioses hasta el de los mortales" (2008: 111). En términos virtuales, se utiliza por lo común para describir al doble electrónico del jugador en un videojuego, como queda claro en este párrafo del escritor canadiense Douglas Coupland:

> Lo que pasó es que sufría lo que llaman un desajuste, porque me había pasado 114 días enteros jugando a *World of Warcraft*, y hacia el final de un periodo de nivelación de 24 horas había desaparecido mi avatar. Ni siquie-

---

[17]. "Y sin embargo la identidad regresa aún en su versión mediatizada. Los roles y los códigos de conducta no desaparecen, sino que se adaptan a las circunstancias. La identidad, esa enfermedad del nombre, no desaparece con la aparición de los metamedia, sino que se flexibiliza: las redes sociales explicitan como, lejos de ser una mónada autosuficiente, el individuo es un campo de fuerzas modulado específicamente por los otros" Castro Córdoba 2011: 38).

ra dejó un pequeño rastro de humo. Yo, Xxanthroxxusxx, simplemente dejé de existir. Hice lo que suele hacerse en estos casos: cerré el ordenador, lo desconecté y lo reinicié. Revisé las opciones y preferencias, me reconecté al mundo. Ni así volví a aparecer (2011: 26).

Me atrevo a decir que la *poética del avatar* será en un futuro una de las más inquietantes de las que desarrolle la literatura del siglo XXI, teniendo en cuenta que el arte, incluso los medios de comunicación de masas, se han lanzado de pleno a ella. En 1998 la artista coreana Shu Lea Cheang presentó en la galería digital del Guggenheim neoyorkino el proyecto *Brandon*, que por desgracia ya no puede encontrarse en la Red. Basado en un transexual asesinado en 1993 en los Estados Unidos, *Brandon* suponía la creación de un avatar digital que no era ni hombre ni mujer, desafiando las convenciones genéricas establecidas. Remedios Zafra, que considera este proyecto un modelo de lo que ha denominado *rostrificación de la interfaz*, opina que "El proyecto de Shu Lea utiliza la red, un media donde el cuerpo se (re)hace con palabras y código a gusto del usuario, no sólo como máscara tecnológica sino también como lugar de encuentro y debate sobre cuestiones de género" (2012). Algo similar hacen el fotógrafo Juan de Marcos con sus modelos híbridos de sexo indiscernible, creados por la superposición de distintos rostros,[18] o Lee Gainer en su serie *Frankenlovely*, continuando un sendero de fotografía de indagación sobre la hibridez que ya había comenzado Nancy Burson en los años setenta. El avance en las nuevas tecnologías está permitiendo que el *realismo* de estas creaciones alcance grados conspicuos: un ejemplo sería Eguchi Eimi, a la que en 2011 se hizo pasar por miembro de la banda de pop japonesa AKB48, sin que ninguno de los seguidores del grupo se diese cuenta de que estaban ante un elaborado avatar digital, compuesto a partir de los rasgos de seis chicas orientales. Según la noticia que cubrió el asunto, "el diseño completo de Eguchi Aimi ha ocupado un total de 150 GB, lo que da una idea de la complejidad de su programación y del grado de detalle. El diseño, realizado totalmente en 3D, permite a sus creadores reproducir movimientos tridimensionales con Eguchi Aimi, lo que ha permitido que la actriz digital se mueva y actúe como una chica real".[19] Piénsese que algo parecido se intentó

---

18. Cf. <www.juandemarcos.com>.
19. <http://www.20minutos.es/noticia/1092171/0/eguchi/aimi/actriz/>.

con la película *Simone* (2002), de Andrew Niccol, varios años anterior al lanzamiento de *Aimi*, pero que todavía no contaba con la tecnología necesaria para dotar al avatar del necesario verismo, por lo que luego se descubrió que tras el modelo virtual había una persona real, la actriz Rachel Roberts, aunque su nombre no aparecía en los créditos para crear la apariencia de haberse logrado un avatar creíble.

Aquí justamente es donde puede residir la clave de una parte de la literatura por venir, en la recuperación del debate sobre la *verosimilitud* y la credibilidad en la narrativa. Pero si en la época moderna y aun en la posmoderna la búsqueda de lo verosímil estaba asociada al realismo como forma expresiva[20] y al eterno problema de la representación de lo real, la estética pangeica o digital la persigue justo desde el lado contrario del espectro, desde el simulacro narrativo y la simulación autorial. Las fórmulas son varias, desde la *homoseudonimia* (véase Agamben sobre Manganelli en Agamben 2005: 137) hasta el apócrifo, pasando por la creación de una simulación virtual que funciona como una persona real (la blogonovela *Diario de una mujer gorda*, de Hernán Casciari), o la creación de perfiles falsos en Facebook, Twitter u otras redes sociales, que muchas veces acaban siendo personajes de novelas por aparecer, y que tienen una *vida social 2.0* antes de cobrar consistencia publicada. En tanto el formato o soporte suele tener mucha importancia en la propia construcción de la novela, no en pocas ocasiones el resultado tiene un claro componente metaficcional, al incorporar referencias al proceso de construcción del texto o el modo en que está ensamblado. Cualesquiera de estas identidades palimpsesto, reconstruibles y modificables a voluntad, al tener un alto componente de *ficción* en su procedimiento compositivo, tiene o puede tener inmediato asiento en lo literario.

2. El doble digital

Otra de las formas clásicas de la literatura contemporánea es la del doble digital, a la que ya nos hemos referido en *El lectoespectador*. Es otra forma de *seudohomonimia*, aunque aquí el nombre idéntico no pertenece a uno

---

20. "Me parece que el realismo, si se trata de una tendencia destinada en exclusiva a copiar la realidad, es pura ficción. Nada semejante ha existido jamás [...] es un método que se esfuerza por mantener los procedimientos que le son propios dentro de los límites de ciertas convenciones, se ciñe a no romper una cierta convención a la que llamamos 'realidad' o 'sentido común' o 'verosimilitud'" (Schulz 2002: 106).

mismo, sino a un "otro" heterónimo con quien a veces el nombre es la única relación. Prueba de la vigencia de esta forma de subjetividad es que desde la publicación del libro hasta hoy he conocido algunos ejemplos que me gustaría citar. Jennifer Egan, en la novela que obtuvo el Pulitzer, *A Visit from the Goon Squad* (2010), escribe: "Los participantes del safari de Ramsey han logrado vivir una historia que van a contar durante el resto de sus vidas y que empujará a algunos de ellos, dentro de unos años, a buscarse en Google y en Facebook, incapaces de resistirse a la fantasía de estar cumpliendo el sueño que ofrecen estos portales: '¿Qué habrá sido de…'" (2011: 97). En nuestra narrativa, dos casos. El primero es Bruno Galindo: "Luego tecleó su propio nombre en el buscador. Nada nuevo. Siempre el mismo medio centenar de entradas, casi todas relativas a otras personas que se llamaban igual que él. Nuestro Hombre no era arquitecto en Lima, ni profesor de universidad en Toledo, ni cantante melódico en Yucatán. Tampoco tenía una empresa de mudanzas en una ciudad cercana" (2011: 31). El segundo ejemplo es Mario Crespo:

> abre la página de Google y mete los descriptores con su nombre. […] Como siempre, la primera Web es la del diseñador Pablo Villa. Su nombre aparece más abajo. No hay ninguna noticia sobre su persona. Pablo no suele hacer egobúsquedas pero, temeroso del 'ladrón de ideas', confirma que su nombre no ha aparecido ligado a éste en las últimas horas. Google es el mundo entero, el mundo a tiempo real, Google es hoy nuestro dios, aquel que todo lo sabe (2012: 67).

Esta deificación de Google tiene su origen en su omnipotencia abarcadora, que lo convierte en una especie de figurado "marcador ontológico": lo que no aparece entre sus resultados no existe, y lo que sí se muestra cobra inmediato respaldo *real*, aunque una búsqueda de Google sea por completo virtual. Si el sujeto que practica el *egosurf* comparece en la búsqueda, su identidad se respalda; si junto a él, en la egobúsqueda, como dice Crespo, se materializa un homónimo, el doble cobra personalidad. Pongamos un ejemplo especialmente significativo, un poema de Javier Moreno (2012: 54):

PADRE

> En la barra de google tecleo su nombre:
> "julián moreno sánchez"

Rastreo las coincidencias
Hay personas con su mismo nombre
pero que no son él. Algo incomprensible
para alguien vivo (sobre todo
cuando hay miles de documentos
que mencionan al tiranosaurio rex
extinguido hace tanto tiempo)
para alguien que es mi padre
Entonces entro a una página
una página cualquiera
y abro la opción de comentarios
y escribo
"Julián Moreno Sánchez es mi padre
Todavía está vivo. Ojalá durase
más que esta frase".

La identificación con lo buscado nos lleva a límites extremos: algunos autores consideran –irónicamente, por supuesto– que el simple hecho de borrar un nombre en la búsqueda puede conllevar la desaparición real del sujeto. Énfasis excesivos, por supuesto, pero que revelan la importancia de la metáfora en nuestro imaginario. Veamos el caso del poeta David Leo, en el "–fragmento XXX. TANTATARDANZA. Madrugada con el buscador–" (2011:49):

(Tecleo "eternidad". Tecleo eternidad.
Nunca hemos muerto tanto como ahora. Eso decían. Como ahora. Que lo tenemos todo a nuestro alcance. Todas las músicas todos los deseos todos. Los cuerpos toneladas de carne compartiéndose.
Ella se acaba de ir pero tengo. Todas las canciones y todas hablan. De nuestro vínculo todas las conexiones son la misma. Las listas. La información organizada. Aunque la mire con indiferencia.
Todo podría estar entre paréntesis.
Tanta tardanza. Mientras procesan los ordenadores puedo organizar los recuerdos y aún me sobra tiempo para no pensar en nada. Lento mi esfuerzo en conseguir lo inútil.
Un servidor. Cualquiera. La piel de la pantalla. Terminación nerviosa. Hablo con mi reflejo hermano nunca estuviste tan cerca como ahora que sólo nos separa. Lo inmaterial.
Escribe "aire libre" escribe "multitud". Eres popular entre los deshabitados.

Uno de ellos teclea sin pensar. Persona busca cosa.
Uno teclea. Tu nombre en. El buscador. Y acto seguido los suprime.)

Esta práctica de buscar identidades por Google está provocando incluso divertidas anécdotas respecto a dobles digitales. Por ejemplo, en la antología *Sextinas* (Arellano/Munárriz/Rhei 2011), aparece una sextina escrita por Rubén Martín. El problema es que en España hay tres escritores jóvenes con nombre similar, que para colmo han nacido con un solo año de diferencia: el excelente narrador Rubén Martín Giráldez (Cerdanyola del Vallés, 1979), el poeta posmoderno Rubén Martín (Granada, 1980), y el poeta tardomoderno Rubén Martín (Albacete, 1980). Pues bien, en la citada antología el poema del granadino Rubén Martín aparece con una biografía que es su propio relato biobibliográfico *remezclado* o *sampleado* con algunos elementos de la peripecia vital del Rubén Martín albaceteño. El resultado es un Frankenstein textual fruto de la unión de trozos de piel informativa de dos personas, lo que se ha producido seguramente por una búsqueda descuidada en Google a la hora de componer el texto.

3. El zombi digital

Un aspecto interesante de lo digital en relación con la identidad es el de la disolución de la *supervivencia* temporal. Según recuerda Margarita Rodríguez Ibáñez, "si en el Medievo la escultura de piedra que se colocaba sobre los féretros representaba un símbolo social y, a la vez, a aquello que existió "'supliendo lo que ya no existe' (el cuerpo), ahora la nueva era tecnológica nos hace plantearnos qué existencia tiene un cuerpo, con las limitaciones que comporta [...] ¿quién nos dice que no pueda seguir existiendo nuestro cuerpo virtual, mientras que el físico desaparece de entre las cenizas?" (2012: 16). Denominaremos zombis digitales a los perfiles de redes sociales como Facebook o Twitter que siguen *activos* a pesar de que sus propietarios han fallecido.[21] La lógica de la Red impide que su avatar cibernético desaparezca, y el resto de avatares siguen interactuando con él, conscientes o no de su fallecimiento. Para explorar

---

21. Se han creado incluso páginas, como StillHere o Timewile, que tienen como objeto permitir al usuario la posibilidad de legar un mensaje póstumo a sus seguidores. Véase <http://www.abc.es/20120901/internacional/abci-mensajes-postumos-iniciativa-latinoamericana-201208311858.html>.

esta paradoja, podemos utilizar la acertada imagen de Jorge Fernández Gonzalo, quien aplica la metáfora del zombi al *Dorian Gray* de Oscar Wilde: "Gray es un rico y superficial muchacho que desea vivir siempre joven y hermoso, como en uno de los retratos que conserva. Su deseo se vuelve realidad, y todas las perversiones que lleva a cabo durante su disoluta existencia se truecan en decrepitud y vejez para la imagen del óleo. Mientras que Gray dedica sus días a una vida de libertinaje, su zombi-narciso sufre en su aspecto todas las ulceraciones del alma del joven" (2011: 146-147).[22] Invirtiendo los términos, el mecanismo es similar: el cuerpo desaparece y se pudre mientras que el zombi digital permanece atemporal, congelado en la edad elegida por el usuario con su foto de perfil. Esta inquietante divergencia ha sido ya recogida literariamente en nuestra lengua, a pesar de su novedad. Veamos como muestra este poema del vate mexicano Horacio Warpola:

> Fue muy complicado eliminarte,
> envié un mail extenso a los administradores para explicarles
> que habías muerto,
> y que los muertos no están en Facebook
> ya no escriben en sus muros
>
> Respondieron al día siguiente enviando una clave y un pésame.
> Pensé en el hombre que reenvió el mail,
> pensé en todas las personas que han muerto
> y siguen flotando en internet,
> perdidos entre htmls y wwws.
>
> Pude ver sus blogs como tumbas,
> sus perfiles llenos de epitafios y homenajes.
>
> Me sentí muy triste por todos ellos.[23]

Otra versión del tema, a cargo del español José Pablo Barragán (2012: 20):

---

22. Incluso señala Fernández Gonzalo la existencia de "una red para zombis (*Zombie connect*) en donde el usuario puede zombificar una foto de perfil gracias a un surtido número de herramientas, con restos de sangre, ojos caídos, cicatrices y demás parafernalia gore acorde con la estética del género" (2011: 156).
23. <http://www.lahojadearena.com/2011/05/tres-poemas-de-horacio-warpola/>.

SINGULARIDAD

Yo que temí a la muerte como nadie
la ha temido jamás yo que sembré
mi carne con implantes nanométricos
que la hicieran vivir más lentamente
yo que fui poco a poco renovando
mis órganos con órganos ajenos
que tuve corazones sucesivos
de niños motoristas vagabundos
y acabé descargando mi cerebro
en una terminal de ordenador
he conseguido al fin lo que buscaba
Mi pecho mi garganta están a salvo
Las lanzas los cuchillos nada pueden
hacer para rasgarlos pues no existen
ni pecho ni garganta que rasgar
La muerte está vencida Pero el precio
pagado ha sido atroz porque de mí
no quedan más que datos encriptados
que impulsos que tendrán que recorrer
el círculo sin fin de los océanos
eternos de las redes informáticas
el círculo implacable que jamás
por mucho que lo implore ha de cerrarse

Si nos fijamos, algunos estos temas son recreaciones de motivos clásicos: el doble digital sería una actualización de la tradicional búsqueda metafísica; y el zombi digital, la preocupación por el rastro dejado en el mundo durante el periplo vital, como en "El viaje definitivo" de Juan Ramón Jiménez, por citar un ejemplo canónico. La presencia de lo virtual, sin embargo, altera el estatuto retórico por cuanto lo cantado ya no es la *ausencia*, sino la presencia por otros medios, la presencia *en los medios*. Una presencia vacía, por supuesto, pero que resulta indistinguible de la habitual en el ciberespacio. Cualquiera que haya visto cómo algunos internautas dialogan con el perfil del pensador José Luis Brea en Facebook como si estuviese vivo entenderá a la perfección lo que estoy diciendo. En el caso del avatar, además, el tema es completamente nuevo, porque ni el tradicional seudónimo, ni el heterónimo, cumplen esa función de "hablar de la presencia de uno mismo en Internet" que, como es lógico, no podía existir antes de los años noventa del pasado siglo. Es uno de los pocos temas completamente *nuevo* en la literatura, originado por una alteración radical del espacio social y cívico. El ensanchamiento de la realidad sobre la que alguien puede tener *efecto*, expandida ahora casi universalmente siempre que haya una tecnología capaz de conectarse, ha producido un paralelo crecimiento de las posibilidades de *telepresencia* y, en consecuencia, de sus posibilidades literarias de expresión o reflexión, crítica o partidaria.

Conclusión: el malestar con uno mismo

> "Y la inquietud del hombre –su incapacidad para gozar de su asiento terrestre con una actitud siempre la misma, su insaciable necesidad de cambio– es quizá el fondo de toda narrativa"
> (Juan Benet 2007: 133).

Sería aventurado intentar explicarse la razón de toda esta necesidad de olvido o sustitución de la identidad propia, y columbrar una hipótesis esclarecedora de estas ansiedades de dilución, seudoanonimato o anonimato que se están produciendo, tanto en la sociedad como en la literatura que ésta produce. Carmen Martín Gaite escribió en alguna ocasión: "todas aquellas personas que se fingían otras querían liberarse de la servidumbre de su propia biografía, de perder peso por un día, por diez o para siempre; deseaban, en definitiva, ser otros" (1982: 15). Y de esto es buena muestra en nuestros días nuestra pulsión avatárica, como la retratada en el episodio 2 de la serie *Black Mirror* (2010), "Fifteen Million Merits", que presenta una sociedad distópica en la que se vive virtualmente y cuya participación requiere de un avatar bien equipado y embellecido sucesivamente mediante *updates* o actualizaciones de la apariencia. Algo muy parecido a otra distopía, la que encontramos en la primera novela de J. P. Zooey, *Sol artificial*, en que una red llamada Bionet es la generatriz de todas las cosas. Participar en ella otorga "genes" a los biociudadanos. Uno de ellos dice: "si hubiese creado algo me hubieran acrecentado la cuenta de genes. Y de este modo hubiera podido autotransformarme como quisiera. A todos les gusta autotransformarse. Todos quieren ser otros. Todos tienen algo que no pueden olvidar. Las bolsas de genes que dona la red a cambio de participar en ella, permiten a los hombres o mujeres metamorfosearse en lo que quieran. Pueden cambiar el color de su cabello, su sexo, alterar el carácter y la forma en que miran al mundo" (2009: 23). Esa posibilidad de alterar, de alterarse, descrita en la novela del narrador argentino, es registrable ya el mundo virtual; también en el real, con la cirugía estética, claro está, pero el procedimiento digital es gratuito, reversible y no traumático. Las causas que mueven este proceder pueden ir desde el propósito lúdico a la reducción de complejos, la voluntad de seducir o la búsqueda de mejorar la imagen pública. La literatura reciente, como hemos visto, acoge y explora diversos acercamientos a este fenómeno, con tal número y vigor que entendemos la importancia y el lugar destacado que ocupa en el espectro de las preocupaciones contemporáneas. Como dice, en un claro resumen, el antes citado Rubén Martín Giráldez en su novela *Thomas Pynchon. Un escritor sin orificios* (2010), "todos sabemos que la fama y el humor son brujería moral o sintáctica y quien lo duda está del lado incorrecto en Facebook, por decirlo de una manera comprensible para nuestra época. La fama es la razón por la que seguiremos siendo, durante algo más de tiempo, la bufonesca sal de la tierra mientras nadie mira" (2010: 43-44). Pero claro: todos miran.

Bibliografía

Adorno, Theodor W./Horkheimer, Max (2003): "Odiseo, o mito e ilustración". En: *Dialéctica de la Ilustración*. Madrid: Trotta, 97-128.
Agamben, Giorgio (2005): *Lo que queda de Auschwitz*. Valencia: Pre-Textos.
Alberca, Manuel (2010): "Finjo *ergo* Bremen. La autoficción española día a día". En: Vera Toro, Sabine Schlickers/Ana Luengo (eds.): *La obsesión del yo. La auto(r)ficción en la literatura española y latinoamericana*. Madrid/Frankfurt: Iberoamericana/Vervuert, 31-52.
Arellano, Chus/Munárriz, Jesús/Rhei, Sofía (eds.) (2011): *Sextinas*. Madrid: Ed. Hiperión.

BAUDRILLARD, Jean (2000): *El intercambio imposible*. Madrid: Cátedra.
— (2000): *Pantalla total*. Barcelona: Anagrama.
BARRAGÁN, José Pablo (2012): *La nave*. Almería: El Gaviero.
BENET, Juan (2007): *Infidelidad del regreso*. Valladolid: Cuatro Ediciones.
BORSOOK, Paulina (2000): *Cyberselfish*. New York: PublicAffairs.
BREA, José Luis (2004): *El tercer umbral. Estatuto de las prácticas artísticas en la era del capitalismo cultural*. Murcia: Cendeac.
BUKATMAN, Scott (1993): *Terminal Identity. The Virtual Subject in Post-Modern Science Fiction*. Durham: Duke University Press.
CARRIÓN, Jorge (2010): *Los muertos*. Barcelona: Mondadori.
CASTRO Córdoba, Ernesto (2011): "Mallas de protección. La codificación del yo en la Era Comunicativa". En: VV. AA. *Redacciones*. Valladolid: Caslon, 35-40.
CEBRIÁN, Mercedes (2011): *La nueva taxidermia*. Barcelona: Mondadori.
CONSOLO, Vincenzo (1997): *El olivo y el acebuche*. Barcelona: El Aleph Editores.
COUPLAND, Douglas (2011): *Generación A*. Barcelona: El Aleph Editores.
CRESPO, Mario (2012): *Biblioteca Nacional*. Madrid: Eutelequia.
DEBORD, Guy (1999): *Comentarios a la sociedad del espectáculo*. Barcelona: Anagrama.
DONCEL, Diego (2011): *Porno Ficción*. Barcelona: DVD Ediciones.
DRENKARD, Paula (2011): "El cuerpo estallado o el espejo roto". En: Valdettaro, Sandra (coord.): *Mcluhan: pliegues, trazos y escrituras-post*. Rosario: Universidad Nacional de Rosario Editora, 85-102.
ECHEVERRÍA, Javier (1999): *Los señores del aire. Telépolis y el Tercer Entorno*. Barcelona: Destino.
EGAN, Greg (2011): *El tiempo es un canalla*. Barcelona: Editorial Minúscula.
ESCANDELL MONTIEL, Daniel (2012): "El escenario virtual de la *blogoficción*". En: Ortega, Julio (ed.): *Nuevos hispanismos. Para una crítica del lenguaje dominante*. Madrid/Frankfurt: Iberoamericana/Vervuert, 107-126.
ESPIGADO, Miguel (2011): *El cielo de Pekín*. Madrid: Lengua de Trapo.
FERNÁNDEZ GONZALO, Jorge (2011): *Filosofía zombie*. Barcelona: Anagrama.

Fernández Porta, Eloy (2012): *Emociónese así. Anatomía de la alegría (con publicidad encubierta)*. Barcelona: Anagrama.
Galindo, Bruno (2011): *El público*. Madrid: Lengua de Trapo.
García, David Leo (2011): *Dime qué*. Barcelona: DVD Ediciones.
García Jambrina, Luis (2010): "Operación Photoshop". En: Celma Valero, María Pilar/González, José Ramón (eds.): *Lugares de ficción. La construcción del espacio en la narrativa actual*. Valladolid: Cátedra Miguel Delibes, 135-142.
Goffman, Erving (1959): *Presentation of Self in Every Day Life*. New York: Doubleday.
Gómez de la Serna, Ramón (1987): *El libro mudo (secretos)*. Madrid: Fondo de Cultura Económica.
Goytisolo, Juan (2008): *El exiliado de aquí y allá*. Barcelona: Galaxia Gutenberg.
Guigou, L. Nicolás (2004): "Rehaciendo miradas antropológicas. Acerca de prácticas y sujetos". En: *Gazeta de Antropología*, nº 20, Granada, <http://www.ugr.es/~pwlac/G20_37Nicolas_Guigou.html>.
Honneth, Axel (2006): "El reconocimiento como ideología", *Isegoría* nº 35, julio-diciembre, 129-150.
Kehlmann, Daniel (2009): *Fama*. Barcelona: Anagrama.
Lago, Eduardo (2008): *Ladrón de mapas*. Barcelona: Destino.
Magris, Claudio (1998): "Novecento. Lo scrittore nel videogame". En: *Corriere della Sera*, 12/01.
Martín Gaite, Carmen (1982): *La búsqueda de interlocutor y otras búsquedas*. Barcelona: Destino.
Martín Giráldez, Rubén (2010): *Thomas Pynchon. Un escritor sin orificios*. Barcelona: Alpha Decay.
Martín Prada, Juan (2007): "La 'web 2.0' como nuevo contexto para las prácticas artísticas". En: VV. AA.: *Inclusiva-net #1. Nuevas dinámicas artísticas en modo web*. Madrid: Media Lab Prado.
Menéndez Salmón, Ricardo (2008): *Derrumbe*. Barcelona: Seix Barral.
Minchinela, Raúl (2009): "Las actualizaciones y el sacrificio de las historias". En: *La Vanguardia*, 16/12.
Mora, Vicente Luis (2012): *El lectoespectador*. Barcelona: Seix Barral.
Moreno, Javier (2012): *Cadenas de búsqueda*. Santander: El Desvelo Ediciones.

Nogueroł, Francisca (2012): "Barroco frío: la última narrativa en español (1): el 'realismo histérico'". En: *Imán. Revista de la Asociación Aragonesa de Escritores*, n° 6, junio, <http://revistaiman.es/2012/05/18/barroco-frio/>.

Pagès Jordà, Vicenç (2010): *Los jugadores de whist*. Barcelona: JP Libros.

Rheingold, Howard (1994): *The virtual community: homesteading on the electronic frontier*. New York: HarperCollins.

Rivera Garza, Cristina (2011): "El escritor en Ciberia". En: *El País*, 19/11, <http://www.elpais.com/articulo/portada/escritor/Ciberia/elpepuculbab/20111119elpbabpor_3/Tes>.

Rodríguez Ibáñez, Margarita (2012): *Cómo la Red ha cambiado el arte*. Gijón: Trea.

Rodríguez Magda, Rosa María (2004): *La transmodernidad*. Barcelona: Anthropos.

— (2004-2005): "Hacia una crítica de la razón digital". En: *Debats*, n° 87, 69-79.

Schulz, Bruno (2002 [1941]): "Carta a Annia Plockier", 6 de noviembre de 1941. En: *El signo del gorrión*, n° 24, primavera, 106.

Serrano, Vicente (2011): *La herida de Spinoza. Felicidad y política en la vida posmoderna*. Barcelona: Anagrama.

Shakespeare, William (2001): *Rey Lear*. Barcelona: DVD Ediciones.

Sibilia, Paula (2008): *La intimidad como espectáculo*. Buenos Aires: Fondo de Cultura Económica.

Sierra, Germán (2009): *Intente usar otras palabras*. Barcelona: Mondadori.

Simmel, Georg (2001): *El individuo y la libertad. Ensayos de crítica de la cultura*. Barcelona: Península.

Sloterdijk, Peter (2010): "*Actio in distans*. Sobre las formas de producción telerracional de mundo". En: Aranzueque, Gabriel (ed.): *Ontología de la distancia. Filosofías de la comunicación en la era telemática*. Madrid: Abada.

Subirats, Eduardo (2001): *Culturas virtuales*. Madrid: Biblioteca Nueva.

Tseng, L./I-Min, Tso (2009): "A risky defence by a spider using conspicuous decoys resembling itself in appearance Animal Behaviour". En: *Animal Behaviour*, vol. 78, issue 2, agosto, 425-431, <http://araneae.thu.edu.tw/lib/publications_lib_pdf/2009_Tseng_L_Tso_IM.pdf>.

Ugarte, Pedro (2002): *Materiales para una expedición*. Madrid: Lengua de Trapo.
Wallace, Patricia (2001): *La psicología de Internet*. Barcelona: Paidós.
Zafra, Remedios (2012): "Habitares reversibles (de la mujer, el arte e Internet)". En: *Mujer y cultura visual*, <http://www.2-red.net/mcv/pensamiento/tx/text_rz_e.html>.
Žižek, Slavoj (2009): "Teme a tu prójimo como a ti mismo". En: VV. AA.: *Los otros entre nosotros. Alteridad e inmigración*. Madrid: Círculo de Bellas Artes, 9-50.
Zooey, J. P. (2009): *Sol artificial*. Buenos Aires: Paradiso.

Zapping de géneros. Una lectura hispánica

Jorge Carrión
Universidad Pompeu Fabra de Barcelona

Coexisten actualmente algunos proyectos literarios claramente transnacionales, amplificados por el de Roberto Bolaño, que se inscribió en un triángulo cuyos ángulos son al menos Chile, México y España. Pienso en el trabajo de Mario Bellatin, cuyos libros son recibidos como literatura nacional tanto en Perú como en México, pero cuyos protagonistas parecen japoneses, centroeuropeos o de algún lugar indeterminado de América Latina, caracterizados como están en una prosa que no admite el regionalismo ni el color local. Pienso en Nora Catelli, cuyas intervenciones críticas atañen tanto a la literatura argentina como a la española, al tiempo que prologa a autores como Virginia Woolf o Franz Kafka. Pienso en otro autor de origen argentino, Patricio Pron, cuya novela El comienzo de la primavera y cuyo libro de relatos El mundo sin las personas que lo afean y lo arruinan, escritos en España, se ambientan en Alemania con tal intensidad que se camuflan por momentos con la propia literatura germánica, tanto en la localización como en el tono y las obsesiones. Pienso en Lolita Bosch, que escribe sus relatos simultáneamente en castellano y en catalán, que ha vivido una década en México D. F. y que se ve a sí misma como una escritora y una activista social catalano-mexicana. Pienso en Rodrigo Fresán, que ha creado un universo propio en que su Argentina natal ha desaparecido o se encuentra en vías de extinción y en que ciertas películas y discos y novelas sobre todo norteamericanas se han convertido en el paisaje existencial de sus personajes. Pienso en Fernando Vallejo, que en 2007 renunció a la nacionalidad colombiana y adoptó la mexicana, pese a que su literatura insista una y otra vez en averiguar qué diablos será eso que llamamos Colombia.

La existencia de esos proyectos me anima a pensar España y América Latina, el ámbito de una única lengua de escritura creativa, como un único espacio literario. Los lenguajes en que se expresan Bolaño, Catelli, Pron, Bosch y Fresán no admiten las inflexiones habituales de lo local, participan a conciencia de un estilo que es al mismo tiempo propio y transnacional o panhispánico. En sus obras lo chileno, lo argentino, lo español o lo catalán tiene mucha menos importancia –aunque la conserve– que lo hispánico o lo internacional. Con mayor o menor virulencia, comparten con Vallejo el ánimo contra-espacial: la distancia consciente con el lugar de origen, con la noción de patria, con las identidades excluyentes. Soy consciente de que ese pensamiento es conflictivo, pero no lo es menos que el contrario: aquel que desde hace un par de siglos ve cada Estado hispanoamericano como una unidad de sentido en sí misma. Me parece más estimulante pensar en todos esos autores, y en los que voy a ir mencionando en este texto, como agentes de un cambio significativo en la historia de la literatura en nuestra lengua, una mutación en sintonía con la fluidez del intercambio virtual y con la velocidad de las comunicaciones de nuestra época, que seguir cultivando por inercia una comprensión local, regional, nacional, estatal de la literatura, un arte que por definición ignora las fronteras.

Al menos desde Rubén Darío y desde Borges ese proceso de extraterritorialidad cuenta con un sinnúmero de agentes. En nuestra época, el *zapping* se ha convertido en una de sus metáforas centrales. A principios de los años 90 dos novelas tan distantes y tan distintas como La ciudad ausente, de Ricardo Piglia, y La saga de los Marx, de Juan Goytisolo, usaron el cambio de canal televisivo como una herramienta literaria. La máquina, el cine, la voz registrada, el rodaje de una telenovela, un programa de debate en directo: si sumamos las páginas de ambas obras encontraremos un catálogo de incorporaciones tecnológicas y de medios de masas a la ficción en nuestra lengua. No eran los primeros en hacerlo, podemos rastrear en libros anteriores o contemporáneos de Adolfo Bioy-Casares, Manuel Puig, Fresán o Alberto Fuguet –entre otros– mecanismos afines de collage de imágenes y de voces, interrupción, interferencia, sampleo. Incluso en la propia obra de Piglia y Goytisolo hay páginas previas que pueden leerse desde esa perspectiva. No es de extrañar, si tenemos en cuenta que el *zapping* es una forma de lectura con más de medio siglo de existencia. O que el cambio de estación de radio es el equivalente sonoro al cambio de canal de televisión. O que el collage pictórico nació a principios del siglo xx. O que los sistemas de lectura que William Burroughs o Julio Cortázar implementaron en el artefacto novelesco también admiten esa metáfora tecnológica. Pero me parece más pertinente comenzar esta reflexión en los 90 porque en ese momento la televisión multicanal ya es una realidad en todos los países de nuestra lengua, los videojuegos empiezan a ofrecer nuevos modelos de temporalidad y de interacción e Internet aparece en el horizonte inminente de los cambios profundos en la historia de la lectura. Cuando todo eso ocurra, cuando llegue nuestro siglo, el cambio instantáneo de canal va a devenir un paralelismo de otros cambios: de país, de idioma, de voz, de géneros. La televisión, Windows e Internet van a dibujar gran parte de las coordenadas principales que necesitamos para entender la literatura contemporánea. O para intentarlo.

En el final autoconsciente de El gran vidrio, de Bellatin, leemos:

> La necesidad de borrar todas las huellas del pasado, de difuminar lo más que se pueda la identidad determinada, basada principalmente en la negación del tiempo y el espacio que supuestamente debían corresponderme. Cambiar de tradición, de nombre, de historia, de nacionalidad, de religión, son una suerte de constantes.

Se trata de una enumeración de las constantes de la mutación intrínseca al tiempo: y la literatura es tiempo pautado en palabras, por tanto, realidad gráfica y mutante. Ese pasaje se inscribe en la tercera parte del libro, titulada "Un personaje en apariencia moderno", que empieza y acaba con un narrador que identificamos con el escritor Mario Bellatin, pero que en su mayor parte está narrado por una niña: "es imposible que en ese entonces hubiese tenido una novia alemana […] yo soy la hija menor de la familia". Si rebobinamos (porque este pasaje es anterior al antes citado) nos llama la atención una ausencia en aquél: en las constantes de la mutación falta el género. El sexo. El sexo de los textos: he aquí una de las cuestiones clave de la literatura iberoamericana de nuestro tiempo. Porque desde que Baudelaire escribió que el Bien y el Mal no importaban, que había que descender al fondo de lo ignoto para encontrar lo nuevo, los textos han ido dejando de ser ángeles asexuados, para convertirse en dinamita erótica, en inquisidores de los cuerpos, en máquinas sexuales ellos mismos. "Porque da igual que sea bueno o malo lo que soy", dice un verso de Manuel Vilas.

El género sexual y el género textual se han ido convirtiendo en asuntos centrales durante el siglo xx. Desde Nadja (1928), de André Breton, por citar una obra vanguardista, hasta Juan sin tierra (1975), de Juan Goytisolo, por citar una obra neovanguardista, el erotismo, la gimnasia sexual, la ambigüedad del deseo se han entreverado con la confusión de los géneros clásicos, la incorporación de la tecnología de la imagen a la tecnología del texto, la exploración del cuerpo y del texto como cuerpo. En Jacobo el mutante Bellatin ya había incidido en ese doble nivel de la mutación:

> Precisamente cuando el lector asume de una manera verosímil no sólo la presencia en el texto de Jacobo Pliniak, sino sobre todo su derecho a permanecer en su estructura, nuestro personaje se transforma, sin mayor trámite, en su hija adoptiva, Rosa Plinianson.

El ejemplo de *zapping* implícito es perfecto: cambio de espacio y tiempo: de canal. El hilo conductor, quien asegura la coherencia del relato es el lectoespectador. Se trata de una oración sin punto y aparte. Sin solución de continuidad, el personaje (una pieza estructural de la novela) se ha convertido en su hija adoptiva. Sin solución de continuidad, estará viviendo en Nueva York, donde trabaja "en un almacén que comercializa géneros". El tráfico del género se convierte, pues, en un correlato de la circulación del tiempo en el espacio de la ficción. Gracias al alto nivel de autoconciencia que caracteriza la literatura iberoamericana de nuestra época que aquí estoy tratando, el propio Bellatin da la clave de su proyecto: "Mientras más alejada en la persona, género y tiempo se presente la transmutación adquirida, el relato se acercará un punto más a otra dimensión". En efecto, la literatura mutante persigue la migración dimensional. En cierto momento, un nodo sintáctico y gramatical se revela como un transbordador interdimensional. Cuando nos damos cuenta, estamos en otra galaxia.

Al menos son tres las galaxias genéricas que se entrecruzan en La muerte me da, de Cristina Rivera Garza. En primer lugar, tenemos la novela negra (y de amor), introducida por un epígrafe de Renata Salecl en que leemos: "la castración no debe ser entendida como fundamento de la negación a la relación sexual, sino como el prerrequisito para cualquier relación". El hecho de que en la novela se investigue el asesinato y la castración de ciertas víctimas (y que se haga énfasis en que la palabra "víctima" no admite el género masculino) no es anunciado por esa cita, que apunta en verdad a la relación entre la escritora y el lector (yo). He de ser castrado para poder leer La muerte me da. Sólo tras la castración simbólica puedo salir del yo para preguntarme sobre los deseos del Otro. El Otro en este caso es el texto. Yo soy múltiple y mutante; el texto también lo es. Yo soy un cuerpo en metamorfosis: como el texto. Así empieza precisamente la ficción: "Pero si es un cuerpo", comienza la novela, queriendo decir "cadáver". La clave, por supuesto, está en la adversativa. Pero. La novela entera denota oposición a todo lo previo al acto de lectura (a la castración simbólica). Por eso la segunda galaxia genérica es una novela metaliteraria, con un fuerte componente ensayístico, en que aparece Cristina Rivera Garza (sospechosa de ser la asesina psicópata castradora), experta en la poesía de Alejandra Pizarnik. Es decir, en una poesía obsesionada por la castración. El personaje Rivera Garza opina que la tarea de todo poema es resistir la comunicación, "todo esfuerzo de traducción". La esencia de la poesía, quizá, sea –siguiendo esa lógica– no cambiar de canal, resistirse a la mutación: permanecer, ser (como un secreto). La de la novela es cambiar: por eso la tercera galaxia genérica de La muerte me da es la poesía. Un libro de poemas titulado así. Porque la mutación de la novela permite la absorción del verso y del poema y del libro de poemas. En este caso concreto el salto dimensional se da físicamente, en un ejemplo claro de ficción cuántica (transmedia artística): los mismos poemas se emanciparon de la novela en que nacieron y fueron publicados en ejemplares autónomos, firmados no por la autora, sino por su personaje Anne-Marie Bianco.

El libro se cierra con esta cita de Edmond Jabès: "Violamos un libro para leerlo, pero lo ofrecemos cerrado". Como la castración, la violación es un acto de violencia. Una torsión. Como el "pero": se niega para afirmar. "El sexo: el único lugar donde todo está permitido", ha escrito muchas páginas antes Rivera Garza. Cambiemos "sexo" por "género". No se trata, como en Cortázar, de la sexualidad como un espacio en que el juego y el ritual, lo lúdico y lo sagrado, se entretejen para abrir un portal hacia algún tipo de trascendencia. No se trata de la sexualidad textualista que encontrábamos en Severo Sarduy, en Juan Goytisolo, en Manuel Puig, en Osvaldo Lamborghini o en Reinaldo Arenas. Es una sexualidad –por decirlo así– fría, asexuada. Borgeana. ¿Cuántas veces repitió Borges que el "yo" de sus relatos era meramente gramatical? Por tanto: se trata de una cuestión de género.

El sexo está continuamente presente, por ejemplo, en la obra de César Aira; pero apenas hay en ella escenas sexuales. Cuando las encontramos, son de naturaleza mental y no precisamente convencionales: en Las noches de Flores, Rosita, que al final, de pronto, resulta ser un travesti ciego, sodomiza el cuerpo imaginado de un repartidor de pizza. Imaginado, porque sólo queda de él la cabeza. Pero la homosexualidad, el travestismo, la transexualidad no afecta sólo a personajes totalmente ficticios. Atañe al propio personaje (gramatical, si se quiere) llamado "César Aira". En Embalse, el escritor César Aira, que "manejaba como un energúmeno en la ruta, como si quisiera matarse y terminar de una vez con esa comedia indigna que representaba", es "un degenerado" que se exhibe junto a travestis. En La serpiente, César Aira toma "Sodomol" y se vuelve gay. En Cómo me hice monja el niño y la niña "César Aira" se confunden. En nuestra época posfeminista y posqueer, la literatura asume un carnaval después del carnaval. Afterpop. En ella se ha diluido la carga política explícita que definió a los movimientos de los años 60 y 70 (que fueron el contexto de Sarduy, Goytisolo, Puig, etc.). Se ha esfumado el compromiso entendido como un pacto inmediato y unívoco. Se ha normalizado la interacción con todo tipo de géneros, textuales, audiovisuales, sexuales. Por eso el travestismo es una de las figuras recurrentes de ciertas literaturas mutantes, porque es una forma de trabajar en la polisemia. La política está ahí –siempre está ahí– pero llega después, por caminos inesperados: cuestionando el pensamiento y la expresión políticamente correctos, subvirtiendo el uso del lenguaje de la política y el tráfico de estereotipos de la publicidad, recordando la necesidad de violentar las unidades aristotélicas, impugnando –sobre todo– la falacia secular del realismo –que sigue siendo el género representacional por excelencia del poder–.

"Toda pornstar crea sus precursoras", escribe Pola Oloixarac en Las teorías salvajes, una novela mutante, que va cambiando de género a medida que se suceden los capítulos, ayudada por los soportes tecnológicos en que se apoya la escritura (desde el videojuego hasta el disco duro). Me ocurre que al leer las mutaciones de género de los personajes de Mario Bellatin, la adicción al disfraz y a la máscara que comparten con Manuel Vilas o con el Antonio Orejudo de Ventajas de viajar en tren, no puedo evitar ver a César Aira como su precursor. Aunque la televisión aparezca en tantos otros autores, anteriores y contemporáneos suyos, la operación a la que Aira la somete, el modo en que la absorbe a través de su propio sistema narrativo, convirtiéndola en una metáfora más de las muchas que podrían representar la Máquina Aira de Narrar, se me antoja pionero. O, al menos, agente principal de contagio y de influencia. En La cena el narrador nos cuenta que la televisión se había vuelto su "única ocupación real" y que para mucha gente mirar la tele es lo mismo que hacer *zapping*. Un recorrido zapeado por la obra de Manuel Vilas nos podría llevar a España, donde un personaje llamado precisamente Manuel Vilas es torturado por un terrorista etarra. Y en Aire Nuestro Manuela Vilas dirige el Instituto Cervantes de Nueva York. Pero el travestismo político no es la única figura que trabaja en la indefinición y en el extrañamiento: también los espacios se vuelven esquivos en las regiones posautónomas de Bellatin, en la ciudad fronteriza de Rivera Garza, en los viajes de Aira por una topografía real que multiplica paisajes disparatados. Vilas parte de un espacio próximo, reconocible, para hacerlo zozobrar mediante dos estrategias principales: el salto cuántico del cambio de programación (Aire Nuestro se articula como una sucesión de canales o programas televisivos, el resto de sus novelas no son tan explícitas a este respecto, pero el modelo es el mismo) y la presencia de criaturas extranjeras, cuando no zombis o extraterrestres: "Es posible que no conozcas demasiado las afueras de Zaragoza: / es mundo ambiguo, fronterizo y misterioso", escribe en el poema "Comulgatorio" (Calor).

En los versos finales de ese libro, el yo lírico conversa con su padre muerto: la entrevista con el fantasma es la forma que escoge Vilas para la autoconciencia. También lo hace al final de Aire Nuestro, donde da la clave del proyecto del escritor:

> Sé que tras mi muerte nació en ti la idea de que la vida de tu padre fue una ficción, y en consecuencia, decidiste que el mundo entero era una ficción. De repente, las identidades de las cosas se evaporaban. Lo mezclabas

todo. Atribuías obras de Cervantes a Lope de Vega y viceversa, y eso en los casos menos aparatosos. Tu propia identidad se convirtió en verdura de las eras. Sometiste tu percepción a un Big Bang que resultó ser una fiesta oscura.

Otra metáfora espacial de la periferia: "verdura de las eras". La fiesta oscura remite a Goya. Y en la página siguiente, prosigue el padre: "Sigue escribiendo. Recuérdales a todos de dónde vienes: de los ahorcados, de los ejecutados, del campesinado español, del proletariado irredento, de la pobreza insuperable". La revolución es el concepto clave del mundo de Manuel Vilas. Pero es un concepto que no puede ser definido. Como la poesía, no tiene traducción. Sobre todo no tiene traducción práctica. Lo revolucionario es la propia praxis de la escritura imaginativa y exigente. Y ésta es personal e intransferible. La literatura de Vilas es revolucionaria: pero ya no estamos en un mundo que admita que esa revolución pueda salir de los límites de sus libros. Ni siquiera puede expandirse al panorama o a la historia de la literatura; no hablemos de España o el mundo. Zeta es Vilas: un lugar fronterizo, periférico, donde –como en la tele– todo puede ocurrir.

Esas cuestiones de género se exponen en un proceso que da lugar al artefacto novelesco. En la literatura iberoamericana del siglo XXI ese proceso ha incorporado los códigos de la performance. Las voces narrativas narran sus metamorfosis a través de una sucesión de intervenciones teatrales, en el marco de un texto que deviene escenario, sala de museo, trastienda del arte, espacio mental de ensayo previo a la puesta en escena definitiva. En Las conversaciones, César Aira escribe que "el quid de la cuestión era que yo había creído que intercalaban en la proyección de la película uno de esos documentales que son tan frecuentes hoy día, sobre la filmación, lo que se llama el 'backstage'". La novela se articula en dos planos simultáneos: la conversación y su escritura. Pero en esos dos planos se entrecruzan muchos otros, según es habitual en la narrativa airana: sobre todo el *zapping* televisivo, la reconstrucción de una película imposible que ha ido siendo vista en distintos momentos del insomnio por ambos interlocutores. La película es el original perdido. La televisión se da en forma de fragmentos, de ruinas. El *zapping* deviene el instrumento de recolección, que permitirá que las voces reconstruyan lo extraviado. Como si el autor, como podría interpretarse que evidencia en el pasaje siguiente de Las aventuras de Barbaverde, se multiplicara y se convirtiera en "distintos DJs" que realizaran distintos "mix", de modo que

> el dadaísmo, lo habían impuesto los directores de la Bienal, pero también les convenía a los gángsters, en tanto la locura y el disfraz eran ideales para hacer pasar tanto el tráfico de drogas como sus consecuencias. En los escenarios adjuntos a las casillas de los DJs ya se estaban realizando performances al estilo Cabaret Voltaire, recitados de poemas, canto, teatro y primitivos muñecos de cartón, y al terminar su número los artistas bajaban a mezclarse con el público, que se sacudía sin cesar al ritmo de los latidos electrónicos. Del modo más natural, las invenciones teatrales se fundían con las provocaciones gay.

La escritura en doble plano, con voluntad performática, recorre buena parte de la literatura actual. Pienso en la novelística de Enrique Vila-Matas, donde la acción dramática se da en paralelo a la digresión metaliteraria, y ambos niveles son observados por una suerte de hiperconciencia, que no es la del escritor, sino la del personaje que éste ha creado. Un personaje que está actuando permanentemente. Pienso en el escritor argentino (o judeo-argentino o venezolano-argentino) Sergio Chejfec, quien en dos de sus últimos libros (Baroni: un viaje y Mis dos mundos) crea una fuerte tensión entre la experiencia del viaje y su recuerdo/escritura, a menudo mediante el uso de tecnologías como la cámara digital o Google Earth. Pienso en Escargot, el álter ego de Robert Juan-Cantavella, que en "Badajoz" (de Proust fiction) y en El dorado se convierte en actor y personaje del texto, una crónica ficcionalizada, donde el viaje real (un ejercicio de periodismo gonzo) es literaturizado desde los parámetros de la espectacularidad digital ("no entiendo cómo los fabricantes de teles están tardando tanto en incorporar una función *zapping* a sus aparatos, regulables en diferentes períodos de tiempo dependiendo del umbral de tolerancia de cada usuario"). Pienso en el cronista chileno Pedro Lemebel, en cuyos textos de no ficción el texto y la sexualidad transfronteriza son presentados también con un alto grado de teatralidad, la de alguien que ha llegado a la literatura a través de la performance y el videoarte. Pienso en el yo ensayístico del escritor español Eloy Fernández Porta, que cambia constantemente el tono de su argumentación, de la fábula a la digresión histórica, de la acuñación de nuevos términos críticos al relato de ficción, de la actitud chulesca con el lector a la broma y al juego de palabras, como si el *zapping* o el sampleo hubieran entrado en el territorio del libro y el escritor fuera un DJ. Pienso en la escritora peruana Gabriela Wiener, cuyo personaje realiza periódicos strip-teases en el ámbito de lo real, con el objeto de transportar después la performance al ámbito de la prosa documental (el registro de la acción). Pienso en Agustín Fernández Mallo, que durante la acción de Nocilla Lab se convierte en otro y que, al final de la novela, se metamorfosea en un personaje de cómic que se encuentra, en una plataforma petrolera, con otro personaje de cómic: Enrique Vila-Matas.

Consciente o inconscientemente, de forma explícita o implícita, todas esas poéticas –y tantas otras– han incorporado uno de los grandes modelos narrativos de nuestra época: el que brindan las tecnologías cotidianas. Cambiar con desparpajo de canal, de género, de ámbito; y narrar con naturalidad ese cambio en el propio texto que estamos leyendo, como si se tratara de una representación teatral: con esa doble operación se cifra una parcela importante de la literatura contemporánea. Nuestra función es tratar de descifrarla.

BIBLIOGRAFÍA

AIRA, César (1992): *Embalse*. Buenos Aires: Emecé.
— (1993): *Cómo me hice monja*. Rosario: Beatriz Viterbo.
— (1997): *La serpiente*. Rosario: Beatriz Viterbo.
— (2004): *Las noches de Flores*. Buenos Aires: Emecé.
— (2006): *La cena*. Rosario: Beatriz Viterbo.
— (2007): *Las conversaciones*. Rosario: Beatriz Viterbo.
— (2008): *Las aventuras de Barbaverde*. Barcelona: Mondadori.
BELLATIN, Mario (2002): *Jacobo el mutante*. México: Alfaguara.
— (2007): *El gran vidrio*. Barcelona: Anagrama.
BIANCO, Anne-Marie (2007): *La muerte me da*. Toluca: ITESM/Bonoboo.
CHEJFEC, Sergio (2007): *Baroni: un viaje*. Buenos Aires: Alfaguara.
— (2008): *Mis dos mundos*. Canet de Mar: Candaya.
FERNÁNDEZ MALLO, Agustín (2009): *Nocilla Lab*. Madrid: Alfaguara.
GOYTISOLO, Juan (2009 [1993]): *La saga de los Marx*. Barcelona: El Aleph.

JUAN-CANTAVELLA, Robert (2005): *Proust fiction*. Barcelona: Poliedro.
— (2008): *El dorado*. Barcelona: Mondadori.
OLOIXARAC, Pola (2008): *Las teorías salvajes*. Buenos Aires: Entropía.
PRON, Patricio (2008): *El comienzo de la primavera*. Barcelona: Mondadori.
— (2010): *El mundo sin las personas que lo afean y lo arruinan*. Barcelona: Mondadori.
PIGLIA, Ricardo (2003 [1992]): *La ciudad ausente*. Barcelona: Anagrama.
RIVERA GARZA, Cristina (2007): *La muerte me da*. Barcelona: Tusquets.
OREJUDO, Antonio (2011 [2000]): *Ventajas de viajar en tren*. Barcelona: Tusquets.
VILAS, Manuel (2008): *España*. Barcelona: DVD Ediciones.
— (2008): *Calor*. Madrid: Visor.
— (2009): *Aire Nuestro*. Madrid: Alfaguara.

Taxonomías transatlánticas: lo hipertextual y lo mediático en la narrativa en español del siglo XXI

Juan Francisco Ferré

Para comprender el papel de los nuevos medios en la redefinición de los planteamientos de la narrativa literaria el primer paso sería comprender qué sean exactamente esos nuevos medios, por qué se consideran nuevos, cómo se han redefinido ellos mismos a partir de las mutaciones tecnológicas acaecidas en las últimas décadas, cómo han afectado a la cultura en general y, en especial, a los valores humanistas de dicha cultura, etc. En palabras de Mark Hansen, tratando de definir lo que denomina la "lógica técnica de la computación" (183): "At once singular and plural, 'new media' would seem to designate both a qualitatively new kind of media and a quality of all media… at the point at which they are… introduced into and disseminated across society… Both faces of new media…arise on the basis of a common dialectic of media innovation: by changing the conditions for the production of experience, new media destabilize existing patterns of biological, psychical, and collective life" ("New Media", 2010: 172-173). Se trata con esta remediación o intermedialidad (según Bolter y Grusin, siguiendo críticamente a McLuhan) de un cuestionamiento de la ontología del texto y los fundamentos de la ficción, de la relación entre el creador del mismo y su receptor y sobre las expectativas de éste en cuanto a la dimensiones de lo real y lo ficcional inscritas en él.

1. Nuevos medios y nuevas mediaciones culturales

En el último volumen hasta el momento de su gran tratado filosófico sobre "la técnica y el tiempo", Stiegler ha llegado a afirmar que la conciencia humana y el medio cinematográfico funcionan de manera idéntica, abstrayendo de modo imaginario movimientos, objetos y cuerpos, produciendo "un efecto de realidad" que estructura la percepción de éstos y se relaciona con la realidad a través de imágenes y representaciones en movimiento (2010). No es incongruente, en consecuencia, que la literatura de la era pos-Wittgenstein hallara en el cine un nuevo arsenal de recursos y referencias para fortalecer y reforzar los usos del aparato lingüístico de captura de la realidad. Esa aportación a la literatura producida por el medio cinematográfico se podría resumir en tres apartados diferenciados: a) Técnicas y procedimientos fílmicos tendentes a la redefinición de las categorías de espacio y tiempo (el cine resulta el primer arte plenamente espacio-temporal, al ofrecer duración e intensidad cronológicas y descripción y ubicación espaciales, fundiendo la narración y la descripción en una instancia única. En este sentido, el montaje es un arma válida para reorganizar el tiempo conforme a una lógica narrativa más explícita); b) Cultura y hábitos (las referencias a las películas, los actores y actrices, los directores, etc. como nuevo repertorio artístico, el cine considerado no solo como arte sino como algo efímero, contingente, perecedero, más parecido a la moda); y c) Filosofía de lo visual (el cine es un sistema del mundo, como decía Paul Virilio, que organiza la realidad alrededor de la cámara; una nueva perspectiva o mirada sobre el mundo y la realidad que quizá, como dijo Jameson (1990: 5) y recalca Stiegler desde una aproximación "tecno-antropológica", existía ya en la Prehistoria pero que ha tenido que esperar hasta alcanzar el más avanzado estadio tecnológico de la historia para realizarse absolutamente, permitiéndonos releer y reescribir el pasado humano con mente fílmica).

Quizá por esto, es ahora mucho más fácil percibir y pensar, como argumenta José Luis Brea, que "lo que estaba en juego con la aparición de la imagen-tiempo –incluso en el sentido de Deleuze– era acaso el imperio de la literatura sobre el cine: la dominancia de un dispositivo –acaso el libro, lo lineal de la narración textual– sobre otro, el dispensador de imágenes esta vez" (2010: 74). De ahí también la peculiar relación y los malentendidos entre ambas artes. El cambio en la primacía de una de estas artes sobre la otra marca con toda probabilidad el final de la era de la imprenta, el final de la influencia dominante del mundo del libro y, al mismo tiempo, obliga a ésta, a la tecnología del libro, a negociar de otro modo su supervivencia en un entorno saturado de imágenes y signos no verbales hasta el punto de constituir, como dice Brea, "una auténtica cultura visual, en la que habría tenido lugar lo que se ha llamado el giro icónico" (2010: 115). En cualquier caso, al hacerse eco de estas preocupaciones, la literatura se enfrenta a uno de los dilemas claves de lo contemporáneo; como sentencia Shaviro, el régimen de indiferencia que se establece entre la percepción de la realidad a través de los sentidos o de los medios está condicionado por el nuevo estatuto ontológico de la imagen: "The very opposition between reality-based and image-based modes of presentation breaks down in the contemporary world of electronic media and global capital. Today, the most vivid and intense reality is precisely the reality of images" (2010: 38). Como medio más posmoderno que el cine, la televisión y el vídeo ha atraído aún más a los narradores de las últimas décadas en función de diversos conceptos que han influido en el modo de ficción y las técnicas de sus narraciones: instantaneidad entre grabación y reproducción, anulación del tiempo de desfase, tiempo real, exploración con tecnología mediática de la intimidad, transformación del concepto de realidad en "telerrealidad" o "hiperrealidad", multiplicidad de canales y técnicas de *zapping*, referentes mediáticos de programas y estrellas televisivas, asociación con la identidad subjetiva y las edades de formación, infancia y adolescencia, observadas a menudo con nostalgia a través del medio televisivo, etc. Los *media studies*, la teoría mediática en que se basa una parte importante de esta investigación, han modificado también el modo en que los medios eran pensados con anterioridad. Como nos recuerdan Mitchell y Hansen: "Media studies […] is as concerned with subjective, mental life as it is with machines, codes, and communities. It deals not only with extensions of the human sensorium, but with their introjections into the structures of feeling and forms of life than constitute human subjectivity and collectivity" (2010: xviii).

Vivimos inmersos en una "*episteme* mediática", como la denomina Hayles (2008: 91), y esta evolución estética de los medios se ha producido en consonancia con la misma evolución de la cultura, la economía y la tecnología, como señala de nuevo Shaviro: "We are witnessing the emergence of a new media regime, and indeed of a different mode of production, than those which dominated the twentieth century. Digital technologies, together with neoliberal economics, have given birth to radically new ways of manufacturing and articulating lived experience" (2010: 2). Uno de los libros fundamentales, en este mismo sentido, es

The Language of New Media, de Lev Manovich. Su planteamiento nuclear parte de una premisa tan contundente como ésta: "The Gutenberg Galaxy turns out to be just a subset of the Lumière's universe" (2001: 80). Las numerosas ideas que Manovich pone encima de la mesa deberían servirnos, al menos, para revisar y corregir muchos prejuicios vigentes, de signo "humanista", sobre el funcionamiento y la significación en la cultura actual y en nuestros modos de percepción de la realidad de medios, formatos y soportes tan destacados como Internet, el hipertexto, los videojuegos, el cine, la realidad virtual y, en general, toda la infografía, videografía y demás reinscripciones mediadas por la tecnología digital o informática. Recordando lo dicho más arriba: "To use a metaphor from computer culture, new media transforms all culture and cultural theory into an 'open source'. This opening up of cultural techniques, conventions, forms, and concepts is ultimately the most promising cultural effect of computerization –an opportunity to see the world and the human being anew" (Manovich 2001: 333). De ese modo, comprenderemos que es nuestra idea de la realidad, heredada y programada culturalmente, la primera que se ve afectada por la presencia activa de tales medios en el entorno humano. "Synthetic computer-generated imagery is not an inferior representation of our reality, but a realistic representation of a different reality" (Manovich 2001: xxiii). Y, para concluir esta importante especulación con una nota aún más sugerente de cara a la creación y el pensamiento: "information access is no longer just a key form of work but also a new key category of culture. Accordingly, it demands that we deals with it theoretically, aesthetically, and symbolically" (ibíd.). Como han señalado teóricos como Hayles y Hansen, citados en otro contexto, y subraya Manovich, se puede considerar que el ordenador constituye hoy el medio de medios, el medio que disuelve todos los otros medios en sus códigos, rutinas y programas, el "metamedio" con el que ya soñara el pionero Alan Turing, una tecnología última que subsume todas las anteriores en sus dispositivos inmateriales. No obstante, Kittler, desde una posición ideológica de influencia foucaultiana donde los medios son entendidos en su configuración de un espacio social controlado por el poder, argumenta la imposibilidad de "comprender los medios"[1] por el bucle retroactivo que establecen con

---

1. Tarea que desde McLuhan competía al analista de la nueva era de los medios tecnológicos.

las categorías mismas con que se los podría comprender y por la realidad que generan con su acción misma: "because the communications technologies of the day exercise remote control over all understanding and evoke its illusion" (Kittler 1997: 30).

Desde una posición bien distinta, más atenta a las transformaciones culturales que a sus implicaciones filosóficas o ideológicas, Jay David Bolter indicaba, a comienzos de la década pasada en su libro *Writing Space*, que teníamos que empezar a tomar en serio la hipótesis de que estamos en la "era última de la imprenta" (2001; la traducción es mía) y, como consecuencia de ello, que "los medios digitales están reconfigurando el libro impreso" (2001: 3; la traducción es mía). Y no sólo eso, sino reconfigurando tanto el libro impreso como nuestra concepción del mismo y de la cultura de la que el libro representaba el epítome histórico. Como dice Hayles, la literatura electrónica tiene una ventaja frente a la literatura surgida de la imprenta, una "función adicional": "entwining human ways of knowing with machine conditions" (2008: 135). Una cultura adecuada a la era digital, en consecuencia, ha de poner en cuestión una concepción de la cultura basada en la imprenta y en la circulación del saber y el conocimiento en formato libro: "electronic literature challenges us to rethink what literature, and the literary, can do and be" (Hayles 2008: 42). Todos los rivales que ha tenido la literatura a lo largo del siglo XX y que sigue teniendo en el XXI (el cine, la radio, la televisión) han terminado encontrando en uno de ellos (los medios electrónicos y digitales) el medio que, según Bolter, responde a las características y demandas de una nueva cultura que privilegia la flexibilidad y la inestabilidad, el descentramiento y la horizontalidad, la interactividad y la velocidad del intercambio y la comunicación. Como concluye Bolter: "we are now turning to electronic technologies of writing to define our cultural relationships both metaphorically and operationally" (2001: 203). Reescribiendo, en suma, el corpus completo de nuestra cultura y de lo que somos en formato hipertextual. Produciendo, según Bolter, una "remediación" de esa misma cultura y de nuestra idea de lo humano: su traducción a los nuevos parámetros tecnológicos de los medios electrónicos, con el ciberespacio e Internet como grandes horizontes posculturales. Como dice Hayles, elevando estas especulaciones a la altura intelectual que les corresponde:

Through such intermediations, computation evolves into something more than a technical practice...It becomes a powerful way to reveal to us the implications of our contemporary situation, creating revelations that work both within and beneath conscious thought. Joining technical practice with artistic creation, computation is revalued into a performance that address us with the full complexity our human natures require...Thus understood, computation ceases to be a technical practice best left to software engineers and computer scientists and instead becomes a partner in the coevolving dynamics through which artists and programmers, users and players, continue to explore and experience the intermediating dynamics that let us understand who we have been, who we are, and who we might become (2008: 157).

No se puede olvidar, en este sentido, que el hipertexto ha sido durante mucho tiempo la forma privilegiada de reformulación del texto en un formato tecnológicamente actualizado. Como señala acertadamente Brea, ponderando las cualidades de esta "nueva forma", cuya lógica es la del enlace de las partes y la conexión de la información: "la forma hipertexto [...] tal vez sea ya la más característica de los aparatos de gestión del conocimiento propios de nuestro tiempo, del tipo de los que se analizan y valoran como también característicos para nuestra era de la imagen electrónica" (2010: 6). El hipertexto, como dice Georges Landow en su fundamental *Hypertext 3.0* (revisión reciente de su primer tratado sobre el tema, que data de 1992), constituye la gran metáfora hecha realidad de la alianza de la cultura escrita, las teorías a ella asociadas y la tecnología más avanzada en la era de la globalización. Y todo ello con la finalidad de reconfigurar la narrativa, redefinir nuestra comprensión de la lectura, la escritura misma, el uso de la información y la educación, sin olvidar algo en lo que también insiste Jay David Bolter: sus consecuencias para nuestra comprensión del funcionamiento de la mente, el pensamiento y la organización secuencial del mismo, así como la identidad del yo, mucho más flexible y múltiple de lo que declara el tradicional concepto cartesiano. Se genera, al mismo tiempo, un nuevo concepto de subjetividad, más acorde con los desarrollos tecnológicos y la expansión cultural de los mismos: "contemporary electronic literature is both reflecting and enacting a new kind of subjectivity characterized by distributed cognition, networked agency that includes human and nonhuman actors, and fluid boundaries dispersed over actual and virtual locations" (Hayles 2008:

37). De hecho, como apunta Katherine Hayles acuñando el término "intermediación" para caracterizar esta nueva interacción de lo textual y lo tecnológico practicada por el sujeto contemporáneo y su ecosistema cultural: "This entanglement of the bodies of texts and digital subjects is one manifestation of what I call 'intermediation', that is, a complex transactions between bodies and texts as well as between different forms of media" (2005: 7). Es interesante señalar, en este contexto, cómo, en el ámbito norteamericano, predominante en sus comienzos, el formato hipertextual ha sido empleado de manera privilegiada en búsquedas y exploraciones de la identidad individual, del yo posmoderno y su compleja posición en el mundo, mientras sus creadores hispanos [sobre todo el colombiano Juan B. Gutiérrez y el venezolano Doménico Chiappe] han sabido conducirlo hacia una crítica de la identidad cultural y de los hitos de la historia nacional, así como hacia una exploración de los mundos sociales de sus respectivos países.

Sin embargo, Landow expresa ya desde la segunda edición de su libro (1997) una cierta desconfianza o abierto escepticismo sobre las posibilidades narrativas del formato hipertextual. Mientras las formas de la poesía sí han dado lugar a un desarrollo espectacular en el formato electrónico, las narrativas, más allá de las tentativas de los pioneros (Michael Joyce, Stuart Moulthrop o Shelley Jackson), a los que Janet Murray prestó tanta atención en un libro muy importante en su momento de aparición (*Hamlet on the Holodek: The Future of Narrative in Cyberspace*, 1998), o bien han caído en un cierto agotamiento o bien han sido superadas por concepciones multimediáticas, con la incorporación de imágenes y sonidos y la marginación del texto como en las obras "hipermedia" de Tallan Memoth (2001) que Hayles ha sabido analizar con el instrumental más adecuado para su nivel de complejidad y puesto al día en lo tecnológico (1998: 120-124). El propio Bolter, teórico tanto como creador de programas para la compañía Eastgate, esencial en la historia y desarrollo del hipertexto, reconoce que los formatos hipertextuales han sido desbordados por estos formatos hipermediáticos que proporcionan una experiencia sensorial mucho más completa a sus usuarios.

Otros teóricos, como Espen Aarseth, han preferido categorizar esta nueva modalidad de inscripción textual mediada como "cibertexto", modificando la nomenclatura, y han apelado a las potencialidades de una "literatura ergódica" como forma de exacerbar los componentes lúdicos que habían de modificar la concepción convencional del texto: desde una redefinición del papel del lector (convertido ahora en "(w)reader" o "hyper-(w)reader", según María Goicoechea [2007: 81], al ver reorganizadas sus aptitudes por el manejo de Internet) y la lectura, con la interactividad y la navegación textual como prácticas dominantes, hasta una transfiguración de la estética literaria en función de su "remediación" tecnológica. Como dice el propio Aarseth: "The concept of cybertext focuses on the mechanical organization of the text" (1997: 1). Lo fundamental en esta aproximación, por tanto, es la propuesta, hecha por Aarseth, de un nuevo modo, más lúdico y placentero para el usuario, de entender y describir lo que Nelson, el inventor del término, y Landow, el primer cartógrafo de ese territorio cibernético, caracterizaban como "hipertexto": "The cybertext reader is a player, a gambler; the cybertext is a game-world or world-game; it is posible to explore, gest lost, and discover secret paths in these texts, not metaphorically, but through the topological structures of the textual machinery" (1997: 4). De lo que se trata, en definitiva, en unos casos como en otros, es de aprender a entender las narrativas producidas en el entorno cultural de nuestro tiempo de modo no lineal, como secuencias fragmentarias que el lector debe reconstruir siguiendo itinerarios transversales que, de una u otra forma, ya han sido previstos por el autor del artefacto o por el programa que lo soporta. En cualquier caso, la "poética digital" (Glazier 2001) y la "literatura electrónica" pueden entenderse finalmente, según Glazier, como una prolongación o una expansión tecnológica de la experimentación narrativa y poética llevada a cabo en formatos más tradicionales como los generados por la imprenta.

No es difícil pasar de esta noción de una literatura *ergódica*, una literatura del itinerario narrativo, del trayecto construido por el mismo sujeto que lo recorre, a la idea de juego y, en particular, de videojuego, que es el formato que desde finales de los años noventa ha sustituido al hipertexto en las reflexiones más serias y apasionantes sobre narrativa y tecnología. En especial a partir de la aparición de esa nueva especialidad denominada "ludología" y que tiene a estos juegos electrónicos o digitales y sus múltiples géneros como objeto de estudio preferente. Tal como señala Susana Pajares (tanto en su ensayo "Ludology meets Hypertext" [cf. *Literatures in the Digital Era: Theory and Praxis*] como en el libro colectivo *Understanding Videogames*), el videojuego posee un poder de seducción tan irresistible para el teórico como para el usuario, ya que es un dispositivo capaz de crear un mundo ficcional independiente de las reglas del juego que lo constituyen, del que, además, el jugador o usuario puede disfrutar mientras participa del juego. "Cuando los ludólogos hablan de narrativa, normalmente se refieren a una secuencia fija de acontecimientos, y cuando sus oponentes usan el mismo término, se refieren a una historia –un mundo ficcional" (1997: 56). Cada videojuego postula, por tanto, un conflicto entre la creación de una narrativa como proyección de un mundo imaginario que solicita la atención del usuario con su diseño y sus características singulares, y la libertad del jugador en el desarrollo de las actividades relacionadas con el desarrollo del juego. La mayor virtud que observa Susana Pajares en el videojuego frente al hipertexto como paradigmas de "narrativas electrónicas" consiste en esto, precisamente, en que la historia del mismo se construye entregando al jugador, al usuario activo del mismo, la máxima libertad de movimientos dentro de las reglas propias del juego, con lo que, a diferencia del hipertexto, donde los enlaces y la navegación han sido diseñadas por un creador o un equipo de creadores dentro de un limitado número de combinaciones posibles, la historia resultante, la narrativa del videojuego, es producto de dicha libertad de movimientos dentro de las reglas y por tanto diferente en cada jugador. No es de extrañar, por ello, que un crítico como Henry Jenkins considere a los diseñadores de videojuegos, por su actualidad tecnológica y su alto nivel de popularidad, como los artistas del nuevo siglo: "los videojuegos representan una nueva forma artística, adecuada a la era digital, abren nuevas experiencias estéticas y transforman la pantalla del ordenador en un dominio de experimentación e innovación accesible para todos" (Jenkins cit en Pajares *et al.*: 31; la traducción es mía). La "ludología" es, en este sentido, una especialidad que no hará sino desarrollarse a todo lo largo del siglo como gran modelo narrativo para todas las otras artes y como gran modelo teórico para entender cómo funcionan las narrativas de cualquier tipo en un contexto tecnológico. La única pega que cabría ponerle a la "ludología" desde el punto de vista del estudio de la literatura es que, al menos en opinión de la mayor parte de los teóricos, los videojuegos no tienen nada que aprender de ésta, quizá sí algo más de la narración audiovisual del cine o la televisión. Sin embargo, los interesantes estudios de Ian Bogost no hacen sino revelar que la imaginación creativa de la literatura aplicada a formatos o unidades tecnológicas tan sofisticadas como las de los videojuegos sólo pueden producir artefactos cada vez más complejos y satisfactorios desde todos los puntos de vista, gracias a la incorporación de los sistemas abiertos y flexibles, reconfigurables a voluntad por el usuario, que estos juegos de ordenador permiten (2006), sin olvidar, como dice el propio Bogost, su potencial de expresión y de transmisión de emociones y conocimientos, pero sobre todo su capacidad de "jugar", en todos los sentidos del término, con las emociones y afectos subjetivos, de constituirse, gracias a su "retórica procedimental", en un poderoso medio de representación y expresión más allá del simple entretenimiento al que suelen asociarse (2010). En el fondo éste ha sido siempre el sueño de los escritores más innovadores y creativos, modificar el código cerrado de la literatura y relacionarse de otro modo más libre e interactivo con sus lectores.

Desde esta perspectiva, se podría pensar que la literatura tiene mucho que aprender de los videojuegos, como piensa Susana Pajares, con objeto de incorporar, entre otras cosas, los mecanismos de seducción de lectores, innovadores usos del espacio y el tiempo, modelos de organización de acciones y acontecimientos, opciones alternativas arborescentes o ramificadas (*branching*), libertad del usuario (lector), etc.; en especial si se toma en consideración, como sugería Marshall McLuhan, pionero de todos estos estudios mediáticos, y los autores de *Understanding Videogames* retoman en otro contexto, su condición de artefactos sociales, reflejos de una cultura y unos valores dominantes (aspecto que al escritor concebido, según Joseph Tabbi, como "crítico cultural", le resultaría esencial para comprender su tarea creativa como diálogo con la cultura y la sociedad contemporáneas). En otro orden de cosas, no se debe olvidar un aspecto esencial, sin embargo, que ha sido estudiado por MacKenzie Wark (2004): los videojuegos constituyen una alegoría del cuerpo y la vida social, ya que los creadores y distribuidores, así como los conceptos, las relaciones de poder, los afectos y la ideología que ponen en juego proceden de la misma estructura de la sociedad de control, el complejo militar tecnológico, como piensa también Alexander Galloway (2006). Para dar una idea de la complejidad discursiva a que están dando lugar estos artefactos lúdicos, el propio Galloway, en su reseña del videojuego bélico *World of Warcraft*, llega a plantearse, de una parte, las vinculaciones del juego con la ideología formal y sustancial del capitalismo y, de otra, la forma de representar un posible modo de vida poscapitalista, una "utopía" virtual diseñada a partir de los motivos desarrollados en el juego, mostrando así las implicaciones del diseño de estos juegos de ordenador en las ideas que pueden o no circular en la cultura contemporánea. A partir de esta reflexión de sesgo político, Galloway señala los objetivos básicos de la tarea de crítica cultural y mediática, con todas las paradojas, e incluso aporías, que ello necesariamente implica:

> virtual worlds are always in some basic way the expression of utopian desire, and in doing so they present the very impossibility of imagining utopia; this is not simply a knee-jerk ontological paradox, that code-utopias, being immaterial, formal, and virtual, are by definition not "real," but that the very act of creating an immaterial utopian space at the same time inscribes a whole vocabulary of algorithmic coding into the plane of imagination that thereby undoes the play of utopia in the first place. The key is not to morn this transformation, but to examine cultural and media forms themselves and through them (borrowing a line from Jameson) to pierce through the representation of social life both how it is lived now and we feel in our bones it ought rather to be lived (2006b: s. p.).

Para Naief Yehya (2008), por su parte, la complejidad de su diseño postula una tecnología y unas concepciones que superan los límites cognitivos de lo humano. Los videojuegos han sido concebidos de manera experimental como réplicas de los procesos del capitalismo, con la finalidad de poner a prueba la adaptación de los seres humanos a las reglas cada vez más competitivas del sistema socioeconómico. De ese modo, como dice MacKenzie Wark, la lógica económica de la sociedad contemporánea responde a la lógica de control informático del videojuego: "Games are not representations of this world. They are more like allegories of a world made over as a gamespace" (2004: 020). Por tanto, no es arriesgado concluir que la cibercultura de los videojuegos es la síntesis y el paroxismo de todos los conceptos cn juego en la actual sociedad tecnocrática. Por otra parte, para algunos autores, como Howard Rheingold, Douglas Rushkoff, Mark Dery o Michael Heim, la "realidad virtual", con todas sus promesas de realidades alternativas, mesianismos lúdicos y experiencias placenteras sin abandonar el ordenador como instrumento de relación con la realidad y promesa de un mundo más acorde a las exigencias del deseo individual, sería otra de las categorías clave para la comprensión de la cultura contemporánea o cibercultura ("Ciberia", según Rushkoff 1994). Michael Heim llega a sostener una visión de la misma que reconfigura todo el espacio de lo cultural en función de la tecnología ilusionista por excelencia: "virtual reality is a key for understanding contemporary culture. It reveals as much about contemporary lives and conflicts as traditional psychiatry... VR (Virtual Reality) represents the culmination of the artificial, technology-driven world we already inhabit but which we have not yet assimilated" (1998: 187-188). Como veremos en el siguiente apartado, esta idea tiene consecuencias decisivas para la idea de una narrativa que se haga cargo de las determinaciones mediáticas y tecnológicas de la cultura en que aspira a ser entendida, en tiempo real o diferido.

2. Narrativa mediática e hipertextual

Hayles articula con gran perspicacia cuál es la importancia de la literatura en esta cultura mediática, sobre todo a partir de sus cualidades artísticas de la relación privilegiada de la narrativa con la subjetividad: "Among the arts, literature is privileged because it registers media's effect both psychologically and heuristically" (2008: 89). De este modo, la visión que surge de todo este análisis del papel de la literatura de ficción en el siglo XXI no puede ser, por tanto, más crítica: responder desde un medio artístico tradicional, destinado a perder influencia a medida que avance la cultura del nuevo siglo, a los desafíos de un mundo basado en la permanente novedad tecnológica y el exceso de imágenes e información. Hoy es imposible entender la realidad sin tener en cuenta la interferencia de ficciones tecnológicas y simulacros virtuales en la vida diaria y, por tanto, la situación se plantea de modo paradójico: cuanto más disputa la realidad su poder de fabulación y ficción a la literatura, más ha parecido retroceder el poder de representación de ésta, precisamente, cediéndole a la realidad, gracias a los medios tecnológicos, todo el poder y la autoridad de producirse y reproducirse hasta la náusea como ficción necesaria. En este contexto enteramente mediatizado, la literatura está obligada a generar, con mayor o menor tensión formal, nuevos marcos de comprensión de la realidad, nuevas categorías cognitivas y nuevos modos de encuadrarse en ellas. Todo el problema del escritor contemporáneo radica, en definitiva, en saber cuál es la versión de la realidad con la que se identifica. Pues, como insiste Steve Tomasula en una línea especulativa de gran afinidad con la aquí expuesta: "For seeing – including seeing through the epistemological lens that is the novel – is also a way of orienting oneself to the world" (2009: s. p.). No obstante, como no dejó de señalar el crítico Guy Scarpetta (1985), la tecnología que interfiere o se injiere en la ficción sirve para poner en cuestión las ideas consolidadas sobre el tiempo y el espacio narrativo, la noción de identidad humana, la identidad sexual y los problemas de género, las jerarquías culturales, la economía, la historia, el mercado, la realidad, la utopía, etc. De manera que afrontar la influencia de las nuevas tecnologías en la literatura obliga a reconsiderar todos los grandes temas y motivos en que se ha basado históricamente el discurso literario con objeto de observarlos bajo esta nueva perspectiva y señalar los procesos de redefinición que están afectando a su comprensión. Todo este proceso podría entenderse mucho mejor dentro de las coordenadas de lo que Henry Jenkins ha denominado la "convergencia mediática" como propia de una era donde la antigua diferenciación o especialización de los medios ha sido sustituida por una lógica cultural de integración, expansión y multiplicación de formatos y motivos (Henry Jenkins 2008). Sea como sea, la narrativa como tal sigue siendo considerada por los teóricos como el modo central de relacionarse con la instancia determinante de la información a través de los nuevos medios tecnológicos: "Esta primacía de lo narrativo está cada día más clara: no importa tanto el o los medios donde se desarrolla la información, sino la historia que se está contando" (Scolari 2011: s. p.). Instalados como estamos en lo que se ha denominado la era pos-PC (Scolari 2008: s. p.), la era de los nuevos dispositivos inteligentes en formato tabletas y pantallas interactivas, es pronto para saber la repercusión de los últimos adelantos tecnológicos en la literatura, pero sí su influencia decisiva en el modo en que comenzamos ya a consumir (concepto que también estaría en vías de transformación: los nuevos teóricos, como Henry Jenkins y Carlos Scolari, prefieres hablar, dada la interactividad de los nuevos medios con el usuario, de "prosumir" y de "prosumidor") los libros digitales. El nuevo modo que Scolari define como "la economía política de las hipermediaciones" (en plural necesario, porque son muchos los medios que se disputan el espacio disponible de la información mediatizable). En principio, la lectura y también la circulación están cambiando a gran velocidad, veremos si en un futuro inmediato el formato digital afectará a la disposición del texto de manera definitiva, en la línea del hipertexto, y veremos desaparecer los formatos convencionales y lineales de producción y no sólo de reproducción de textos. Pero también su incorporación de distintos medios y su expansión en otras plataformas y dispositivos. En este sentido, se podría concluir que la literatura mediática, la literatura que "transcodifica" (conforme a la terminología establecida por Lev Manovich) sus propios postulados y hace suyas las estrategias de comunicación pero también los formatos y los dispositivos de las nuevas tecnologías, es el futuro de la literatura. Según lo describe Hayles, este futuro sólo puede pasar por las tecnologías digitales, pues en el presente ya es así: "Literature in the twenty-first century is computational" (2008: 43).

La primera conclusión a extraer de todo esto sería, por tanto, que a una "tecno-cultura" le debería corresponder, como correlato literario, si esto es posible, una "tecno-narrativa". Este planteamiento se resume en examinar la idea de narración más adaptada, con sus rupturas y mutaciones, a una era de cultura mediática y videojuegos donde el principio de lo lúdico y lo interactivo es un elemento fundamental. Encadenando, además, una reflexión sobre el tiempo, el control de la duración y los protocolos temporales que afectan a la narrativa en su recreación de la vida cotidiana bajo el capitalismo tecnológico, globalizado y multimediático. Con la consiguiente búsqueda de nuevos modos narrativos más acordes con la situación histórica y de nuevos lenguajes y nuevos modos de escritura representativos del imaginario contemporáneo expresado en ellos. En general, y esto permitiría conectar las narrativas que asumen la tecnología de cualquier medio indistintamente, la pantalla se ha transformado en un equivalente virtual de la página (una "pantpágina", como la denomina Vicente Luis Mora) y viceversa, de modo que el formato de ésta funcionaría en su disposición de los signos verbales asimilándose a una pantalla, metafórica o real, en tanto nuevo marco de recepción y percepción generalizado de toda forma narrativa expandida. Coincidiendo con esta línea de análisis, pero concretando aún más el objetivo de éste al centrarlo en la narrativa más contemporánea, Jorge Carrión denomina "ficción cuántica" a la nueva literatura expandida: "historias en la historia narradas en el mayor número de lenguajes y de formatos, es decir, de estados, que haya existido jamás" (2011: 46). Con este planteamiento, Carrión trata de llamar la atención sobre las nuevas determinaciones culturales y mediáticas que pesan sobre la narrativa y la literatura en general en un "momento histórico de una complejidad semiótica sin precedentes, por la multiplicación de lenguajes y de vehículos de transmisión, en un nivel de simbiosis e hibridación inimaginable hace veinte años" (2011: 46). Y concluye con una reflexión esencial para comprender las posibilidades de la narrativa contemporánea que este ensayo pretende cartografiar: "la novela no ha sido la misma tras incorporar el *zapping* y no está siendo la misma mientras asimila la influencia del videojuego" (2011: 47). O, como no olvida Carrión, de Google Maps y Google Earth, por recoger los avances más actuales en la reconfiguración de la idea de espacio y, sobre todo, de espacio narrativo. En este contexto, las mutaciones del tiempo y el espacio narrativo son las secuelas lógicas de una modificación sustancial de esas categorías universales para la vida y para la narrativa: "the giving of time and space at any given moment is necessarily tied to the technologies that mediate human experience" (Mitchell/Hansen 2010: 109). Como consecuencia de la influencia de los medios y las tecnologías en el entorno de la vida hasta el punto de naturalizarse en ella: "we have reached the end of the age of the media, entering into a new posthuman environment in which, presumably, time and space will take on quite new forms" (2010: 106). La capacidad de la literatura narrativa de tomar en consideración esta fundamental transformación ontológica del espacio-tiempo ha sido otro de los motivos rectores de este proyecto de investigación: la incorporación a sus estrategias de representación de un tiempo y un espacio igualmente mediatizados, pixelizados, digitalizados, donde los tiempos reales y virtuales intercambian sus atributos más reconocibles, imponiendo el presente como forma dominante, y cesan de ser operativas las distinciones, por tanto, entre tiempo real y tiempo diferido, así como entre espacios naturales y artificiales, como ya he señalado. Por otro lado, es la era posmoderna la que, no por azar, ha reconocido la expansión de la idea de "narrativa" incluso en el ámbito teórico y científico. Así, Jesper Juul considera el concepto de "narrativa", al menos en los últimos veinte años, como el "dominante en la descripción de todos los aspectos de la sociedad humana y la producción de signos" (2001: s. p.). Lo más interesante de todo este análisis sobre videojuegos e hipertexto es el debate planteado en torno a si interactividad y narrativa, en el sentido literario del concepto, son compatibles o no. Y ése es un asunto crucial en lo que concierne no ya a los formatos electrónicos sino a las narrativas que se presentan en formato libro, que son objeto central de este estudio. En este sentido, la gran cuestión sería si es posible responder a todos estos desafíos externos (hipertexto, videojuego, cibertexto, ciberespacio, etc.) desde los formatos más tradicionales de la narrativa literaria. Si, en suma, existe alguna posibilidad para ésta de preservar un espacio de interacción y diálogo creativo con estos otros formatos y soportes mediados por la tecnología. Veremos después que sí, pero para ello la narrativa ha de forzar las estructuras y las modalidades de representación asociadas al libro, como ya señalara Katherine Hayles (2002). Si esto se puede considerar como determinación cultural o tecnológica o un modo práctico de reafirmar la vocación de la narrativa y, en particular, de la novela, de reafirmar su condición de artificio es un aspecto interesante que no admite una conclusión fácil. No se olvide que, como dice Michael Wutz, la novela tiende por definición "to foreground, not erase, its act of mediation and draw attention to its artefactuality, even as it sometimes wants to uphold the illusion of the real" (2009: 6). Por tanto, entre explicitar la determinación mediática existente y dar cuenta de la realidad circundante, preservar la ilusión de que lo real trasparece en mayor o menor medida a través de su discurso retórico, no hay mucha diferencia, pues es la realidad misma la que está mediatizada por lo digital. Es ahí, por consiguiente, donde la narrativa literaria encuentra su emplazamiento crítico más creativo en nuestro tiempo: redoblando sus artificios y haciéndolos visibles logra, al mismo tiempo, representar un mundo mediatizado por las imágenes y los códigos que proceden de las nuevas tecnologías y los medios asociados a éstas, los veloces espejismos mediáticos y la virtualidad electrónica casi infinita de las imágenes de síntesis, la implosión del poder "tecno-mediático" de producción de realidad. Como señala Joseph Tabbi, uno de los grandes precursores, junto con David Porush, de la investigación de las relaciones entre narrativa literaria, mecánica, máquinas y tecnología, el "realismo literario contemporáneo" es aquel que se expresa en las "construcciones materiales de una emergente realidad tecnológica" (1995: x). Dando lugar, de este modo, a una "estética literaria" que pueda integrar en sus propias formas las variantes contemporáneas de producción tecnológica, comenzando por los medios no discursivos (Tabbi 1995: 208-209). No en vano, como sostiene Marie Laure Ryan, una autora que ha dedicado a la cuestión de la narrativa en el entorno de la mediosfera numerosos e importantes libros, los nuevos medios (Internet, videojuegos, blogs, realidad virtual, etc.) tendrán de un modo u otro que producir "nuevas narrativas", entendiendo la narrativa, según esta misma autora, con una serie de condicionantes previos: "a narrative text is one that brings a world to the mind (setting) and populate it with intelligent agents (characters)" (2004: 337). En este sentido, el desafío al que se enfrenta la narrativa en la era de la información y los medios digitales es muy bien definido por Lev Manovich al abordar la cuestión como un problema de deficiencia, de una parte, y exceso, de otra:

> today we have too much information and too few narratives that can tie it all together. For better or for worse, information access has become a key activity of the computer age. Therefore, we need something that can be called "info-aesthetics" –a theoretical analysis of the aesthetic of information access as well as the creation of new media objects that "aestheticize" information processing (2001: 217).

Este nuevo concepto, la "infoestética" sería, en mi opinión, de una importancia crucial tanto para comprender las mutaciones en la cultura como en la narrativa literaria que puede o no ser considerada, como apunta Georges Landow, una "hiperficción". Un índice éste, si se quiere, de mayor contemporaneidad de los textos. Esta nueva definición de la estética en función de su vinculación con la información y las tecnologías que la administran y gestionan parecería la más adecuada, precisamente, en un mundo como el actual, designado por Manuel Castells, uno de sus más lúcidos analistas, como "la sociedad de la información" en la trilogía del mismo nombre.

La cuestión de la realidad, de qué sea lo real o de cómo la narrativa consigue crear una realidad secundaria, sigue siendo fundamental asimismo en el modo en que distintos autores abordan esta función de la narrativa en una era hipermediática. De este modo, Marie Laure Ryan reitera la idea de que la finalidad principal de una narrativa lograda consiste en fabricar "mundos posibles" (1991). Pero ella misma se pregunta en la introducción a uno de sus libros más importantes por la cuestión fundamental: "Will new media produce new narratives?" (2004: 337-359). De ahí la relación que para algunos autores, como hemos visto, tiene la narrativa con la "realidad virtual" o lo que Michael Heim denomina, ironizando sobre los conceptos en juego, el "realismo virtual" (1998). Friedrich Kittler, por ejemplo, sostiene la equivalencia entre la lectura de novelas y las alucinaciones de la mente, celebrando el poder mágico que posee el discurso de la literatura para crear mundos imaginarios que los lectores pueden tomar por reales (1999). Prosiguiendo este planteamiento alucinatorio hasta sus últimas consecuencias, se podría afirmar que la narrativa literaria funciona, por tanto, como una "simulación mediática" perfecta, como la "vida artificial" diseñada en un ordenador o la "realidad virtual" accesible a través de la tecnología adecuada. Sin embargo, Katherine Hayles se muestra reacia a aceptar, sin cuestionar sus postulados, esta visión sesgada de la narrativa literaria y prefiere señalar las diferencias existentes entre los distintos formatos de la simulación (desde la vida artificial a la realidad virtual) y lo propio de la narrativa literaria. "Narrative", dice Hayles planteando la cuestión desde la perspectiva del receptor posible de los textos, "with its evocation of the human lifeworld, speaks to subjectivities that remain rooted in human perceptual systems, human languages, and human cultures" (2005: 6). En este sentido, se despejan todas las dudas sobre la posibilidad de que la narrativa abandone su condición más específica, vinculada a lo humano y a la concepción de lo humano sancionada por la cultura. O al menos le pone límites intrínsecos, dificultades objetivas, si se quiere. La función narrativa, por tanto, aparece unida a la actual configuración de la cultura y la subjetividad humanas, lo que no quiere decir que en sus diversos formatos y con sus enormes recursos no pueda dar cuenta de todo lo que va apareciendo en el entorno de dichas culturas e incluso amenaza con transformarlas y, con ellas, como no podía ser de otro modo, las subjetividades que emanarían de su matriz simbólica. Es en esta órbita de pensamiento en la que se inscriben, por último, algunos de los autores incluidos en un importante libro, de título elocuente para los fines de esta investigación: *Narrativity: How Visual Arts, Cinema and Literature are telling the World today*. En primer lugar, René Audet (2007: 7-35), que analiza tanto los efectos del hipertexto como de los videojuegos en la concepción contemporánea de la narrativa, o de la omnipresencia de la narrativa como factor cultural, tomando en consideración lo que muchos teóricos, como hemos visto, han denominado el giro narrativo de la posmodernidad. También diagnostica la situación en términos de disolución de la narrativa, fundada tanto en la recusación de la categoría de acontecimiento como en la negación de la clausura o el cierre como final tradicional de cualquier formato narrativo. Audet propone una explicación general de dos conceptos, narrativa y narratividad, a propósito de una reapropiación posmediática del papel del espectador/lector tanto respecto del mundo como de la obra, de una parte; y de otra, a propósito del uso del videojuego como modelo narrativo con la finalidad de introducir en el dispositivo de la obra un componente lúdico o temporalidades narrativas diferentes de las propuestas por el modelo clásico-aristotélico. Nuevas experiencias de participación e interacción con la obra que se inspiran en la libertad de los videojuegos, como también sostenía Susana Pajares, su carencia de unidad temporal, su negación de la linealidad narrativa y la progresión cronológica, esas historias cuyo único denominador común es el eje autor-narrador-personaje. Del mismo modo, Laurence Dreyfus (2007: 75-91) considera que la vinculación del arte con los videojuegos se establece a partir del concepto de juego y en los cambios que el valor lúdico ha introducido en la recepción de la obra desde el advenimiento de la posmodernidad. En estas estrategias de reapropiación artística de la estética del videojuego, consecuentemente el lector y el espectador se convierten en un jugador y, al mismo tiempo, se cuestiona la temporalidad y estabilidad espacial de la obra, así como el papel del autor y del personaje, etc. Se crea también una nueva temporalidad y, como paso final, la narrativa se ve cuestionada y desmontada en historias arborescentes, con bifurcaciones y alternativas incompatibles, etc. (Este aspecto, en particular, el de la cronología ramificada, es muy relevante, como se verá, en muchos de los textos narrativos escogidos como paradigmáticos en este ensayo.) Como ha mostrado Perla Sassón-Henry en Borges 2.0: From Text to Virtual Worlds ya era posible, sin embargo, anticipar todos estos desarrollos en muchas de las ficciones laberínticas de Borges, como "La biblioteca de Babel", "El jardín de senderos que se bifurcan" o "La intrusa", así como en sus concepciones narrativas.

En un contexto de narrativas heterogéneas, en competición permanente por atraer al público, los formatos tradicionales disputan la autoridad a las narrativas procedentes de la ciencia, la tecnología, los medios masivos, etc. A partir de esta constatación, Hugues Marchal propone entender, de manera distinta, el conflicto entre grandes narrativas o metarrelatos y pequeñas narrativas simplemente como una toma de conciencia de una situación de competencia o competición global entre "the various potential narrative unities which form our environment, but also, if there is an end of History, between the various historical or geographical modes of narrative with, in contemporary works, various logics of dispersal, if not, executions of discourse which bear witness less to a move back than to an omnipresence of the narrative" (2007: 119). Con esta remediación o intermedialidad se trata, una vez más, de poner en cuestión la ontología del texto y los fundamentos de la ficción, la relación entre el creador del mismo y su receptor y las expectativas de éste en cuanto a la dimensiones de lo real y lo ficcional inscritas en él. Como señala Marchal, resumiendo muchas de las cuestiones abordadas con anterioridad en este informe y referidas a la dimension cultural y mediática del presente: "To apprehend the field as a mesh of potential narratives amounts to placing ourselves within a myriad of simultaneous narrative propositions, a polyphony that the mediatic sphere is emblematic of, particularly by multiplying the close variations on fictional or actual stories" (119).

De ese modo, la hibridación, la interferencia y la interrupción significativa del relato son los procedimientos estéticos que dan una respuesta más adecuada a esta pluralidad de narrativas de múltiple procedencia. Con el resultado de una narrativa hipertextual concebida como conjunción de variadas formas de textualidad y diversas modalidades narrativas. Un exceso de narratividad en todos los ámbitos más que un defecto de narrativas, en opinión de Marchal, parecería ser el factor cultural y mediático dominante: "One simply wanted to underline how much the announced ending of a certain conception of the narrative is linked to a remarkable extension of the concept of narrativity" (2007: 124). En relación con todo esto, como señala Slavoj Žižek, nuestra época está viendo aparecer una serie de formas narrativas que evidencian una

> percepción de la vida que rompe los límites formales de la narrativa lineal y convierte la vida en un flujo multiforme: el carácter azaroso de la vida y las versiones alternativas de la realidad [...] Experimentamos la vida o bien como una serie de destinos múltiples y paralelos que interactúan a través de encuentros contingentes pero de importancia crucial, puntos de intersección en que una serie influye en otra, o bien como diferentes versiones/resultados de una misma trama que se repite una y otra vez (2006; 102).

Esta nueva concepción de la vida no puede ser ajena a las determinaciones tecnológicas (Žižek está pensando sobre todo en lo que denomina el "hipertexto ciberespacial") que están reconfigurando el aparato narrativo que ha permitido durante siglos dar cuenta de los aspectos más sutiles y complejos de la existencia humana y generando un nuevo ideario y un nuevo modelo de narrar que se hacen cargo de estas mutaciones. Ésta es, en definitiva, otra de las cuestiones esenciales que suscitan estas narrativas mediáticas o posmediáticas: la de si su reconversión de la tradición impresa y su redefinición de la forma y las posibilidades expresivas de la novela o el relato a partir de su fricción con los medios tecnológicos, generando nuevos sentidos y nuevos modos de relación con la iconosfera mediática contemporánea, sirve como reafirmación de éstas y de renovación de su poder artístico en un entorno mediatizado por dichos medios, o supone más bien un desplazamiento discursivo aún difícil de categorizar, como parece sugerir Katherine Hayles, comentando un artefacto paradigmático de todas estas metamorfosis y remediaciones como *House of Leaves*, la gran novela de Mark Z. Danielewski: "It is an open question whether this transformation represents the rebirth of the novel, or the beginning of the novel's displacement by a hybrid discourse that as yet has no name" (2002: 112-113). En cualquier caso, una idea más clara de este nuevo sentido de la literatura lo proporciona quizá la propia Hayles en esta redefinición irónica de los fines renovados de la literatura en la era de la información: "the purposes of literature are to reveal what we know but don't know that we know, and to transform what we know we know into what we don't yet know" (2008: 132).

3. Taxonomía transatlántica de obras y autores

Si tuviera que emplear un concepto genérico para definir las diversas narrativas y formatos textuales que incluiré en este apartado, teniendo en cuenta todo lo expuesto con anterioridad, quizá el más adecuado sería éste: narrativas cuyo fin estético es la inserción de la tecnología como elemento determinante de las tramas, las situaciones, la estructura o la configuración textual de dichas narrativas. O que, de un modo u otro, ven afectadas estas categorías literarias por la injerencia, fricción, interferencia o irrupción de algún componente tecnológico en sus formas o funciones. Y también aquellas que se desarrollan íntegramente en un formato o soporte tecnológico. En suma, la introducción por cualquier medio de la tecnología en relatos y novelas, y también de relatos y novelas en la tecnología. Un componente que puede funcionar como remediación a la inversa, esto es, como modo de "remediar" una tecnología exterior (cinematográfica, televisiva o cibernética) con los recursos de la narrativa literaria. Ya señalé en la introducción que este aspecto era, a su vez, una reinvención de la metaficción a partir de las posibilidades ofrecidas por las tecnologías de la imagen y la información. Y ahora añadiría que también es una forma de recuperar el poder de la literatura en un contexto donde sus estrategias y formatos habrían sido desbancados por los de los nuevos medios tecnológicos. Como decía más arriba citando a Brea, quizá sea ésta la forma de invertir el final de "la dominancia de un dispositivo –acaso el libro, lo lineal de la narración textual– sobre otro, el dispensador de imágenes, esta vez" (Brea 2010: 74). He preferido, por razones obvias, acotar mi campo de búsqueda en este aspecto a las últimas dos décadas y, con especial énfasis, en este primer decenio de un siglo que durante gran parte del anterior funcionó como emblema del futuro, en todos los sentidos de la expresión. Como dice el venezolano Doménico Chiappe, uno de los autores más comprometidos con la idea de la literatura digital, hipermedia o multimedia:

> La experimentación literaria, el terreno de la vanguardia en la era digital, explora en las estrategias poéticas y narrativas, en la forma. Como ha sucedido con los grandes saltos científicos de otras épocas, la tecnología actual incentiva la transformación del lenguaje literario. En la búsqueda de una retórica y un lenguaje multimedia, el autor indaga en la forma del nuevo texto, una forma independiente del contenido (comunicación personal) (Chiappe, 2013)[2].

Una de las tesis más interesantes que sostiene este ensayo resuena, precisamente, con estos planteamientos, en la medida en que búsquedas estéticas del pasado hallan hoy, gracias a su adecuado correlato tecnológico, una pertinencia de la que carecían en ese mismo pasado, por lo que fueron arrumbadas por la historia. Con objeto de facilitar la cla-

---

2. Cita procedente del manuscrito inédito.

sificación de las obras estudiadas, he optado por agruparlas según las tecnologías o los medios, los aparatos y dispositivos, en suma, con los que sostienen un diálogo estético: el cine (géneros, películas, referencias nominales, etc.), la televisión (canales, programas, telerrealidad, concursos, espectadores, etc.) o el ordenador (con todas sus variantes informáticas, ciberespacio, hipertexto, videojuegos, blogs, programas informáticos, etc.). He señalado una cuarta categoría heterogénea y transversal (*cross-media*/hipermedia/multimedia/transmedia) con el fin de acoger esas obras que incorporan a su configuración textual múltiples tecnologías y medios. Este canon se compone de obras publicadas, en cualquier formato o soporte, desde fines de los noventa hasta 2011, con especial predilección por lo publicado en la última década. Los autores y obras citados más abajo sólo pretenden servir de paradigmas o modelos de lo que supone un careo literario con la tecnología y en muchos casos van acompañadas de un comentario sucinto a modo de explicación de su presencia en este corpus abierto y en expansión permanente. Cabe concluir, como juicio crítico, que se trata de la tendencia más renovadora de las técnicas y los temas que se da en la actualidad en el ámbito de la literatura escrita en español.

A-Cine

Tomando en consideración los tres conceptos citados en la sección teórica a propósito de este medio ("Técnicas y procedimientos fílmicos", "Cultura y hábitos", y "Filosofía visual"), las ficciones (novelas o relatos) a tener en cuenta en este estudio corresponderían a veces a una sola categoría, otras a dos y a veces a las tres, por lo que prefiero enumerar sin más las obras que incorporan el cine en sus estrategias estéticas o referenciales de modo privilegiado (con los importantes precedentes de Borges, Bioy Casares, Cortázar y, en especial, Cabrera Infante): *Por favor, rebobinar*, *Las películas de mi vida* y *Cortos*, de Alberto Fuguet, donde las tecnologías del cine y del vídeo reproductor y grabador se incorporan, en las estrategias narrativas y en el lenguaje, al relato hiperrealista sobre la juventud y la vida del autor; *La fiesta del asno* y *Providence*, de Juan Francisco Ferré, donde tanto la política como la vida cotidiana se presentan mediatizadas en permanencia o por los referentes fílmicos o por las tecnologías que producen imágenes cinematográficas y por la influencia de éstas en el imaginario individual y colectivo; *Eldorado* y *Asesino cósmico*, de Robert Juan-Cantavella. En todas ellas, las técnicas narrativas asumen los procesos de montaje y planificación del cine y, también, como complemento contemporáneo, del reproductor de vídeo en su manejo acelerado del tiempo diegético, con avances, retrocesos y paradas; incluso, en el caso de los relatos de *Cortos*, las técnicas narrativas del guión, a fin de sortear lo desfasado de la construcción narrativa convencional, como también hace *Planeta hembra*, de Carlota Bustelo, y *Biografías bastardas*, de Braulio Ortiz Poole, sobre todo en el relato "¿Fue Lucy Melville víctima de una maldición egipcia?", narración irónica consagrada a la biografía apócrifa y fantástica de una actriz del Hollywood de los años dorados, revelando una vez más el interés de su autor por el cine en todas sus dimensiones; *Caras B de la música de las esferas*, de Eloy Fernández Porta, incluye relatos con formato y temática y cultura cinematográficas; como también *El dios reflectante*, *Mundo maravilloso*, *Corona de flores* y *Suomelina*, de Javier Calvo, *Wendolin Kramer, una historia de superhéroes, supervillanos y un chucho deprimido*, de Laura Fernández, *25 centímetros*, de David Refoyo, o *Cut & Roll* y *Fabulosos monos marinos*, de Óscar Gual; *Nocilla Dream*, de Agustín Fernández Mallo, una suerte de *road-movie* filmada en vídeo de baja definición; "Historias con monstruos" y *El fondo del cielo*, de Rodrigo Fresán, donde los referentes cinematográficos del cine de ciencia ficción clásico se convierten en los referentes dominantes de un relato sobre el apocalipsis o el fin del mundo; etc. Y, de un modo mucho más elusivo y sinuoso, aludiendo al sesgo a la influencia del lenguaje fílmico en la conciencia y la memoria subjetivas y la percepción de la realidad, como en *La nueva taxidermia*, de Mercedes Cebrián, o con más arraigo en ciertos referentes fílmicos, como en *Submáquina*, de Esther García Llovet. Y finalmente, *El hacedor de Borges (remake)*, de Agustín Fernández Mallo, un artefacto narrativo multimedia (y transmediático, ya que el libro incluye un DVD con materiales audiovisuales complementarios y múltiples enlaces hipertextuales a materiales situados en Internet) que admitirá ser incluido en muchas de las categorías de este estudio. En la correspondiente al cine se incluye por dos fragmentos en concreto, de muy diferente extensión y relevancia: "Las uñas", un *remake* literal del guión o de la película *Inland Empire*; y, en especial, "Mutaciones", una aventura hiperreal o digital "vivida" por el narrador en la isla rocosa donde se rodó una parte de *La aventura* de Michelangelo Antonioni. (Más adelante tendré ocasión de analizar esta pieza en la sección consagrada al uso de la tecnología de Internet en la ficción literaria.)

Dentro de este amplio apartado cabría incluir, expandiendo los conceptos que lo determinan con el fin de abarcar otras obras estudiadas en relación más o menos estrecha con esta problemática, en una línea afín a la de Fresán, múltiples narraciones que han hecho de la ciencia ficción fílmica (y también literaria, con una indudable influencia del *ciberpunk*) uno de sus referentes predilectos. En estas narrativas, las temáticas dominantes, típicas del género, serían: los simulacros, las utopías del deseo, las distopías, la realidad virtual, los parques temáticos, los viajes en el tiempo y el espacio, la transfiguración del espacio urbano en un enclave tecnológico de pesadilla, la realidad simulada en todas sus dimensiones, los nuevos mundos, el presente y el futuro tecnológicos, la historia nacional reconstruida desde el futuro como posibilidad virtual, las mutaciones biológicas y mentales, la clonación, las dimensiones paralelas, etc. Ejemplos examinados: *El congreso de literatura* y *El juego de los mundos*, de César Aira; *La ciudad ausente*, de Ricardo Piglia; *Cielos de la tierra*, de Carmen Boullosa; *Electrónica para Clara*, de Guillermo Aguirre; la trilogía *El Gen de Dios* (*Garbageland*, *Orlán veinticinco* y *Ángel caído*), de Juan Abreu; *Caja negra*, de Álvaro Bisama; *Constatación brutal del presente*, de Javier Avilés; *Ygdrasil*, de Jorge Baradit; *Tokyo ya no nos quiere*, de Ray Loriga; *Las islas*, de Carlos Gamerro; *La guerra de la doble muerte*, de Alejandro Castro Guerrero; *El año del desierto*, de Pedro Mairal; *Los jugadores de Whist*, de Vicenç Pagés-Jordá; *Sexilia*, de Roberto Panko; *Vidas perpendiculares*, de Álvaro Enrigue; *Tan cerca de la vida*, de Santiago Roncagliolo; *La Segunda Enciclopedia de Tlön*, de Sergio Meier; *Borneo* y *Promesas naturales*, de Oliverio Coelho, etc.

B-Televisión

Todas las novelas y relatos integrados en este apartado, con todas sus diferencias, incorporan referentes televisivos de series del pasado y, sobre todo, una reconversión de la tecnología literaria de la narración en tecnología televisiva, asumiendo la idea de "realismo mediático". Entre las novelas que en las últimas décadas han interiorizado las técnicas y también las temáticas de la televisión cabría destacar: *Esperanto*,

Mantra y *La velocidad de las cosas*, de Rodrigo Fresán; *España* y *Aire Nuestro*, de Manuel Vilas, sobre todo en la última, donde la existencia de un canal de televisión organiza la estructura de la novela como una colección de historias fragmentarias ambientadas en una realidad cotidiana transformada por esto en espacio de "telerrealidad", espectáculo mediático, y donde cada uno de estos capítulos o relatos correspondería a un canal o a un programa distinto, sin vinculación aparente, dentro de ese mismo canal televisivo; mediante este procedimiento son la historia y la cultura españolas del último siglo los que pasan por el filtro del medio más determinante para reacomodarse a las categorías de un futuro absolutamente tecnológico; *La fiesta del asno* y *Providence*, de Juan Francisco Ferré, en una con la espectacularización del terror a través de un canal de televisión consagrado a todos los aspectos de la vida de un terrorista de ETA, y, en otra, a través de referencias a la video-vigilancia de los espacios privados y a teleseries norteamericanas como configuradoras de la realidad norteamericana en que se desenvuelve el protagonista y narrador. En el caso paradigmático de *Mantra*, de Fresán, la turbulenta realidad mexicana contemporánea acaba suplantada por los estereotipos sociales de la telenovela mexicana hasta el punto de producir en el último capítulo una parodia en clave de ficción científica y películas japonesas de monstruos del texto fundacional de la literatura moderna mexicana, *Pedro Páramo*, donde los actantes principales de la trama modificada son androides y mutantes. En el caso de Vilas, por otra parte, esta tendencia se extrema desde la perspectiva de la lectura al concebir la novela *Aire Nuestro* como un conjunto de canales en una programación nacional, cada uno de los cuales ofrece una experiencia especializada, en lo temático, en lo cultural o en lo afectivo, a su lector espectador, y transforma el acto de la lectura en una actividad de zapeo, como ya hiciera el precursor de estos juegos literarios, Juan Goytisolo, en *La saga de los Marx*, otra novela esencial y pionera en la incorporación del aparato televisivo y sus volátiles técnicas y contenidos al aparato narrativo literario; *Dibujos animados* y *Discothèque*, de Félix Romeo, por el modo en que usan las referencias televisivas para definir la identidad de sus personajes; *Basado en hechos reales*, de Juan Bonilla, relatos sobre el mundo de la televisión, con los programas de concursos como tema destacado; como también en el relato "Risas enlatadas" incluido en *Risas enlatadas*, de Javier Calvo. La temática de la entrevista en televisión habría generado relatos y novelas como *Entrevista a Mailer Daemon*, de Doménico Chiappe, "Conversaciones con Yoni Rei", de Pepe Rojo, y "La escuela escuálida", de Juan Francisco Ferré, incluido en *Metamorfosis®*, colección en la que Eloy Fernández Porta ve condensados "los cambios físicos y psíquicos causados por la exposición a los ojos de la cámara en el mundo de la moda, el de la TV, el de la vigilancia absoluta" (2008: 315).

No obstante, la consumación estética de este subgénero televisivo la representa quizá *Los muertos*, de Jorge Carrión, quien además, como vimos más arriba, ha dedicado una monografía reciente (*Teleshakespeare*) a estudiar las teleseries de mayor éxito e influencia de la última década, mostrando la importancia cultural de estos artefactos de ficción en las formas narrativas del presente. En *Los muertos* la dimensión de la ficción y la metaficción se entrecruzan para abordar las tramas y subtramas en que se mueven los personajes en los episodios de cada temporada, además de las reflexiones y análisis más sofisticados sobre su sentido y su impacto en la audiencia, de una serie de televisión homónima, ambientada en un mundo paralelo que se construye conforme a las imágenes y referencias no sólo del medio televisivo o cinematográfico, sino también del cómic fantástico y de ciencia ficción. (Como esta novela, primera de una trilogía, ha desarrollado su proyecto narrativo en otros medios y plataformas [Internet, vídeos, blogs, etc.], puede entenderse el discurso de éste desde la categoría de lo "transmedia" o lo "transmediático" que estudiosos como Jenkins y Scolari han analizado con particular interés en relación con la constitución del *fandom* como garantía de recepción colectiva de tales formatos narrativos expandidos.)

C-Ordenador/informática

Propongo una clasificación de las obras en función de los distintos formatos utilizados y técnicas dominantes en cada una de ellas, pero también por su tematización ficcional de unos y otras.

• BLOGNOVELAS: Como ha escrito uno de sus pioneros, Hernán Casciari, la blognovela o novela blog es un "género literario porque necesariamente debe cumplir unas determinadas reglas. Como que el protagonista hable permanentemente en primera persona; que sea consciente del formato que está utilizando (en este caso el blog); que se enfoquen temas de actualidad, pero en el momento preciso en que ocurren; y que nunca dentro del formato se diga que es ficción" (Casciari: s. f.). Algunos ejemplos: *Más respeto, que soy tu madre*, de Hernán Casciari, primera blognovela publicada (*remediada*) después en formato libro; *El pibe que arruinaba las fotos*, de Hernán Casciari, una blogonovela autobiográfica publicada (*remediada*) después en formato libro; *Blogsívelas*, de Cristina Rivera Garza, relatos e historias publicadas en el blog de la autora con un componte especulativo importante; *Séptima madrugada*, de Claudia Ulloa, blogonovela; *Diario de las especies*, de Claudia Apablaza, blognovela publicada en formato libro como una suerte de memoria subjetiva de vivencias y opiniones, una bitácora personal conformada atendiendo, como otros ejemplos citados, a las categorías recomendadas por algunos teóricos del blog (como la experta Arianna Huffington [2008], sobre todo, quien recomendaba como cualidades de un blog las siguientes: privacidad, autenticidad, intimidad, pasión, transparencia, inmediatez de transmisión de pensamientos y sensaciones, imperfecta elaboración de la escritura, etc.; *Hotel Posmoderno*, novela de autoría colectiva de Alberto Torres Blandina, Carolina Otero, Maxi Villarroya y Sergio Velasco generada a partir de un blog (<http://hotelpostmoderno.blogspot.com/>), por eso es incluida en esta categoría aunque también podría pertenecer a otras, y luego publicada también en formato más tradicional en un libro homónimo. La novela se escribió de manera colectiva por completo en la Red, siendo cada parte de ella revisada y corregida de manera anónima por todos los integrantes del proyecto, buscando poner en cuestión el concepto de autoría y, al mismo tiempo, experimentando con las posibilidades de alterar la linealidad narrativa a través de múltiples recursos. El más importante de estos recursos es, quizá, y esto lo asimilaría al *Hotel* que fue diseñado en la Universidad de Brown por Robert Coover y sus estudiantes de hipertexto, el de configurar un espacio único. El hotel está diseñado de manera enteramente virtual como un espacio que la propia narración va creando, dando sentido, ampliando estancias y habitaciones. El relato se convierte en un auténtico productor de su propio espacio de producción y éste a su vez se muestra influenciado en sus concepciones por la publicidad, el cine, la televisión y, en general, la cultura de masas y mediática que tanta importancia tiene en los modelos narrativos analizados. Se confirma en este caso, por sus planteamientos y logros estéticos, la idea ya expuesta por varios autores de que las nuevas tecnologías han posibilitado una prolongación de los experimentos textuales llevados a cabo tanto a comienzos del siglo XX, la era de las primeras vanguardias, como en los años sesenta del mismo siglo.

• HIPERTEXTO: Como dice Doménico Chiappe de nuevo, uno de sus destacados practicantes actuales en el mundo hispano: "La tecnología que existe en el universo diegético afecta el devenir de los personajes que interactúan allí, pero no necesariamente repercute en el lenguaje empleado por el autor, a quien sí le influye la tecnología de su tiempo… Pero mientras que el códice potencia la lectura lineal y la autoridad del autor y editor; la pantalla fomenta la aleatoriedad y la combinación y, sostenida en la fragmentación, reduce esa autoridad" (Chiappe 2013). Algunos ejemplos: *El primer vuelo de los hermanos Wright*, de Juan B. Gutiérrez, la primera hipernovela o novela hipertextual latinoamericana (publicada en la Red) que ha evolucionado en función de la tecnología más avanzada (en este caso, Literatronic, definida por el propio Gutiérrez como "un motor de inteligencia artificial que diseña un libro de ficción específico para cada lector basado en su interacción con el sistema"); *La sombra luminosa de Luciano Valdez*, de Juan B. Gutiérrez, hipernovela; *Condiciones extremas*, de Juan B. Gutiérrez, en colaboración con Tamara Peña, como escritora, y con Giovanni Castro y Alberto Rodríguez, como ilustradores, se cuenta entre las primeras hipernovelas en español y, además, sería la primera de ciencia ficción en castellano; combina imagen y texto, se define a sí misma como un experimento en lectura no lineal en un entorno electrónico y, tras ser editada su primera versión en CD y en libro y después en Internet, ha sido reescrita a lo largo de la última década y sometida a la remediación del programa Literatronic para darle un formato hipertextual definitivo en español y, finalmente, en inglés; *Tierras de extracción 2.0*, de Doménico Chiappe, un hipertexto multimedia donde coexisten cinco tramas narrativas de cronologías diferentes, todas referidas al descubrimiento y la explotación del petróleo y sus derivados en Venezuela. Quizá sea el ejemplo más logrado de hiperficción explorativa que definía Susana Pajares a finales de los noventa, precisamente por su voluntad de expandir las posibilidades del medio en su diálogo con la vanguardia literaria (no por casualidad, *Tierras de extracción 2.0* ha sido seleccionado en 2011 por la Electronic Literature Organization para su antología *ELC2* como una de las mejores obras digitales escritas en español); *Heartbeat*, de Dora García, un hipertexto multimedia con el cuerpo como motor de dicción y exhibición; *The Tunnel People*, de Dora García, un hipertexto multimedia, más desarrollado que el anterior en cuanto a técnica, que implica una consumada combinación de ficción, videoarte, *performance*, etc.

- INTERNET/CIBERCULTURA: *Efectos secundarios* e *Intente usar otras palabras*, de Germán Sierra; *Sueños digitales* y *El delirio de Turing*, de Edmundo Paz Soldán, novelas donde Internet y las tecnologías informáticas se asocian al *hackerismo* narrativo y ficcional, a las leyendas cibernéticas sobre códigos secretos circulando por la Red que encubrirían conspiraciones políticas y, sobre todo en la primera, a la manipulación de imágenes como gesto de subversión de los valores dominantes, el espectáculo y los simulacros generados por los medios; *Tengo una pistola*, de Enrique Rubio, descrita como ejemplo de "Novela 2.0"; *Crónica de viaje*, de Jorge Carrión, donde la búsqueda de la identidad andaluza de su familia se narra a través de las búsquedas y hallazgos generados por el motor del archiconocido buscador de Google como modo de alegorizar la reconversión de las categorías tradicionales a los nuevos formatos tecnológicos de la era de la información; otro ejemplo similar sería *13 viajes in Vitro*, de Mercedes Cebrián, crónicas de viajes irónicas, realizadas "in situ" gracias a la tecnología de Google Maps y Google Earth, a grandes centros mundiales de atracción turística con objeto de desmitificar la idea tradicional del viaje físico, con todos sus defectos y problemáticas, a partir de las nuevas tecnologías que abren la posibilidad del viaje virtual. No obstante, es en el relato "Mutaciones" (incluido en *El hacedor de Borges [remake]*), de Agustín Fernández Mallo, donde las posibilidades narrativas de esta tecnología cartográfica radicada en Internet son llevadas al límite y realizadas en plenitud. El texto de "Mutaciones" es un intrincado palimpsesto de conceptos y motivos. Se presenta como un extenso tríptico que logra convocar, a través del mediador Google Earth, los fantasmas artísticos de Robert Smithson realizando un proyecto en Estados Unidos en los años sesenta, los desechos radiactivos de la central nuclear de Ascó examinados por expertos en radiación y las imágenes mentales de *La aventura* de Antonioni. Toda esta amalgama tiene la pretensión de configurar, en toda su complejidad, un mapa molecular de una realidad sometida, como en un experimento de laboratorio, a un proceso radical de redefinición de categorías y experiencias como la del siglo XXI: una realidad donde el presente y el pasado, lo actual y lo virtual, lo material y lo inmaterial, lo vivido y lo imaginado, lo sublime y lo abyecto, lo directo y lo mediado o diferido, lo natural y lo artificial, lo presente y lo remoto, lo real y lo simulado, etc., se confunden hasta la indiferencia y la banalidad. En otro fragmento posterior del libro, reafirmando su disposición hipertextual, Fernández Mallo reescribe la famosa parábola borgiana sobre los cartógrafos y el territorio ("Del rigor de la ciencia", que ya había suscitado las especulaciones de Baudrillard sobre la hiperrealidad) aplicándole también la tecnología de Google Earth, esta vez con ironía literaria.

• NOVELA COLECTIVA HIPERMEDIA: *La huella del cosmos* es un proyecto de novela colectiva dirigido por Doménico Chiappe, en cuyos 10 capítulos tuvieron la oportunidad de participar durante los seis meses de gestación del proyecto escritores como Ernesto Pérez Zúñiga, Esther García Llovet, Nicolás Melini, Juan Carlos Chirinos, Vanessa Montfort, Ignacio del Valle y Jorge Eduardo Benavides. Un caso aparte lo representaría *Suicídame*, obra interactiva e hipermedia de autoría colectiva creada en la Red (<http://www.suicidame.es/>) por Alberto Torres Blandina, Carolina Otero, Maxi Villarroya y Sergio Velasco, con la colaboración de actores y músicos, dando un paso más allá de su anterior proyecto, la novela colectiva *Hotel Posmoderno*, que, además, daría nombra al grupo de escritores. *Suicídame* emplea técnicas literarias narrativas para estructurar una obra en que las imágenes de vídeo, el grafismo informático, la música, el sonido, el cine, los enlaces hipertextuales (a páginas de Internet y a blogs creados ex profeso) y las intervenciones de los autores crean un concurso televisivo a imitación de modelos como *Gran Hermano* en el que el lector-usuario elige entre seis personajes representados por actores que se presentan ante él recitando un texto que debe convencer a aquel de condenarlo, como premio a su brillante representación, al acto que anuncia el título de modo tan performativo como cruel. Si la muerte es el destino final de la narración y de sus personajes protagonistas, recurso clásico, la mutación más interesante de todo el proceso es la conversión del lector en espectador, sin renunciar a ninguna de las cualidades intelectivas inherentes a la lectura. En esa intersección creativa entre las facultades de la lectura y las de la visión más activa es donde se cifra una de las apuestas fundamentales de esta obra paradigmática de la narrativa o la literatura digital. Recientemente, una parte de los creadores del proyecto anterior (Alberto Torres Blandina y Maxi Villarroya) se han unido a otros escritores españoles y argentinos (Jorge Carrión y Alberto Olmos, por una parte; Juan Terranova, Javier Sinay e Iván Moiseeff, por otra) para crear simultáneamente el proyecto multimedia *Los siete vampiros* (<http://www.los7vampiros.com>), que se definiría, según sus autores, como "Un Fanfiction Serie Zeta creándose en directo". En él, el punto de partida es plantear una aproximación lúdica a las narrativas de la cultura de masas a través de una película emblemática (*Kung Fu y los siete vampiros de oro*, de Roy Baker) y de la influencia generacional de los productos de culto en la configuración imaginaria de esa misma cultura. Este aspecto teórico se combina con la multiplicación de los puntos de vista en la reconstrucción de una posible red narrativa colectiva que interfiera o friccione creativamente con la película mencionada. El proyecto fue generado el dos de abril de 2011 al mismo tiempo por los autores, llamando la atención con su colaboración sobre esa producción instantánea, inmediata, desde luego, pero hipermediatizada y simultánea, como propia de las tecnologías que interfieren en la redefinición de la cultura contemporánea desde la existencia de Internet. Cada autor ha aportado su contribución personal para conformar esa red de relatos, multiplicando también los formatos mediáticos y modalidades narrativas integradas en el mismo, haciendo hincapié en las tecnologías particulares que los soportan: Alberto Torres con el "chat-relato" (o relato en forma de chat multimedia) en tres partes correspondientes a los tres conceptos del título: *Puta Perro Cisne*; Maxi Villaroya con el "flash-relato" (o relato creado aprovechando las ventajas audiovisuales y multimedia del programa Flash): *Leu Hong contra el otoño amarillo*; Alberto Olmos con el "blog-relato" (relato hecho con tecnología multimedia de Blogger y YouTube): *El vampiro chino de Usera*; Jorge Carrión con *Los siete pistoleros de plata* (otro "blog-relato" creado esta vez con la tecnología alternativa de WordPress); Javier Sinay con otro "blog-relato" multimedia, de diseño más personal, *La pista argenchina*; Iván Moiseeff, con *En ti confío*, logra multiplicar las plataformas de presentación de su relato al incorporarlo a las tecnologías de Facebook y otras redes sociales con objeto de invitar a la participación de los lectores e integrar la ficción subjetiva en parámetros de socialización interactiva; y, por último, Juan Terranova con *El gran silencio rural argentino*, crea un *googlesite* (un dominio basado en la tecnología de Google para almacenar y compartir información en la Red) donde confluyen imágenes fotográficas y texto. El proyecto integral va acompañado además, para enfatizar su objeto de deseo creativo de sus autores, por una banda sonora musical (la canción "B-Movie Love") del grupo The Someone Elses. Por todo ello, *Los siete vampiros* constituye un ejemplo importante de las posibilidades actuales de la narrativa digital o transmediática.

• NOVELA DIFUNDIDA POR INTERNET: *Boring Home*, del cubano Orlando Luis Pardo Lazo, paradigma de los nuevos modos de difusión y circulación de la literatura, saltándose todos los controles políticos y editoriales, este libro ha sido hecho público tanto en formato CD como en PDF a través de la Red, convirtiéndose en un fenómeno digno de investigación.

• NOVELA HIPERTEXTUAL: *Nocilla Experience y El hacedor de Borges (remake)*, de Agustín Fernández Mallo, sus respectivas construcciones remedan la secuencialidad no lineal y la lectura conectiva del hipertexto electrónico, enlazando sus materiales narrativos de modo horizontal, ajenos a toda jerarquía o prelación textual, buscando la interactividad del lector en la construcción del texto final; ambas obras incorporan, además, una reflexión sobre el medio de medios o el "metamedio" informático como metaficción vertebradora del conjunto. En cualquier caso, constituyen dos de los paradigmas más visibles de la "infoestética" descrita por Manovich. Por su parte, *El exiliado de aquí y de allá*, de Juan Goytisolo, una novela fragmentaria, secuela de *Paisajes después de la batalla*, concebida como un foro fabuloso de Internet, con intercambio de *e-mails*, chats, mensajes, etc. *La gente de papel*, de Salvador Plasencia, publicada originalmente en inglés en Estados Unidos, es una de las novelas más innovadoras, junto con el *Bombardero* de César Gutiérrez, por su aplicación literal al papel, metaforizado en el título, de las técnicas visuales, gráficas y conceptuales del hipertexto, con un resultado especialmente relevante en la definición de un nuevo arte de narrar, de concebir el personaje y de describir mundos que asaltan al lector por su visualidad gráfica y su juego dimensional con las posibilidades de la página.

• REALIDAD VIRTUAL: *Cero absoluto*, de Javier Fernández, una trama novelesca que explora hasta las últimas posibilidades la descomposición de la "realidad" como consecuencia de su incesante sometimiento a la experimentación tanto de la tecnología recreativa de lo virtual, encargada de suplir al nuevo sujeto con su ración de ficciones y alucinaciones estimulantes; otro de los innovadores aciertos de esta ficción cibernética es, precisamente, la configuración del texto. Apropiándose de la técnica del documento objetivo, empleada en narraciones terroríficas o fantásticas a fin de anular la incredulidad del lector, el dispositivo de la narración acumula materiales impersonales para transformar la omnisciencia narrativa de este artefacto literario de la era de la informática y la (in)comunicación en un efecto secundario de la manipulación selectiva del archivo y el saqueo de las bases de datos de la realidad (la base de datos, según Lev Manovich, como vimos más arriba, es el modelo que ha sustituido al formato de la enciclopedia alfabética en la construcción de las narrativas de la información).

- VIDEOJUEGOS: *Ático*, de Gabi Martínez, la primera novela española donde se aborda la problemática social y generacional de los videojuegos a través de una trama que implica la programación computacional y el diálogo multicultural; *Cut & Roll*, de Óscar Gual, una de las primeras donde se emplea el lenguaje de la programación informática con solvencia narrativa; "Barcelona Arcade", de Robert Juan-Cantavella, relato donde se incorpora la pasión por los formatos de los videojuegos como instrumentos de desrealización subjetiva y de la realidad circundante; *Las islas*, de Carlos Gamerro, citada en la sección de cine por la influencia de éste en sus planteamientos de ficción de género, se trata de una novela donde la Guerra de las Malvinas se transforma en un videojuego sujeto a manipulaciones y pirateos con objeto de alegorizar las versiones, unas heroicas y propagandísticas y otras más bien críticas, que se oponen en la conciencia histórica colectiva de los argentinos sobre esa traumática guerra de los años ochenta, trasladando al terreno tecnológico la disputa ideológica que en otros narradores se producía con una estética más realista, señalando una superación de ésta con objeto de acomodarla a una cultura donde hasta el *hacker* informático se ha vuelto una figura costumbrista; y *Providence*, de Juan Francisco Ferré, que ya era mencionada en las secciones correspondientes al cine y a la televisión, pero que merece un lugar destacado entre las narrativas en español que han hecho del videojuego un componente fundamental de sus estrategias de ficción. *Providence* se constituye así, como ficción metafórica y literal, en un libro metamórfico, viral: novela, película, videojuego, página web, etc. Una "hipernovela", usando este concepto acuñado por Italo Calvino en este sentido también: una máquina narrativa de procesar formas ficcionales de muy distinta procedencia mediática. Una novela compuesta de múltiples niveles de realidad y ficción que no se sabe con exactitud si es la base de una película o la película misma o un videojuego basado en ésta, etc. Todo esto es algo que el lector debe descubrir por sí mismo a medida que recorre, sin prejuicios, sus páginas-pantallas. Uno de los propósitos principales de la novela consiste en partir del medio cinematográfico para llegar al videojuego como formato lúdico que lo ha superado tanto en atractivo para sus usuarios y consumidores como en potencial alegórico respecto de su época. En este sentido, uno de los motivos rectores de la novela es el título de uno de sus capítulos: "La vida (no) es un videojuego", dando a entender con ello que el videojuego como forma narrativa sería la metáfora perfecta para describir los procesos que están reconfigurando la vida de los humanos en el siglo XXI. Procesos que afectan a la economía y la política, sin duda, pero también a las relaciones personales, la sexualidad, los afectos, las emociones y a todo el bagaje sentimental de lo que tradicionalmente se venía entendiendo como experiencias de la subjetividad.

- *Cross-media*/HIPERMEDIA: *Novelas* crossmedia: un ejemplo temprano, en sus múltiples versiones, lo constituiría la obra en marcha *Circular*, de Vicente Luis Mora. En el prólogo de la primera edición se define la estructura del libro como un "engranaje polimórfico (y polifónico)", como una forma de incluir en el volumen de un libro "algunos géneros y técnicas inéditos: la ciencia ficción, el blog, el poema visual, el informe falso, la traducción cibernética, la crítica de exposiciones artísticas inexistentes, el hipertexto y algún que otro estimulante" (Mora 2007: 12); este propósito declarado del proyecto del libro va explicitándose a medida que nos adentramos en los múltiples itinerarios incorporados a su composición mediante breves fragmentos pertenecientes a distintos géneros o formatos: apólogos, diálogos, narraciones, descripciones, aforismos, poemas, SMS, *e-mails*, citas ajenas, informes, anécdotas, reflexiones, divagaciones, etc.; *Proust Fiction*, de Robert Juan-Cantavella; *Bom84rd3ro* (*Bombardero: 1. Ground Zero; 2. Estamos en el aire; 3. Hacia Oriente por Occidente*), de César Gutiérrez, combina técnicas del cine, la televisión, Internet y demás medios; es uno de los ejemplos más consumados de novela interferida, en su propio lenguaje, en la configuración de la página, en la trama y en la concepción ficcional que la sustenta, por los dispositivos tecnológicos del presente. Como se declara, a modo de programa poético o de declaración de principios estéticos, en una de las secciones finales (titulada no en vano "Bonus Track") de esta hiperficción en formato libro: "Solo la hibridez me habla claro, me dice cosas, me reanima boca a boca, me dice lo que no sé pero quiero escuchar, solo la impureza magnifica mis sentidos, las utopías, las distopías, las ucronías, la *space opera*" (74 de una cuenta atrás que comienza en la página 550). En sus páginas, alternando las imágenes y los textos, los juegos tipográficos y los símbolos alfanuméricos, los microrrelatos y los poemas en prosa, las especulaciones culturales y el duelo por un mundo en ruinas, la presencia de todas las tecnologías y ciencias, las máquinas, maquinarias y maquinaciones de los siglos XX y XXI así como sus traumáticas historias filmadas por el cine y retransmitidas por televisión, la información masiva sobre cualquier tema o especialidad, se alcanza una de las definiciones más nítidas y contundentes de lo que se podría entender por "tecnoliteratura" en el ámbito hispano; *MetamorfosisÒ*, relatos, y la novela *Providence*, de Juan Francisco Ferré, cine, vídeo y televisión, videojuegos, ciberespacio, realidad virtual, etc.; las novelas *Click* y *Alma*, de Javier Moreno; *Nocilla Lab*, de Agustín Fernández Mallo; *Los muertos*, de Jorge Carrión, televisión, ciberespacio, videojuegos. Un ejemplo reciente y destacado de este juego de combinación de lenguajes mediáticos y formatos tecnológicos en la ficción sería la novela *Alba Cromm*, de Vicente Luis Mora, donde bajo la apariencia de una revista masculina se encubre toda una trama policial compuesta de *e-mails*, páginas web, chats, búsquedas en Internet, dominios porno, blogs personales y demás formatos electrónicos con objeto de fragmentar el relato a partir de las tecnologías que se disputan la producción de la información y la realidad en que la protagonista homónima se desenvuelve como detective cibernética. El uso de una plataforma en Internet, mantenida bajo seudónimo, para completar con materiales suplementarios la enrevesada ficción de la novela haría de ésta otro paradigma de lo transmediático.

Relatos crossmedia: "Troyano", incluido en la colección *Atractores extraños*, de Javier Moreno, conversión en materia narrativa, a la manera de un experimento literario borgiano, de los protocolos informáticos de un sistema y de un virus destructivo infiltrado en el mismo. El relato "Quixote Nintendo" (publicado en la antología *El Quijote. Instrucciones de uso*), de Carmen Velasco. En este texto innovador se produce una intersección entre la cultura canónica, el feminismo de raigambre lacaniana, la cibercultura de Internet y los videojuegos, trastornando incluso el formato de la ficción y alterando la idea clásica de desenlace con su interrupción técnica por un bloqueo del sistema que le da origen narrativo. En una línea similar, las dos versiones de "Spiroot", de la misma autora, inscrito en la práctica de una ciencia ficción especulativa, posee la originalidad de plantearse como una exploración de las nuevas tecnologías y su interacción con la cultura y la sociedad de un futuro posible para transformarse al final (aunando ciencia ficción, feminismo y avanzadas tecnologías en una línea intelectual marcada por Donna Haraway) en exploración radical de los nuevos modos y las nuevas potencias de existencia femenina más allá de la condición femenina actual, un devenir más mujer a través de la tecnología y la ciencia, liberada ya de las servidumbres y represiones de la historia. Otro ejemplo: el relato "September 11", de Irene Zoé Alameda, donde el uso del *e-mail* es determinante en la configuración de un espacio narrativo mediatizado por la incertidumbre de la comunicación en un momento traumático como el señalado por el título. Otro paradigma sería *Subterráneos*, de Vicente Luis Mora, colección de relatos en la que destacarían por su modo de incorporar los conceptos relacionados con este proyecto de investigación: "El Golem", "La Biblioteca de Babel (versión 5.0)", "Topo" o "Psiquia", relatos que persiguen un mismo propósito: forzar la confrontación de la temática cultural o filosófica de raigambre humanista (la muerte, la libertad, el deseo, el poder, la memoria, el amor, etc.) con las novedades tecnológicas más avanzadas, e inscribir en un contexto literario signos de la cultura electrónica de Internet que está redefiniendo, como he insistido a menudo en este informe final, todas las categorías humanas mencionadas.

Conclusión

Quizá el punto menos interesante de todos los abordados en este último apartado sea el del hipertexto. En la medida en que, con la excepción de la interesante obra de Juan B. Gutiérrez y de Doménico Chiappe, y las recientes experiencias multimedia generadas en torno a *Hotel Posmoderno*, en la mayoría de los hipertextos consultados en español la importancia de experimentar con el medio tecnológico se impone a la creatividad de la propuesta. Pese a la disminución objetiva del interés por el formato hipertexto, auguro que no tardarán en surgir hipertextos hispanos que tengan el mismo nivel de exigencia estética que informática, por así decir. En este sentido, el hecho de que la época de mayor innovación en este género fuera los años noventa y el retraso en la incorporación de las culturas hispanas al debate hipertextual, sobre todo anglosajón, han podido perjudicar en cierta manera su desarrollo en nuestras culturas, donde tardaron en hallar el reconocimiento y el refrendo merecidos. En general, se observa en la corriente hispana un dominio del hipertexto como herramienta teórica y especulativa en detrimento del hipertexto como creación literaria. En el terreno de la narrativa, sin embargo, se puede observar una mucha mayor vitalidad, con tendencias acreditadas a desbordar el formato libro a través de plataformas tecnológicas basadas en las posibilidades de difusión y recepción de Internet. La tendencia de lo transmediático, como conclusión, se erige, por tanto, como la más fecunda para superar las limitaciones del formato libro y la linealidad tradicional impuesta por éste.

Por otro lado, la parte del estudio correspondiente a poner en valor la categoría de lo "transatlántico" como punto en común de las prácticas literarias estudiadas se habría revelado como el aspecto más discutible de todos los implicados en él, en la medida en que la mayoría de los textos, con escasas excepciones, postulan dicha condición como intrínseca al manejo del español como lengua de pertenencia creativa, algo que hoy sigue arraigando al escritor en culturas locales o regionales y dista de ser, con todo, un signo efectivo de la acción globalizadora en curso en el mundo contemporáneo.

Bibliografía

AARSETH, Espen J. (1997): *Cybertext. Perspectives on Ergodic Literature.* Baltimore: The John Hopkins University Press.
AUDET, René (2007): "Narrativity: Away from Story, close to eventness". En: *Narrativity: How visual arts, cinema and literature are telling the world today.* Paris: Dis Voir, 7-35.
BOLTER, Jay David (2001): *Writing Space. Computers, Hypertext, and the Remediation of Print.* Mahwah, N. J.: Lawrence Erlbaum Associates.

BOLTER, Jay David/GRUSIN, Richard (2000): *Remediation. Understanding New Media.* Cambridge: The MIT Press.
BOGOST, Ian (2006): *Unit Operations: An Approach to Videogame Criticism.* Cambridge: The MIT Press.
— (2010): *Persuasive Games: The Expressive Power of Videogames.* Cambridge: The MIT Press.
BREA, José Luis (2001): *La era postmedia. Acción comunicativa, prácticas (post)artísticas y dispositivos neomediales.* Salamanca: Centro de Arte de Salamanca.
— (2007): *Cultura RAM.* Barcelona: Gedisa.
— (2010): *Las tres eras de la imagen: Imagen-materia, Film, E-Image.* Madrid: Akal.
CARRIÓN, Jorge (2011): *Teleshakespeare.* Madrid: Errata Naturae.
CASTELLS, Manuel (1997-2000): *The Information Age: Economy, Society, and Culture (The Rise of the Network Society,* vol. 1; *The Power of Identity,* vol. 2; *End of Millenium,* vol. 3). Malden, Mss.: Blackwell.
CHIAPPE, Doménico (2013): "La literatura envolvente y otros retos del escritor multimedia" (conferencia leída en el *congreso Hybrid storyspaces* (Cornell, 2010) y publicada en español por vez primera en este volumen). En: Montoya Juárez, Jesús/Esteban, Ángel (eds.). *Imágenes de la tecnología y la globalización en las narrativas hispánicas.* Madrid/Frankfurt: Iberoamericana/Vervuert, 269-280. (En este volumen.)
DERY, Mark (1996): *Escape Velocity. Cyberculture at the End of the Century.* New York: Grove Press.
DREYFUS, Laurence (2007): "Art at stake or the Diversión of Time". En: *Narrativity: How visual arts, cinema and literature are telling the world today.* Paris: Dis Voir, 75-91.
FERNÁNDEZ PORTA, Eloy (2008): *Homo Sampler. Tiempo y consumo en la era Afterpop.* Barcelona: Anagrama.
GALLOWAY, Alexander R. (2006): "Warcraft and Utopia". En *ctheory.net,* <http://ctheory.net/ articles.aspx?id=507>.
HUFFINGTON, Arianna (2008): *The Huffington Post Complete Guide to Blogging.* New York: Simon & Schuster Paperbacks.
GLAZIER, Loss Pequeño (2001): *Digital Poetics: The Making of E-Poetries.* Tuscaloosa: University of Alabama Press.
GOICOECHEA, María (2007): "Hyper-(w)reader". En: Sanz, Amelia/Romero, Dolores (eds.): *Literatures in the Digital Era: Theory and Praxis.* Newcastle: Cambridge Scholars Publishing, 81-85.

Hansen, Mark (2010): "New Media". En: Mitchell, W. J. T./Hansel, Mark B. N. (eds.): *Critical Terms for Media Studies*. Chicago/London: The University of Chicago Press, 172-185.

Hayles, N. Katherine (1999): *How we became posthuman: Virtual Bodies in Cybernetics, Literature, and Informatics*. Chicago: The University of Chicago Press.

— (2002): *Writing Machines*. Cambridge: The MIT Press.

— (2005): *My mother was a computer. Digital subjects and Literary Texts*. Chicago: The University of Chicago Press.

— (2008): *Electronic literature: new horizons for the literary*. Notre Dame, Indiana: University of Notre Dame.

Heim, Michael (1998): *Virtual Realism*. New York: Oxford University Press.

Jameson, Frederic (1990): *Signatures of the Visible*. New York: Routledge.

Jenkins, Henry (2008): *Convergence Culture: Where Old and New Media Collide*. New York: New York University Press.

Juul, Jesper: (2001): "Games Telling Stories? A Brief Note on Games and Narratives". En: *Computer Gamestudies*, vol. 1, n° 1, julio, <http://www.gamestudies.org/0101/juul-gts/>.

Kittler, Friedrich (1997): *Literature, Media, Information Systems*. London/New York: Routledge.

— (1999): *Gramophone, Film, Typewriter*. Stanford: Stanford University Press.

Landow, Georges (2006): *Hypertext 3.0. Critical Theory and New Media in the Era of Globalization*. Baltimore: The Johns Hopkins University Press.

Manovich, Lev (2001): *The Language of New Media*. The MIT Press: Cambridge.

Marchal, Hughes (2007): "Narration Dead-Stop. Narrative Follows". En: *Narrativity: How visual arts, cinema and literature are telling the world today*. Paris: Dis Voir, 105-124.

Mitchell, W. J. T./Hansen, Mark B. N. (2010a): "Introduction". En: Mitchell, W. J. T./Hansel, Mark B. N. (eds.): *Critical Terms for Media Studies*. Chicago/London: The University of Chicago Press, vii-xxii.

— (2010b): "Time and Space" En: Mitchell, W. J. T./Hansel, Mark B. N. (eds.): *Critical Terms for Media Studies*. Chicago/London: The University of Chicago Press, 101-112.

Mora, Vicente Luis (2010): "Vindicación de la pantpágina". En: <http://www.dvdediciones.com/firmas_vlmora.html>.
Murray, Janet H. (1998): *Hamlet on the Holodek: The Future of Narrative in Cyberspace.* Cambridge: The MIT Press.
Pajares Toska, Susana (1997): "Las posibilidades de la narrativa hipertextual". En: *Espéculo*, <http://www.ucm.es/info/especulo/numero6/s_pajare.htm>.
— (2007): "Ludology meets Hypertext". En: Sanz, Amelia/Romero, Dolores (eds.): *Literatures in the Digital Era: Theory and Praxis.* Newcastle: Cambridge Scholars Publishing, 51-59.
Pajares Toska, Susana/Egenfeldt-Nielson, Simon/Smith Jonas Heide (2008): *Understanding Videogames. The Essential Introduction.* New York: Routledge.
Rushkoff, Douglas (1994): *Cyberia. Life in the Trenches of Hyperspace.* New York: Harper.
Ryan, Marie-Laure (1991): *Possible Worlds, Artificial Intelligence, and Narrative Theory.* Bloomington: Indiana University Press.
— (2004): *Narrative across media: the languages of storytelling.* Lincoln: University of Nebraska Press.
Sassón, Henry (2001): *Borges 2.0: From Text to Virtual Worlds.* New York: Peter Lang.
Scolari, Carlos (2008): *Hipermediaciones: Elementos para una teoría de la comunicación digital interactiva.* Barcelona: Gedisa.
— *Hipermediaciones.* En: blog del autor: <http://hipermediaciones.com/>, <http://hipermediaciones.com/2009/05/15/narrativas-transmediaticas/>, <http://hipermediaciones.com/2011/04/10/transmedia-storytelling-mas-alla-de-la-ficcion/>.
Shaviro, Steven (2010): *Post-Cinematic Affect.* London: Zero Books.
Stiegler, Bernard (2010): *Cinematic Time and the Question of Malaise.* Stanford: Stanford University Press.
Tabbi, Joseph (1995): *Postmodern Sublime. Technology and American Writing from Mailer to Cyberpunk.* Ithaca: Cornell University Press.
Tomasula, Steve (2009): "Emergence and Posthuman Narrative". En: *Flusser Studies* 09, <http://www.flusserstudies.net/pag/09/tomasula-emergence.pdf>.
Wark, Mackenzie (2004): *Gamer Theory.* Cambridge: Harvard University Press, <http://www.academia.edu/182788/Gamer_Theory>

WUTZ, Michael (2009): *Enduring Words: Literary Narrative in a Changing Media Ecology*. Tuscaloosa: The University of Alabama Press.

ŽIŽEK, Slavoj (2006): *Lacrimae Rerum. Ensayos sobre cine y ciberespacio*. Madrid: Debate.

Bibliografía de textos narrativos

ABREU, Juan (2001-2003): *El Gen de Dios* [Trilogía: *Garbageland, Orlán Veinticinco* y *Ángel caído*]. Barcelona: Mondadori. [Tercera entrega, edición electrónica.]

AGUIRRE, Guillermo (2010): *Electrónica para Clara*. Madrid: Lengua de Trapo.

AIRA, César (1999): *El congreso de literatura*. Buenos Aires: Tusquets.

— (2000): *El juego de los mundos*. Buenos Aires: Ediciones el Broche.

ALAMEDA, Irene Zoe (2011): "September 11". En: Velasco, Carmen (ed.): *Watchwomen: Narradoras del siglo 21*. Zaragoza: Institución Fernando el Católico, 79-89.

APABLAZA, Claudia (2009): *Diario de las especies*. México: Editorial Jus. [Reedición: Barcelona: Barataria, 2010.]

AVILÉS, Javier (2011): *Constatación brutal del presente*. Barcelona: Libros del Silencio.

BARADIT, Jorge (2006): *Ygdrasil*. Santiago de Chile: Ediciones B.

BISAMA, Álvaro (2006): *Caja negra*. Santiago de Chile: Bruguera.

— *Música marciana*. Santiago de Chile: Emecé.

BONILLA, Juan (2007): *Basado en hechos reales*. Córdoba: Berenice.

BOU, Enric (1997): "A la búsqueda del aura. Literatura en Internet". En: *Literatura y Multimedia (Actas del VI Seminario Internacional del Instituto de Semiótica Literaria, Teatral y Nuevas Tecnologías de la UNED, Cuenca UIMP, 1-4 julio 1996)*. Madrid: Visor, 163-180.

— (2010): "Bloqueo digital: perversidad en las autobiografías público-privadas". En: Ortega, Julio (ed.): *Nuevos hispanismos interdisciplinarios y trasatlánticos*. Madrid/Frankfurt: Iberoamericana/Vervuert, 161-178.

BOULLOSA, Carmen (1998): *Cielos de la tierra*. México: Alfaguara.

BUSTELO, Carlota (2001): *Planeta hembra*. Barcelona: RBA.

CALVO, Javier (2001): *Risas enlatadas*. Barcelona: Mondadori.

— (2003): *El dios reflectante*. Barcelona: Mondadori.
— (2007): *Mundo maravilloso*. Barcelona: Mondadori.
— (2010): *Corona de flores*. Barcelona: Mondadori.
— (2010): *Suomelina*. Barcelona: Alpha Decay.
CARRIÓN, Jorge, (2009): *Crónica de viaje*. Barcelona: Edición del autor.
— (2010): *Los muertos*. Barcelona: Mondadori.
CASCIARI, Hernán (2003): *Más respeto, que soy tu madre*. En: <http://www.mujergorda.bitacoras.com/archivos>. [Blogonovela.]
— (2005): *Más respeto, que soy tu madre*. Barcelona: Plaza & Janés.
— (2009): *El pibe que arruinaba las fotos*. Barcelona: Plaza & Janés.
— (s.f.): "Entrevista a Hernán Casciari". En: http://gatosrenegados.forumfree.it/?t=4894387>.
CASTRO GUERRERO, Alejandro (2010): *La guerra de la doble muerte*. Sevilla: Almuzara.
CEBRIÁN, Mercedes (2008a): *13 viajes in Vitro*. Barcelona: Ediciones Blur.
— (2008b): *La nueva taxidermia*. Barcelona: Mondadori.
CHIAPPE, Doménico (2005): *La huella del Cosmos*. En: <http://www.domenicochiappe.com/tierra.htm>. [Novela colectiva hipermedia dirigida por Doménico Chiappe; varios autores: Ernesto Pérez Zúñiga, Esther García Llovet, Nicolás Melini, Juan Carlos Chirinos, Vanessa Montfort, Ignacio del Valle y Jorge Eduardo Benavides.]
— (2007a): *Entrevista a Mailer Daemon*. Madrid: La Fábrica.
— (2007b): *Tierra de extracción 2.0*. En: <http://www.domenicochiappe.com/ pg_d_2a.html> [Hipertexto.]
COELHO, Oliverio (2003): *Los invertebrables*. Rosario: Beatriz Viterbo.
— (2004): *Borneo*. Buenos Aires: El Cuenco de Plata.
— (2006): *Promesas naturales*. Buenos Aires: Grupo Editorial Norma.
ENRIGUE, Álvaro (2008): *Vidas perpendiculares*. Barcelona: Anagrama.
FERNÁNDEZ, Javier (2005): *Cero absoluto*. Córdoba: Berenice.
— (2007): *La grieta*. Córdoba: Berenice.
FERNÁNDEZ, Laura (2011): *Wendolin Kramer, una historia de superhéroes, supervillanos y un chucho deprimido*. Barcelona: Seix-Barral.
FERNÁNDEZ MALLO, Agustín (2006): *Nocilla Dream*. Barcelona: Candaya.

— (2008a): *Nocilla Experience*. Madrid: Alfaguara.
— (2008b): *Carne de píxel*. Barcelona: DVD Ediciones.
— (2009a): *Postpoesía, hacia un nuevo paradigma*. Barcelona: Anagrama.
— (2009b): *Nocilla Lab*. Madrid: Alfaguara.
— (2011) *El hacedor de Borges (Remake)*. Madrid: Alfaguara.
FERNÁNDEZ PORTA, Eloy (2001): *Caras B de la música de las esferas*. Madrid: Debate.
FERRÉ, Juan Francisco (2005): *La fiesta del asno*. Barcelona: DVD Ediciones
— (2006): *Metamorfosis®*. Berenice: Córdoba.
— (2009): *Providence*. Barcelona: Anagrama.
— (2011): *Mímesis y Simulacro. Ensayos sobre la realidad (del Marqués de Sade a David Foster Wallace)*. Málaga: EDA Libros.
FRESÁN, Rodrigo (1997): *Esperanto*. Barcelona: Tusquets.
— (2001a): *Mantra*. Barcelona: Mondadori.
— (2001b): "Historias con monstruos". En: Calvo, Javier (coord.): *Invasores de Marte*. Barcelona: Mondadori, 95-136.
— (2001c): *La velocidad de las cosas*. Barcelona: Mondadori.
— (2001d): *El fondo del cielo*. Barcelona: Mondadori.
FUGUET, Alberto (1994): *Por favor, rebobinar*. Santiago de Chile: Planeta.
— (2003): *Las películas de mi vida*. Santiago de Chile: Alfaguara.
— (2004): *Cortos*. Santiago de Chile: Alfaguara.
GAMERRO, Carlos (2007): *Las islas*. Buenos Aires: Norma.
GARCÍA, Dora (s. a.): *Heartbeat*. En: <http://aleph-arts.org/art/heartbeat/index.html>. [Hipertexto.]
— (s. a.): *The Tunnel People*. En: <http://aleph-arts.org/art/tunnel-people/index.html>. [Hipertexto.]
GARCÍA LLOVET, Esther (2009): *Submáquina*. Madrid: Salto de Página.
GOYTISOLO, Juan (1993): *La saga de los Marx*. Barcelona: Mondadori.
— (2008): *El exiliado de aquí y de allá*. Barcelona: Galaxia Gutenberg.
GUAL, Óscar (2008): *Cut & Roll*. Barcelona: DVD Ediciones.
— (2010): *Fabulosos monos marinos*. Barcelona: DVD Ediciones.
GUTIÉRREZ, César (2007): *Bom84rd3ro (Bombardero)*. Lima: Edición de autor. [Reedición: Buenos Aires: La Otra Orilla, 2008-2009.]
GUTIÉRREZ, Juan Bernardo (1998-2000): *Condiciones extremas*. En: <http://www.literatronica.com/condex_ver_2/condiciones.htm>. [Hipertexto.]

— (1996-2007): *El primer vuelo de los hermanos Wright*. En: <http://www.literatronica.com/src/initium.aspx>. [Hipertexto.]
Juan-Cantavella, Robert (2005): *Proust Fiction*. Barcelona: Poliedro.
— (2008): *Eldorado*. Barcelona: Mondadori.
— (2011): "Barcelona Arcade". En: VV. AA.: *Odio Barcelona*. Barcelona: Ed. Melusina, 39-46.
— (2011): *Asesino cósmico*. Barcelona: Mondadori.
Loriga, Ray (2011): *Tokyo ya no nos quiere*. Madrid: Alfaguara.
Mairal, Pedro (2005): *El año del desierto*. Buenos Aires: Interzona.
Martínez, Gabi (2004): *Ático*. Barcelona: Destino.
Meier, Sergio (2007): *La Segunda Enciclopedia de Tlön*. Santiago de Chile: Puerto de Escape.
Mora, Vicente Luis (2003): *Circular*. Córdoba: Plurabelle.
— (2006): *Subterráneos*. Barcelona: DVD.
— (2007): *Circular 07. Las afueras*. Córdoba: Berenice.
Moreno, Javier (2008): *Click*. Barcelona: Candaya
— (2009): *Atractores extraños*. La Coruña: InÉditor.
— (2010): *Alba Cromm*. Barcelona: Seix-Barral.
— (2011) *Alma*, Lengua de Trapo, Madrid.
— (s. a.): *Trojan Horse* (novela inédita).
Ortiz Poole, Braulio (2004): *Francis Bacon se hace un río salvaje. Novela sobre la incomodidad*. Barcelona: DVD Ediciones.
— (2005): *Biografías bastardas*. Sevilla: RD Editores.
Pagés-Jordá, Vicenç (2010): *Los jugadores de Whist*. Barcelona: JP Libros.
Panko, Roberto (1998): *Sexilia*. Córdoba: Sol Negro
Pardo Lazo, Orlando Luis (2009): *Boring Home*. En: <http://www.penultimosdias.com/2009/02/16/boring-home-de-orlando-luis-pardo-lazo/>.
Paz Soldán, Edmundo (2001): *Sueños digitales*. La Paz: Alfaguara.
— (2003): *El delirio de Turing*. La Paz: Alfaguara.
Piglia, Ricardo (2005): *La ciudad ausente*. Barcelona: Anagrama.
Plasencia, Salvador (2006): *La gente de papel*. Barcelona: Mondadori.
Refoyo, David (2010): *25 centímetros*. Barcelona: DVD Ediciones.
Rivera Garza, Cristina (2008): *Blogsívelas*. En: blog *No hay tal lugar*, <http://cristinariveragarza.blogspot.com/>.

— (2008): *La muerte no da*. Barcelona: Tusquets.
ROMEO, Félix (2001a): *Dibujos animados*. Barcelona: Anagrama.
— (2001b): *Discothèque*. Barcelona: Anagrama.
RONCAGLIOLO, Santiago (2010): *Tan cerca de la vida*. Madrid: Alfaguara.
RUBIO, Enrique (2009): *Tengo una pistola*. Barcelona: Booket.
RODRÍGUEZ Prieto, Sergio (2006): *Las propiedades del cristal*. En: <http://www.laspropiedadesdelcristal.net/>.
SIERRA, Germán (2000): *Efectos secundarios*. Madrid: Debate.
— (2011): *Intente usar otras palabras*. Barcelona: Mondadori.
— (2009-2011): "Wireless". En: *Revista Quimera*.
ULLOA, Claudia (2007): *Séptima madrugada*. En: blog *Séptima Madrugada*, <http://septimamadrugada.blogspot.com/>. [Edición en papel: Lima: Estruendomudo, 2007.]
VALDIVIESO, José Félix (2011): *Cosas y murciélagos (relatos)*. Madrid: Incipit Editores.
VELASCO, Carmen (2005a): "Spiroot". En: *Más humanas*. Benalmádena: EDA Libros.
— (2005b): "Quixote Nintendo". En: *El Quijote. Instrucciones de uso*. Benalmádena: EDA Libros.
— (2011): "Introducción: Devenir (es) mujer". En: Velasco, Carmen (ed.): *Watchwomen: Narradoras del siglo 21*. Zaragoza: Institución Fernando el Católico, 9-75.
VILAS, Manuel (2008): *España*. Barcelona: DVD Ediciones.
— (2009): *Aire Nuestro*. Madrid: Alfaguara.
VV. AA. (2005): *La huella del Cosmos*. En: <http://www.domenicochiappe.com/tierra.htm>. [Novela colectiva hipermedia dirigida por Doménico Chiappe; varios autores: Ernesto Pérez Zúñiga, Esther García Llovet, Nicolás Melini, Juan Carlos Chirinos, Vanessa Montfort, Ignacio del Valle y Jorge Eduardo Benavides.]
VV. AA. [Torres Blandina, Alberto/Otero, Carolina/Villarroya, Maxi/Velasco, Sergio] (2008): *Hotel Posmoderno*. Madrid: Inéditor.
— [Torres Blandina, Alberto/Otero, Carolina/Villarroya, Maxi/Velasco, Sergio] (2010): *Suicídame*. En: <http://www.suicidame.es/>.
— [Torres Blandina, Alberto/Villaroya, Maxi/Carrión, Jorge/Olmos, Alberto/Terranova, Juan/Moiseeff, Iván/Sinay, Javier] (2011): *Los siete vampiros*. En: <http://www.los7vampiros.com>.

¿Nuevas novedades? Acerca de las ansiedades ante los cambios tecnológicos en la "ciudad letrada"

Hugo Achugar
Universidad de la República Oriental del Uruguay.
Director nacional de Cultura del Uruguay.

¿Tecnología y literatura? Ésa es la temática o la pregunta propia de estos tiempos en que los soportes electrónicos o los *ebooks* se vuelven parte del paisaje que nos rodea. Antes de continuar, dudo si debo consultar las autoridades del día. Es decir, me pregunto si debo considerar lo afirmado por Mario Vargas Llosa respecto de su incertidumbre sobre si "el soporte sea insensible a los contenidos" y, al mismo tiempo, expresando su temor a que, con los libros electrónicos lo que se logre sea, como en la televisión, una banalización de los contenidos.

Las dudas de Vargas Llosa abren, al menos para mí, dos cuestiones: la primera vinculada al papel que cumplen los intelectuales en este nuevo escenario constituido por las nuevas tecnologías y la segunda relacionada más que con los contenidos, con los efectos o incidencias respecto de eventuales nuevas poéticas o de transformaciones en relación con la literatura (especialmente con la narrativa).

Pero claro, junto con la referencia a Vargas Llosa aparecen varios blogs y una diversidad de opiniones, a favor y en contra, del estado de la situación de la literatura y la tecnología. Esto nos lleva al debate "literatura versus tecnología" que podría expresarse con la pregunta: ¿cuál es el papel de los intelectuales en la época de Internet? Ésta primera pregunta que intenta ser analizada en el apartado siguiente.

Intelectuales y Wikipedia

¿Cuál sería el entre-lugar del intelectual latinoamericano del que habla Silviano Santiago en la sociedad actual? La o las respuestas posibles tienen archivos varios y una bibliografía extensa. Tiene también archivos de horrores sobre los que escribiera Walter Benjamin y muchos otros, pero tiene además de archivos o catálogos de horrores –algunos anteriores al siglo xx y otros escandalosamente indisolubles a las barbaries del pasado siglo– debates que marcaron y siguen marcando las conductas de muchos de nosotros.

La o las respuestas no pueden dejar de lado la cuestión fundamental del ejercicio del poder: el poder del intelectual. Esto nos lleva, a comienzos del siglo xxi, a preguntarnos si el intelectual en todas sus variantes: tradicional, comprometido, orgánico o incluso el intelectual pos-ciudad letrada, es decir, el intelectual en las condiciones actuales y dada la tremenda transformación tecnológica de los últimos veinte años puede, en nuestra América latina, desigual, heterogénea y multicultural, seguir cumpliendo las mismas tareas de antes en relación con el poder.

José Martí afirmaba en 1892: "No hay proa que taje una nube de ideas. Trincheras de ideas valen más que trincheras de piedras" (1977: 31). Durante años, por no decir décadas, entendí que esa oración no solo daba cuenta del profundo idealismo del cubano sino que encarnaba el entusiasmo y la confianza en el poder de la palabra, en el cristiano y mesiánico apostar a la persuasión de las ideas frente a la barbarie de la fuerza bruta, del caudillismo y del militarismo. Hoy me pregunto, ¿puede todavía el intelectual cambiar mesiánicamente con su palabra o con sus ideas el entorno o la sociedad? ¿O es que el formular incluso esa pregunta es algo obsoleto y las preguntas hoy deben ser otras? No porque haya triunfado *urbi et orbi* el caudillismo y el militarismo, que en algunos países lamentablemente siguen imperando, sino por la simple razón de la transformación tecnológica en que estamos inmersos desde hace casi dos décadas.

Beatriz Sarlo, en una entrevista concedida a la revista *La Fuente* titulada "De intelectuales, política, TV y shoppings", sostenía que

> [...], lo que parece entrar en crisis, y quizás esa crisis sea saludable, es el lugar de los intelectuales como aquellos rectores e indicadores de los prin-

cipios que deben conducir a una sociedad, lo que se llamó básicamente el intelectual profeta. Esa idea del intelectual, diferenciado de los ciudadanos, e indicándole a los ciudadanos el camino que debe ser tomado, ha sido profundamente criticado y yo creo que bien, merecía ser sometido a crítica (s. a.: s. p.).

En la misma entrevista es preguntada sobre la relación entre la prensa escrita y el papel de la televisión, lo que la lleva a afirmar que

> En general esa ideología es más de los diarios escritos, de los muy poderosos diarios escritos. La televisión es puro poder y puro capitalismo en el sentido más craso de acumulación de capital. Quizás esa ideología de que somos un poder por encima de los políticos –no somos ya solo el cuarto poder sino que podemos decirle a los políticos qué van a hacer–, ese imaginario pertenece más a los grandes diarios escritos que a la televisión. La televisión está por debajo de la posibilidad de llegar a pensar eso. Aunque esa idea está, creo que está en la prensa escrita (ibíd.).

El planteo de Sarlo permite especular que la función del intelectual haya sido sustituida por la del locutor de televisión e incluso por la propia televisión. No es que Sarlo sostenga esto, pero en el análisis de la relación entre la crisis del intelectual en su versión escrita y la hegemonía del medio televisivo parece instalarse la cuestión del cambio de equilibrio en el poder del intelectual.

No estoy seguro si el desafío a la función del intelectual –en todas sus variantes: tradicional, comprometido, etc.– haya venido del lado de la ciudad televisiva o mejor, no sé si el eventual desplazamiento del intelectual de la ciudad letrada respecto del poder esté originado únicamente por la penetración de este medio de comunicación masiva. La crisis o la pérdida de la hegemonía del lugar privilegiado –entre-lugar, grieta o el espacio que sea– viene de muy atrás.

Más aún, no creo que la, por algunos llamada, "caja boba" –despreciando el medio televisivo–, constituya el único pecado original de esta crisis. El proceso de desestabilización del papel hegemónico de los intelectuales es rastreable, entre muchos otros, en procesos sociales, en el surgimiento de nuevos movimientos identitarios, en caídas de paradigmas ideológicos, en nuevas prácticas artísticas e incluso en fenómenos de cultura popular trasmitidos no necesariamente por la televisión.

La crisis de ciertos paradigmas o de ciertas formaciones discursivas características de la modernidad se acerca más a una eventual explicación de dónde buscar el huevo de la serpiente que amenazó o amenaza la hegemonía de las múltiples variantes del intelectual que eran familiares hasta no hace mucho.

Pero, en verdad, el enfrentamiento entre la ciudad letrada y la ciudad televisiva es algo que forma parte de la historia. Es decir, es parte de un pasado que no da cuenta del presente. Imagen audiovisual versus palabra escrita, televisión versus manejo de la palabra son binarismos que no explican de modo suficiente el paradójico lugar del intelectual latinoamericano a comienzos del siglo XXI. Ahora habitamos una ciudad televisiva que ha sido penetrada por la ciudad internética.

Hace ya más de una década, un entonces joven crítico venezolano llamado Vicente Lecuna escribió respecto de figuras como Ángel Rama, Beatriz Sarlo o Néstor García Canclini, señalando que lo que lo diferenciaba de esos intelectuales latinoamericanos era que cuando él había nacido, la televisión ya estaba encendida en su casa (vid. Lecuna, 1999). Pero ¿qué me sucede ahora cuando discuto con mis alumnos ese artículo de Lecuna? No mucho, simplemente se ríen. No de Lecuna ni de Rama, Sarlo o García Canclini, sino de la aceleración de los tiempos; para ellos la frase de Lecuna debería ser reformulada del siguiente modo: "Cuando nací, Internet, Facebook y Twitter ya estaban encendidos y ahora leo ensayos y noticias en *ebooks* y en mi *tablet*". Internet surge y se expande a partir de la década de los noventa, hace veinte años; Facebook no ha alcanzado a cumplir diez años y si bien los *ebooks* comienzan a tener popularidad a fines de los noventa y el teléfono celular o móvil tiene una larga historia pero es a fines del siglo XX cuando su uso se masifica, Twitter aparece apenas en 2006.

Por eso mismo creo que la ciudad televisiva si bien contribuyó a cuestionar el papel del intelectual, hoy en día convive con la ciudad internética y el poder de la palabra –escrita o televisada– está siendo cuestionado no sólo por lo audiovisual, sino por una nueva forma de la legitimidad del saber y de la información. Es decir, la revolución tecnológica de los últimos diez o veinte años ha permitido la generación de una transformación que no sólo tiene que ver con el *hardware* o el *software*, sino con prácticas y usos que amenazan de un modo más radical las figuras de los intelectuales y también la hegemonía de la legitimidad del saber (Winocur 2009).

Sería posible ubicar uno de los inicios del intelectual moderno o de la legitimidad del saber en el siglo XVIII en la redacción de las "enciclopedias". De hecho, muchas veces se ha sostenido que el Iluminismo o el Enciclopedismo francés constituían uno de los síntomas de la modernidad que nos rigió o nos sigue rigiendo. Se trataba o se suponía que se trataba de una concreción del saber científico y legítimo; un saber que venía a sustituir el prejuicio y las falsas creencias desde el poder de la palabra inscrita en una suerte de biblia laica. De hecho, constituyó uno de los hitos en la consagración del intelectual, del científico y del filósofo. Más aún, instauró uno de los modelos de legitimación del conocimiento de la modernidad que todavía mantiene su valor y poder; o al menos así piensan muchos.

Esa legitimidad fue cuestionada y corregida en distintos momentos, pero el modo de presentación y de validación del saber continuó hasta mucho después que la ciudad televisiva irrumpiera en nuestras sociedades. De hecho, varios programas de televisión continuaron –y en algunos casos continúan hasta el día de hoy– la celebración de la erudición, transformada, eso sí, en juegos millonarios y en espectáculo. Los ciudadanos se presentan al desafío de responder a preguntas formuladas supuestamente por expertos y de ese modo representan o se vuelven parte de la validación del conocimiento enciclopédico que incluye, según los países, tanto geografía como cultura popular, historia como deportes, el "quién es quién" de los ricos y famosos o de los referentes del parnaso académico.

Pero si bien es posible plantearse que la televisión efectúa una supuesta banalización del saber enciclopédico a la vez parece que esta trivialización no cuestiona la legitimidad del saber hegemónicamente laudado por los expertos y los académicos. En cierto sentido, el intelectual y el científico siguen constituyendo los dueños del poder.

Es por eso que quizás cabría preguntarse si el mayor desafío al lugar y a la función del intelectual no lo encarnan hoy esas nuevas formaciones discursivas llamadas Wikipedia, blog, Twitter o portales que llegaron para desafiar la hegemonía del intelectual en sus múltiples variantes y decretan con mayor efectividad que Roland Barthes la "muerte del autor".

Es cierto que estas nuevas formas no son intercambiables y que muchas de ellas constituyen la adaptación de las prácticas anteriores al universo informático. El autor no desaparece en el blog o el Twitter. No solamente no desaparece sino que, como antes, muchas veces el valor está no sólo en lo que se escribe o se afirma, sino en que se firma. El poder de la firma y el aura del original siguen teniendo valor –al menos valor de mercado– incluso ochenta años después del ensayo de Benjamin sobre "El arte en la era de la reproductibilidad mecánica". En este sentido, el blog o el Twitter es un soporte nuevo para algo ya conocido. La validación de la firma en el blog o en el Twitter es la misma que la de antes.

No ocurre lo mismo con fenómenos como Wikipedia o portales abiertos o incluso con otros híbridos como YouTube. El principio o el basamento de la Wikipedia lo constituye la ausencia de firma y la participación colectiva y supuestamente democrática en la cuestión del saber. La supuesta validación está en el sitio, no en el autor individual. Wikipedia liquida o sustituye la legitimidad moderna de la enciclopedia firmada por la asamblea colectiva y democrática donde todos podemos escribir, donde todos podemos participar con o sin credenciales, con o sin arbitrajes, con o sin respaldo.

No es solo Wikipedia la que cuestiona o hace tambalear la autoridad del intelectual, sino también la propia sobreabundancia de información recogida por Internet la que genera o arriesga el naufragio de muchos navegadores inexpertos. En ese mar de los sargazos que ha devenido Internet la función de organizador o legitimador del saber que el intelectual cumple o cumplía viene siendo sustituida por Google y otros buscadores de la "www".

Antes que recurrir al profesor, al experto, al académico, se consulta a los nuevos gurús que son Google y Wikipedia. Es cierto que muchas veces lo que se busca es la vieja autoridad del intelectual, pero el camino o el medio permite que algo huela a podrido ya no en Dinamarca sino en Internet.

Como en todo relato, hay héroes y villanos. Es cierto que Google y Wikipedia no pertenecen a la misma familia y también que el primero (Google) no propone la eliminación del autor o del intelectual. Por el contrario, navegar en Google se ha convertido en una nueva especialización que hace a la productividad intelectual contemporánea. No ocurre lo mismo con Wikipedia, no sólo por la amenaza colectivizante de su propuesta, sino porque es una historia o un espacio degradado aunque su popularidad sea abrumadora. No deja de ser paradojal que la nueva utopía de la enciclopedia global construida por todos y sin jerarquías incluya en su historia una disputa por derechos de propiedad intelectual.

Al parecer, Wikipedia (digo al parecer pues la información proviene de la propia Wikipedia) fue fundada por Larry Sanger –filósofo y profesor universitario– y el empresario Jimmy Wales en 2001. La alianza no duró mucho tiempo y terminó en una disputa sobre la firma y los derechos de autoría.

Las declaraciones de Larry Sanger, respecto de la negación que Jimmy Wales había hecho de su papel como "cofundador" de Wikipedia, muestran que la firma sigue teniendo valor incluso para los propios creadores del espacio virtual democrático del conocimiento. La firma y también la institución de la prensa escrita:

> To the best of my knowledge, I was first described as co-founder of Wikipedia back in September 2001 by *The New York Times*. That was also my description in Wikipedia's own press releases from 2002 until 2004. With my increasing distance from the project, and as it grew in the public eye, however, some of those associated with the project have found it convenient to downplay and even deny my crucial, formative involvement. In fact, in the early years of the project, my role and the "founder" title were not in dispute at all; indeed, Wikipedia's first three press releases, including two that I had nothing to do with, all credited me as founder. It was not until 2004 that Jimmy Wales began omitting mention of my involvement at the start of Wikipedia to the press in 2004, and he didn't start denying that I am co-founder until 2005 or 2006, just when Wikipedia began to enter the public eye (<http://www.larrysanger.org/ roleinwp.html>).

Larry Sanger data el comienzo de la negación de su derecho como cofundador en el momento en que Wikipedia ingresa en lo que él llama "la entrada en el ojo público". Es decir, cuando el fenómeno es apropiado por la comunidad global y en cierto modo por el mercado. Lo relevante es que el reclamo o la protesta de Larry Sanger, respecto a la "batalla por los derechos intelectuales de propiedad", están vinculados a un fenómeno que promueve la autoría colectiva y, hasta cierto punto, anónima.

La paradoja del reclamo de autoría personal de un espacio que se presenta como colectivo y democrático muestra no sólo la sobrevivencia de la importancia de la firma. Evidencia también que la tensión entre saber hegemónico de unos pocos versus saber colectivo está en el centro de los debates de hoy en día.

El fenómeno de Wikipedia no constituye únicamente una expresión del desafío que la ciudad internética representa para el espacio histórico de los intelectuales. Los llamados incidentes Seigenthaler y Essjay muestran otras dimensiones más significativas, ya que pusieron en evidencia la fragilidad de la legitimidad de la utopía del saber colectivo. En los dos casos la falsedad de la información –en el primero, Seigenthaler apareció en un artículo de Wikipedia como responsable de la muerte de J. F. Kennedy y de Bob Kennedy y en el segundo, Essjay que trabajaba en Wikipedia introdujo datos no verdaderos sobre la empresa– demostró que Wikipedia no era confiable.

Estos dos ejemplos, notorios tanto por la importancia de los personajes involucrados como por su condición de fraudes, representan apenas la punta del iceberg. Son frecuentes los individuos que por diversión o por otras razones introducen artículos falsos en Wikipedia; varios alumnos me han confesado que lo han hecho ya por querer jugar borgianamente a crear nuevas versiones de "Tlön, Uqbar, Orbis Tertius", ya por desear demostrar las limitaciones de la nueva enciclopedia.

Las implicancias del "*affaire* Wikipedia" no se limitan al cuestionamiento de la legitimidad del saber, la autoría o el asalto a la hegemonía histórica de los intelectuales. En cierto sentido, el "*affaire* Wikipedia" muestra tanto que dicha hegemonía sigue en crisis como también que los intentos por declarar su obsolescencia y abrir el juego a la anónima ciudad global, no logran su objetivo.

Obsoletos o no, hegemónicos o no, los intelectuales parecerían seguir teniendo un lugar o una función en el siglo XXI. La anónima ciudad global o las multitudes que se pronuncian en los espacios públicos no parecen haber terminado de destronar o de desplazar a los intelectuales.

¿Cuáles novedades?

La segunda cuestión que anunciábamos al comienzo, a partir de las dudas de Vargas Llosa, refería a los efectos o incidencias respectos de eventuales nuevas poéticas o de transformaciones en relación con la literatura (especialmente con la narrativa) a partir de las nuevas tecnologías.

En realidad, nunca se comienza de cero, sino que hay historias, debates, entramados diversos que obligan –o al menos siento que me obligan– a realizar algunas precisiones. La noción de literatura, como toda construcción cultural, es histórica. Lo mismo ocurre con la de narrativa. Cada época propone sus propias coordenadas acerca de la serie de nociones con las cuales entiende, lee o decodifica el mundo en que vive. Gutenberg transformo la escritura y tanto los lectores como los libros "iluminados" de la Edad Media fueron sustituidos en su formato y en la comunidad de lectores. En este caso, el soporte permitió y produjo cambios que duraron varios siglos. John Dagenais apunta que la misma idea o noción de "literatura medieval" junto con la de "libro" y "manuscrito" en esos siglos difiere claramente de la que utilizamos hoy en día. En la introducción a su libro *The Ethics of Reading in Manuscript Culture: Glossing the Libro de Buen Amor*, Dagenais señala:

> The present study had its origins a decade ago in the recognizably old philological activity of trying to understand the literary ideas of the *Libro* through their sources in Latin culture as it was transmitted to thirteenth- and fourteenth-century Castile. Because of a dearth of knowledge in this area, I was led to manuscript sources in a search for glosses, *accessus*, (…) I did not find much of what I was looking for, but, in the process of looking, I did find manuscripts. *And I found that the medieval literature I had been studying till then—the medieval literature based on "texts" and an established canon of authors—was not the same medieval literature I encountered in the manuscripts.* The medieval literature I found was far more fluid and dynamic. It had rough edges, not the clean, carefully pruned lines of critical editions; and these edges were filled with dialogue about the text—glosses, marginal notes, pointing hands, illuminations. I began to see that it is at the edges of manuscripts and in the various activities by which medieval people transformed one manuscript into another—commentary, translation, adaptation, reworking, and the "mechanical" act of copying—that the most important part of "medieval literature" happens (1994: XVI; subrayado de H. A.).

Si se tiene en cuenta que la propia noción de literatura –tal como se la ha entendido por lo menos desde Gutenberg– presenta diferencias fundamentales respecto de los siglos anteriores y si además consideramos que lo que hoy se entiende por literatura ha sufrido cambios respecto de lo que ocurría en el siglo XIX, es claro que no es posible pensar la literatura como una categoría inmutable, eterna, universal, constante e intocable.

Lo nuevo es una experiencia paradojal ya que por un lado supone la irrupción de lo inédito y por otro no impide que algo pueda volver a ser experimentado como nuevo en diferentes momentos sin necesidad de que sea absolutamente "original" o "inédito". Es decir, lo nuevo supone, por definición, un corte con lo que viene de atrás pero al mismo tiempo siempre es posible apreciar el advenimiento de lo nuevo. De hecho, lo nuevo o la novedad es algo consustancial con el espíritu de la modernidad y, en cierto modo, con el modo de producción característico del mercado capitalista. Lo "nuevo" es un fenómeno cultural, artístico y social asociado a la necesidad de alimentar el apetito por lo último, lo no conocido, lo diferente, la versión más reciente o lo conocido modificado en una sociedad regida por el mercado.

En este tránsito del siglo XX al siglo XXI, donde lo "nuevo" ha entrado en la vorágine del cambio tecnológico y la aceleración de la obsolescencia, es donde el fenómeno y el síndrome de la novedad adquieren otras dimensiones.

De hecho, Octavio Paz, más que focalizar su reflexión sobre la modernidad en lo "nuevo", destacaba la continuidad de la ruptura que suponía la irrupción de la novedad. Pero ahora ya no se trata sólo de la ruptura y de la "tradición de la ruptura" que celebrara Paz como rasgo inherente a la modernidad, una ruptura que se convirtió en su aparente antónimo, es decir, en tradición. El síndrome de lo nuevo de hoy –y no de lo moderno o de la modernidad– tiene que ver como siempre con la dinámica del mercado y del consumo o consumismo, pero sobre todo se relaciona con la sensación o vivencia de que se está –estamos– viviendo un cambio de época o civilización especialmente en función de la irrupción de las nuevas tecnologías.

Es cierto que la dinámica del mercado y del consumo –incluyendo el "ismo" del consumismo– no surge en los albores del siglo XX, sino que viene de antes como puede ser y ha sido investigado en la prensa periódica del siglo XIX a través del análisis de los anuncios de "novedades" –libros, telas, mercaderías diversas– que compartían las páginas donde los narradores de la época publicaban por entregas sus "folletines" o "novelas seriadas".[1]

---

1. El diálogo entre "anuncios comerciales" y lectores –en especial lectoras– ha sido objeto de estudios tanto en varios países de América Latina como en España y otros países de lo que se conoce como "Occidente".

Sin embargo, hay algo más, en este "entre siglos" de hoy, que la explosión de innovaciones a que asistimos cotidianamente. Algo inquietante que algunos califican de mutación civilizatoria mientras otros entienden apenas como el inicio de una nueva era histórica sin que la transformación implique cortes culturales o civilizatorios mayores, algo no amenazante pues se trataría de otra "ola", otro "barajar los tiempos", otro "acotado y necesario caos" antes de que se instale un nuevo orden. En este sentido, mientras hay quienes perciben ese algo inquietante no como una amenaza sino como una evolución necesaria y previsible; otros, si bien reconocen la aceleración de las transformaciones tecnológicas, ideológicas y culturales, siguen anclados en el escenario anterior –quizás aterrados por lo desestabilizador de tanto cambio–, y experimentan la sensación de que más que estar viviendo un escenario donde las novedades, las innovaciones o incluso las rupturas se multiplican, lo que están viviendo es un cambio más profundo o de mayor alcance que tiende a acabar con el mundo por ellos conocido.

Es también posible que el cambio de época o la mutación civilizatoria que muchos creemos percibir sean más notorios para quienes hemos vivido el ayer y este presente. En ese sentido, cuando Néstor García Canclini plantea:

> El punto de partida es averiguar cómo conviven ahora la cultura letrada, la cultura oral y la audiovisual. Efectivamente, los saberes y los imaginarios contemporáneos no se organizan, desde hace al menos medio siglo, en torno a un eje letrado, ni el libro es el único foco ordenador del conocimiento. (…) Se trata, ya sabemos, de un proceso de recomposición de la cultura a escala mundial. Hace veinte años todavía podía imaginarse a la televisión como amenaza para la lectura (otros la temían como sustituto del cine o del teatro o de la vida pública urbana). Ahora, la convergencia digital está instaurando una integración multimedia que permite ver escuchar en el celular o la palm audio, imágenes, textos escritos y transmisión de datos (2006: 31).

está reconociendo, precisamente, un cambio cultural respecto del escenario anterior o predominante durante gran parte del siglo xx. La recomposición de la cultura, de que habla García Canclini, a nivel mundial alcanza también la sociedad uruguaya, con su ritmo y particularidades propios, y dicha recomposición implica un escenario en el que las prácticas artístico-culturales ya no son lo que eran. Al respecto, resulta significativo el "Concurso Nacional de cuento breve por SMS" –convocado en 2007 por la Biblioteca Nacional de Uruguay y la compañía estatal de comunicaciones, ANTEL a partir de una idea de Pablo Silva Olazábal y Alfredo Fonticelli–, bajo el título o la consigna de *T cuento Q* y que desde entonces se realiza anualmente con creciente participación de nuevos "narradores" y que, en su primera edición, contó con la participación de 41.642 "mini cuentos".

Sin embargo, como es sabido, "no hay nada nuevo bajo el sol" y el escenario contemporáneo, incluso en esta fase de recomposición cultural o de mutación civilizatoria, mantiene diálogos con escenarios y prácticas del pasado al mismo tiempo que elabora escenarios futuros difícilmente imaginables desde el presente de este hoy en que escribo. Al respecto, alcanza recordar el célebre mini cuento de Augusto Monterroso: "Cuando despertó, el dinosaurio todavía estaba allí", escrito antes de que existieran los celulares y la práctica de comunicación por SMS tuviera la presencia cotidiana de hoy en día.

En todo período histórico coexisten aquellos individuos que continúan trabajando exclusivamente el legado de la tradición; aquellos otros que, en diálogo con el legado de anteriores generaciones, intentan desconstruir una herencia que no les satisface sin lograr construir algo propio y diferenciado del pasado, y, finalmente, están aquellos otros que aspiran captar el tic-tac de la hora en que viven de múltiples modos y con registros diversos. Estos últimos no sólo no siempre lo logran, sino que además, en la mayoría de las ocasiones, apenas alcanzan a descubrir indicios mínimos del escenario que les tocó vivir.

Por lo mismo, tampoco es cierto o se puede afirmar que algunos escritores de hoy no reconozcan antecedentes –muchos lo hacen a texto expreso o en "juegos alusivos"; otros cargan con esos antecedentes voluntaria o involuntariamente–, sino que aun cuando saludan o hacen guiñadas a quienes reconocen como maestros o colegas –guiñadas que los técnicos llamarían "intertextualidades" o "dialogismos"– saben o creen o quieren creer que están viviendo un tiempo nuevo; la tradicional ruptura es sentida o imaginada por estos jóvenes con mayor fuerza. Más aún, la diversidad de propuestas, de universos, de personajes y de escrituras al tiempo que refuerzan la enorme heterogeneidad de estéticas o paradigmas existente entre estos "nuevos/jóvenes" narradores indica el haber cancelado las apuestas narrativas que caracterizaban a sus antecesores lejanos y no tan lejanos aun cuando en algún caso todavía se puedan rastrear escrituras ya transitadas y ser eventualmente considerados epigonales por la crítica.

En todo caso, lo que parece ser en parte la "novedad" que traen muchos de estos escritores, a la luz de las nuevas tecnologías, es el casi total abandono de la preocupación por una escritura política en un sentido explícito y el rechazo del adocenado "realismo mágico" de algunos de sus antecesores nacionales y latinoamericanos. Por cierto, siempre hay excepciones, pero en su gran mayoría lo que predomina es el absurdo, el realismo sucio, lo fantástico, la violencia, la parodia, el "distanciamiento" emocional o afectivo, así como una particular atracción por la ironía, el humor, lo siniestro o lo abyecto.

¿Es esto nuevo? No, ya lo escribí antes: "nada nuevo bajo el sol"/ *"nihil novum sub sole"*. ¿Estoy afirmando que estos nuevos/jóvenes narradores cambian la noción vigente o hegemónica o tradicional acerca de lo que es o no es narrativa? No, tampoco estoy afirmando eso. La reflexión inicial acerca de la historicidad de las categorías tenía como objetivo destacar un único hecho –quizás digno de Pero Grullo– el de que hoy en día la reflexión teórica no puede de un modo indiscutible e inapelable establecer definiciones estrictas acerca de lo que es o no es narrativa, literatura o arte. Cada grupo o –como dice Stanley Fish (1980)– cada "comunidad interpretativa" –y cabría agregar: cada época– define y codifica lo que es o aquello que entiende es –o, incluso, debe ser– narrativa, literatura o arte. En este sentido, escribir un blog o compartir un cuento en Facebook o en el celular puede para algunos no implicar transformaciones fundamentales ya que, para ellos, el nuevo soporte no altera la categoría o el estatuto de lo que se debe entender por narrativa.

Sin embargo, sí es cierto que hay algo nuevo, nuevo en cuanto a que hacía mucho tiempo que en la escritura actual –y digo escritura para evitar "narrativa"– no había una concentración en este tipo de temas que, si antes fueron transitados, no constituyen ahora la línea hegemónica o predominante. De hecho, esto es lo que permite que autores o escrituras o estrategias narrativas y poéticas no centrales –o mejor dicho, no valoradas como centrales– en la década de los sesenta hayan alcanzado –en la pos dictadura y, con mayor notoriedad, en el "entre siglos"–, una recepción y un reconocimiento de particular importancia. En ese sentido, cada generación o cada momento histórico instaura sus propios dioses y de paso reordena el templo, pasando al sótano o al archivo algunas de las deidades anteriores. A veces, ocurre que destruye por completo el templo, otras solo se lo reordena. En este momento de recomposición de la cultura a nivel mundial y de inflexión civilizatoria, algunos aspiran a destruir el templo, otros se contentan con reordenarlo y agregarle algunos santos y otros voluntaria o involuntariamente, consciente o inconscientemente, continúan entregando sus ofrendas en los altares de siempre o de lo que la tradición da por establecido.

De todo hay en la viña del Señor.

Muchos de estos jóvenes escritores, sin embargo, no pueden ser reducidos a una única práctica artística. En este sentido, es nuevo también el hecho de que muchos de estos "narradores" no solo sean "escritores" en un sentido estricto o tradicional –poetas, narradores, dramaturgos, críticos, etc.– sino que incursionan en otras disciplinas artísticas; muchos de ellos están vinculados al cine, al video, a las artes plásticas o incluso son músicos o actores; muchos de ellos realizan performances, instalaciones o intervenciones. Otros se auto denominan "blogueros" y este fenómeno abre la puerta a preguntarnos si este nuevo "producto" es una reactualización de viejas formas narrativas en nuevos odres o si se trata en realidad de la creación de una forma literaria inédita. Es cierto también que se pueden encontrar algunos antecedentes de esta "novedad" en la cultura occidental y en la cultura, pero nunca en la profusión de hoy en día. Esto descartaría la relación novedad o transformación tecnológica actual con lo hecho en el pasado medio siglo. Lo que sucede es que las transformaciones tecnológicas vinieron de la mano de nuevas poéticas o, por lo menos, de lecturas de autores que para algunos nuevos escritores significaron un cambio radical.

Lo nuevo, en esa línea de pensamiento, tiene que ver con un repertorio de lecturas –Carver, Bolaño, Bukowski, Levrero, Auster entre muchos otros– que estos jóvenes comparten y en algún caso reverencian. Un repertorio que no desconoce a Borges ni a Kafka, como tampoco *Las mil y una noches* o las películas de los hermanos Cohen, Quentin Tarantino y otros muchos más. ¿Leyeron a Cortázar, a García Márquez, a Vargas Llosa, a Dostoievski, a Felisberto Hernández, a Onetti, a Levrero y el resto del canon de la modernidad hegemónica del siglo xx, incluidos los ya mencionados Borges y Kafka? Por supuesto que sí. Pero también vieron mucho cine, leyeron o escriben blogs, revistas digitales, consultan Google, consumen *Los Simpsons* sin culpa y no sólo nacieron con la televisión encendida sino que, en muchos casos, con la computadora sonando en sus casas o en sus trabajos o en el cibercafé; con los videojuegos y los chats formando parte de un horizonte cotidiano que nada tenía que ver con los escritores o artistas de las décadas anteriores. Más aún, en el mundo en que se criaron y en el que viven no sólo la imagen es central sino que también lo es la música. De hecho, viven colgados de sus aparatos reproductores de audio –últimamente celulares, mp3 y iPod– escuchando música como si tuvieran que estar acompañados constantemente de una suerte de "banda sonora" que los arrulla mientras van por la vida. Eso y los mensajes de texto, los SMS que ya ingresaron en concursos literarios y, más recientemente, los mensajes enviados a través de aplicaciones de chat para celulares.

Eso y las drogas. Las drogas ya no sólo como recurso lúdico o recreativo, ya no como adicción o escape, sino las drogas como plataforma reivindicativa, como programa político que los lleva a congregarse en plazas o a exigir la legalidad de su consumo preferido. Ése es el escenario en el que viven al menos estos jóvenes de "clase media", pues no consideramos aquí, aun cuando sí escriban, otros jóvenes de otros sectores cuyos ingresos económicos son menores o tienen menor acceso a ciertos "consumos culturales". Y todavía falta un detalle y es que –en particular para el caso uruguayo o incluso para el del Cono Sur–, cuando nacieron o cuando eran muy niños la dictadura estaba terminando o comenzando a convertirse en una historia que pertenecía a sus padres y abuelos. Una historia que los interpela como ciudadanos, pero que no necesariamente los convoca como artistas, al menos no en la mayoría de los casos. La memoria de sus padres es eso: la memoria de sus padres. Ellos están inmersos en el proceso de construir sus propias memorias. No es tanto una memoria vieja versus una memoria nueva, como la memoria de un mundo que no vivieron versus la memoria del mundo en que están viviendo. Una memoria que para muchos de ellos se apoya en la "memoria" de su computadora o de su ordenador, una memoria que puede ser borrada con un simple apretar un botón, una memoria que nada tiene que ver con los "ayuda memorias" de las generaciones anteriores.

Lo nuevo no son ellos y sus escrituras o reescrituras, lo nuevo es el mundo en el que viven y en el que han comenzado a vivir. Las múltiples vivencias de esos mundos –de lo ominoso o siniestro a lo trivial o lúdico– es lo que cargan en sus mochilas, tanto las concretas y físicas como las metafóricas y simbólicas con que deambulan por la página en blanco o por la titilante pantalla desierta.

De ahí, quizás, la voracidad por lo nuevo y la adicción a las nuevas tecnologías. Una voracidad por lo nuevo o la novedad que estructura la sociedad moderna constituida con y por el mercado desde antes de que ellos hubieran nacido pero que ahora, en el aceleramiento de la revolución tecnológica y de la globalización contemporáneas, parece marcar el paso de estos tiempos.

¿Son estos rasgos, estas vivencias, estos escenarios un rasgo exclusivo de los escritores uruguayos? No. Alcanza con leer parte de lo que muchos latinoamericanos han venido escribiendo y defendiendo desde hace unos diez años o quince años para comprobar que hay un "espíritu de época" que los acerca y los emparenta.

Curiosamente, algunos coetáneos de estos jóvenes/nuevos escritores uruguayos en otras partes de América Latina se sienten formando parte de una "generación". Así, entre otros, el mexicano Ignacio Padilla sostiene haciendo referencia a aquellos autores vinculados con la antología *McOndo* (1996) de los chilenos Fuguet y Gómez y el un poco posterior "Manifiesto Crack" de los mexicanos Volpi, Padilla, Palau y etc.:

> Querámoslo o no, aun sin unidad estética o defendiendo en ciertos casos la soledad y la individualidad del escritor, la suerte o la desgracia nos han agrupado. Querámoslo o no, difícilmente seremos una generación perdida, como se alude a los representantes de la gran novela estadounidense, ni un archipiélago de soledades, (….) los miembros de esta generación hemos mostrado de cualquier modo una tendencia colectivizadora que brilla por ausencia en nuestros antecesores inmediatos. Es natural que con el tiempo estas agrupaciones se disgreguen y que los autores pugnen por individualidad, pero lo que no desaparecerá son la actitud y las circunstancias que nos llevaron a reunirnos y que probablemente seguirán haciéndonos escribir a pesar de sus diferencias estéticas con nuestros contemporáneos (Padilla 2004: 58-59).

Sin embargo, los autores a que Padilla alude –una lista que incluye desde Roberto Bolaño, hasta Cristina Rivera Garza pasando por Jorge Volpi, Edmundo Paz Soldán, Jorge Franco, Rodrigo Fresán y algunos otros– son en su mayoría mayores que los jóvenes o los más recientes que alcanzaron o están alcanzado su joven madurez al ritmo de los iPods y educados por la nueva autoridad de Wikipedia.

Los nuevos jóvenes y los nuevos escritores muestran que existe una distancia con los mismos autores que los formaron y reverencian; estos jóvenes vienen después. Vienen junto con otros jóvenes para quienes este comienzo de siglo con Mp3, celular, iPod y banda ancha no es una novedad sino el rostro o el escenario de la vida cotidiana. Un escenario donde más que "el asalto al cielo" para "liberar a las desheredados de la tierra" se plantean "liberar la mente" o se preguntan: "¿Qué es lo real?", y consideran que "el enemigo es el sistema", como le dice Morpheus a Neo en *The Matrix*. Un escenario que tiene aspectos ominosos, guerras inacabables o reiteradas, emigraciones no buscadas, desilusiones múltiples pero también esperanzas. Un escenario donde también existe el humor, aun cuando sea oscuro o sangriento. Un humor similar al expresado por un poeta español coetáneo[2] quien sintetizó su visión en estos versos que marcan la distancia con una poética y un imaginario obsoletos –para él y muchos aunque seguramente no todos los escritores de estos tiempos– y que dice:

Glosa a Celaya

La poesía
es un arma
cargada de futuro

y el futuro
es del Banco
de Santander (Wolfe 1998: s. p.).

Pero esto tampoco es nuevo. La irreverencia, el humor o la picardía, el sarcasmo o la parodia estuvieron antes; sobre todo en los tiempos de las vanguardias de comienzos del siglo xx; época, recordemos, marcada por la irrupción en aquel entonces de nuevas tecnologías.

Toda época que experimenta un cambio como el que estamos viviendo destruye la biblioteca, el museo y todas las instituciones que

---

2. Roger Wolfe nació en Inglaterra en 1962, pero está naturalizado o asimilado a la poesía contemporánea española.

entiende han perdido sentido; y en general lo hace con humor y parodia o con ira y actos de real o supuesto terrorismo artístico o no.

Toda generación, sostenía Pedro Henríquez Ureña en 1926, trae consigo el descontento y la promesa. Es decir, la ilusión de la novedad y la promesa de lo inédito, pero también el descontento con la tradición o con lo anterior, con lo conocido y ya probado. Eso y la sensación de que todo se escapa, especialmente el tiempo. *Tempo fugit*, la idea viene desde el comienzo casi de la cultura occidental, pero también la sensación de que "el aire está lleno de un temblor de cosas que se escapan" ("L'air est plein d'un frisson des choses qui s'enfuient"), al decir de Baudelaire en "El crepúsculo de la mañana".

La maravilla del tiempo nuevo y el espanto estremecedor del tiempo que se escapa. "La tradición de la ruptura", sentenciada por Octavio Paz en *Los hijos del limo*, escribí antes, es una condición de la modernidad. Pero también por otro lado, como escribió Gabriela Mistral, se apuesta o se sueña con un futuro pleno de promesas en el que "todas íbamos a ser reinas", aun cuando al final se termine en la desilusión. Si lo nuevo en tanto ruptura se reitera hasta constituir una tradición en Paz, en Mistral la novedad de la juventud es una promesa destinada al fracaso o la desilusión.

Las ansiedades de Mario Vargas Llosa respecto del efecto de las nuevas tecnologías, con que iniciamos este texto, parecen estar marcadas más por un temor a la desilusión y a la banalización de una tradición sagrada e intocable que por una apuesta a lo que el futuro pueda traer. Las pesadillas surgidas de lo que puedan generar las nuevas tecnologías, sin embargo, no son algo nuevo. Ya fueron descritas o representadas a lo largo de los dos últimos siglos. En verdad, esta nueva etapa de las transformaciones tecnológicas puede insertarse en un relato que comenzó hace varios siglos con la Revolución Industrial. Por lo mismo, "tecnología y literatura" o "tecnología y vida cotidiana" no constituyen fenómenos inéditos, sino que consolidan aquello de que las alteraciones, mutaciones o terremotos acarreados por toda transformación tecnológica solamente pueden generar un mayor incentivo a la imaginación humana.

¿Apocalipsis o redención? La respuesta depende, como siempre, de si lo que las novedades producen en los individuos es descontento o ilusión; si nos enfrentamos al desafío o sucumbimos a nuestras más profundas angustias. No todo es binario, también es posible, ya lo señalamos, el humor o la parodia. ¿Cómo no pensar en Chaplin y *Tiempos modernos*? La crítica a las nuevas tecnologías es indudable, pero Chaplin, como muchos nuevos creadores –escritores, artistas visuales, músicos– eligen el camino de producir arte. Apocalipsis, redención o el camino propuesto por Chaplin constituyen el abanico de las respuestas y las apuestas ante el actual ingreso de las nuevas tecnologías.

Mi personal respuesta es: "Cuando despertó, la literatura todavía estaba allí". Quizás, no la literatura que hemos conocido, pero eso, recordando los tiempos pos Gutenberg, no es novedad.

Bibliografía

ALLEN, Frederick Lewis (1997 [1931]): *Only Yesterday: An Informal History of the 1920s*. New York: Wiley.

BAUDELAIRE, Charles (1965 [1857]): *Les fleurs du mal*. Presenté par Jean-Paul Sartre. Paris: Gallimard.

BENJAMIN, Walter (2005): *El libro de los pasajes*. Edición de Rolf Tiedemann. Traductores: Herrera Baquero, Isidro Fernández Castañeda, Luis Guerrero, Fernando Madrid. Madrid: Akal.

BUCK-MORSS, Susan (1991): *The Dialectics of Seeing: Walter Benjamin and the Arcades Project*. Cambridge, Mass.: MIT Press.

DAGENAIS, John (1994): *The Ethics of Reading in Manuscript Culture: Glossing the Libro de Buen Amor*. Princeton: Princeton University Press.

FISH, Stanley (1980): *Is There a Text in this Class?: The authority of interpretive communities*. Cambridge, Mass.: Harvard University Press.

GARCÍA CANCLINI, Néstor (2006): "Leer ya no es lo que era". En: Goldin, Daniel (ed.): *Encuesta nacional de lectura. Informes y evaluaciones*. México: UNAM/CONACULTA, 27-37.

HENRÍQUEZ UREÑA, Pedro (1928): *Seis ensayos en busca de nuestra expresión*. Buenos Aires: Babel.

HUGO, Victor (s. a.): "Correspondance Victor Hugo. T. 2. 1849-1866". En: <http://www.poesies.net/HugoLettres2.txt> (accedido en noviembre 2007).

LECUNA, Vicente (1999): *La ciudad letrada en el planeta electrónico. La situación actual del intelectual latinoamericano*. Madrid: Pliegos.

Martí, José (1977): "Nuestra América". En *Nuestra América*. Prólogo: Juan Marinello. Selección y notas: Hugo Achugar. Cronología: Cintio Vitier. Caracas: Biblioteca Ayacucho.

Mistral, Gabriela (1968 [1938]): "Todas íbamos a ser reinas". En *Tala*. Buenos Aires: Losada.

Padilla, Ignacio (2004): "McOndo y el crack: dos experiencias grupales". En: *Palabra de América.* Prólogo de Guillermo Cabrera Infante. Epílogo de Pere Gimferrer. Barcelona/Sevilla: Seix Barral/Fundación José Manuel Lara. 44-59.

Paz, Octavio (1974): *Los hijos del limo; del romanticismo a la vanguardia.* Barcelona, Seix Barral.

Sarlo, Beatriz (s. a.): "De intelectuales, política, TV y shoppings". En: *La Fuente*, <http://www.lafuenterevista.com.ar/14sarlo.htm> (accedido en julio de 2010).

Santiago, Silviano (1978): "O entre lugar do discurso latinoamericano". En: *Uma literatura nos trópicos.* São Paulo: Editora Perspectiva, 11-28.

Vargas Llosa, Mario (2012.): "Vargas Llosa habla sobre tecnología y literatura". En: *Prensa Libre.com,* <http://www.prensalibre.com/cultura/Vargas-Llosa-Escribir-banalizara-literatura_0_698930319.html> (accedido en enero de 2013).

Winocur, Rosalía (2009): *Robinson Crusoe ya tiene celular. La conexión como espacio de control de la incertidumbre.* México: Siglo XXI/Universidad Autónoma Metropolitana, Iztapalapa.

Wolfe, Roger (1998): "'Glosa a Celaya, de *Cinco años de cama*". En: <http://www.abelmartin.com/aper/wolfe/1998.html> (accedido en diciembre de 2007).

II
Hibridez tecnológica, cultura de masas y poéticas del desplazamiento

Más allá de la nostalgia: remediación televisiva en *El llanto* de César Aira[1]

Jesús Montoya Juárez
Universidad de Murcia

Para Eduardo Becerra

Introducción

Aníbal González, en un artículo reciente (2012), analizaba el modo en que la narrativa latinoamericana de los últimos años venía tematizando la experiencia de desterritorialización que acompaña los procesos globalizadores como pérdida de una nostalgia de la comunidad nacional, figura sobre la que había girado la construcción identitaria en la literatura de América Latina. Así, la ironía, la ubicación geográfica múltiple y ajena a la nación o la derrisión distópica de los imaginarios identitarios, han formado parte de la última narrativa latinoamericana de al menos dos generaciones de autores que escriben en los noventa y el nuevo siglo. Pero hay otra nostalgia que creo que viene desapareciendo como consecuencia de los procesos globalizadores, aunque sólo desde los noventa esa desaparición se vuelve una marca reitera-

---

1. El presente capítulo forma parte de los primeros resultados del proyecto de I+D+i "Global-tec: globalización y tecnología en la narrativa hispanoamericana" del MINECO, convocatoria 2012.

da en un número mayoritario de propuestas narrativas. Me refiero a la nostalgia de lo real, o de una realidad construida según mediaciones básicamente vinculadas con la escritura, que venía aceptándose como inmediata a pesar de las salvedades que ya hacía McLuhan acerca de la construcción de seudoacontecimientos a partir de los medios que en cada época son naturalizados como extensiones del hombre. El estallido o desaparición de esa nostalgia culmina con la aceleración, en los años noventa, de lo que Mitchell definía como "el giro pictórico de la cultura", que arranca con las formulaciones de McLuhan o Debord y que con Baudrillard podríamos describir con el término de simulacro. Lo que desaparece en la literatura de los últimos años es una nostalgia de una cierta inmediatez de la experiencia, que corre en paralelo del reconocimiento de la obsolescencia de, digámoslo junto con Kittler, las redes discursivas ajenas al sensorium mediático que instaló la posmodernidad. También la literatura de los últimos veinte años condensa la mayor serie de propuestas narrativas, al menos desde los tiempos de la vanguardia, en que la presencia de la tecnología resulta un eje fundamental. Asistimos entonces a un crecimiento exponencial del corpus que podría agruparse en torno a lo que se ha denominado "literatura de la conciencia mediática" (Paz Soldán/Debra Castillo 2001), "literatura textovisual" (Mora 2012) o "tecnoescritura" (Brown 2007), términos que aluden a la manera en que la literatura se deja permear por la tecnología de producción y reproducción de imágenes e información. El diálogo entre estas dos pérdidas de nostalgia me parece que puede dar un panorama bastante rico de cómo es la literatura culturalmente más relevante de nuestro tiempo.

Naturalizado hace décadas el lenguaje del cine por parte de la literatura, buena parte de la narrativa de los últimos veinte años reproduce el gesto de incorporar como códigos del propio discurso las gramáticas provenientes de los otros semióticos de la literatura, hoy la televisión, la fotografía digital, la serie de interfaces culturales o el hipermedia. Esa incorporación obliga a resolver el conflicto entre escritura e imagen, sustrato primitivo de la mayoría de gramáticas incorporadas. En mi opinión, en la literatura de los últimos veinte años vemos cada vez más cómo se subvierte el modo habitual de resolverse el citado conflicto legible en la literatura moderna y aun posmoderna. Para dar muestra de cómo los textos resuelven ese conflicto me detendré en tres novelas representativas de momentos diferentes de la penetración del simulacro, hitos de la literatura de los medios en el Río de la Plata. Me interesará señalar en el análisis cómo, de acuerdo con Bolter y Grusin (2000), en todo proceso de remediación, vale decir, la incorporación de un medio en otro medio, se produce una tensión en la medida en que los medios hibridados mantienen de algún modo las marcas de su otredad. W. J. T. Mitchell (1994) lo señala a propósito de la écfrasis, una imagen que se integra en un texto –sea real o directamente imaginada– suele mantener referencias al marco, al límite que la contiene, o acompañarse de una distorsión en el plano de lo verosímil que subrayan lingüísticamente su carácter de extraño en el discurso, generando una tensión entre los polos de la utopía y el terror: la esperanza o la utopía, por un lado, de que cooptando la gramática de ese otro semiótico la palabra se aproxime a una realidad inaccesible a la simbolización y, por otro lado, el miedo a que la imagen se imponga sobre la palabra volviendo el discurso una tecnología obsoleta para lidiar con la realidad. Los textos literarios seducidos por la tecnología mediática hasta los años ochenta resuelven en su mayor parte la tensión que generan esos procesos de "remediación" (Bolter y Grusin 2000), en mi opinión, postulándose en último término como el archivo o la denuncia de la pérdida de una realidad o autenticidad objeto de una nostalgia. Esa nostalgia se va borrando en la literatura más reciente.

Rupturas y continuidades: de Bioy Casares a Ricardo Piglia

Uno de los textos augurales o anticipadores de la transcripción del sensorium simulacional hoy vigente lo constituye el relato de Bioy Casares *La invención de Morel*. El narrador protagonista tematiza la propia literatura como una tecnología archivística que reconoce en competencia con una nueva fotografía capaz de grabar la totalidad del espectro sensorial, reproduciendo con fidelidad el mundo, aunque al hacerlo, según una lógica reiterada en la literatura moderna, es la vida el precio a pagar. Bioy Casares anticipaba una derrota de la escritura frente al simulacro. La nostalgia de la experiencia bajo redes discursivas menos agresivas se acompañaba en la narración de la agonía final del protagonista de una función más preeminente del intelectual en el espacio público latinoamericano. Son los tiempos del periódico *El*

Cojo Ilustrado y el fervor patriótico, referidos en el discurso del protagonista sobre Venezuela, unos tiempos lejanos a los que el narrador náufrago también parece asistir en el fondo como un espectador que se refiere a sí mismo como "un chico atónito, respetuoso" (Bioy Casares 2007: 185). Su delirio invoca un motivo nostálgico, en que se cruzan el mito de una inmediatez de aprehensión/participación de la realidad y el recuerdo de la nación, en un momento en el que es demasiado tarde para catalizar reacción alguna. La novela narra la obsolescencia de un "modo de información" (Poster 1990) fundado en la letra impresa, un tipo de mediación más conciliable con la experiencia humana, bajo la hegemonía de la tecnología de la reproducción audiovisual que prefigura el "modo de información electrónico" (Poster 1990) de nuestro presente como utopía negativa.

La vía abierta por el texto clásico de Bioy Casares parece ser la misma que sigue *La ciudad ausente* (1992), ubicándonos a sus lectores en la posdictadura argentina y actualizando el tratamiento de la multiplicidad de la información a partir del género de la ciencia ficción en su versión de anticipación futurista.[2] La novela describe una batalla entre actos verbales opuestos de opresión y resistencia, que construyen una ecología mediática de la multiplicidad de la información (Johns-

---

2. Jameson achaca en *Arqueologías del futuro* (2005) el surgimiento del género en la segunda mitad del XIX a la crisis de la temporalidad historicista burguesa que se manifiesta en la concepción de un futuro enfrentado a la noción de progreso. Tomando el futuro como objeto narrativo la ciencia ficción anticipatoria desautomatiza la experiencia del propio presente: "For the apparent realism, or representationality, of Science Fiction, has concealed another far more complex temporal structure: not to give us images of the future –whatever these images might mean for a reader who will necessarily predecease their "materialization"– but rather to defamiliarize and restructure our experience of our own present, and to do so in specific ways distinct of all other forms of defamiliarization" (Jameson 2005: 286). Para Jameson la mayor parte de la ciencia ficción no trata de imaginar el futuro real de nuestro sistema social, sino que sus múltiples futuros simulados sirven a la muy diferente función de transformar nuestro propio presente, ante nuestra imposibilidad de totalizarlo, en el pasado de algo que vendrá: "It is this present moment –unavailable to us for contemplation in its own right because the sheer quantitative immensity of objects and individual lives it comprises is untotalizable and hence unimaginable, and also because it is occluded by the destiny of our private fantasies as well as of the proliferating stereotypes of a media culture that penetrates every remote zone of our existence– that upon our return from the imaginary constructs of Science Fiction is offered to us in the form of some future world's remote past, as if posthumous and as though collectively remembered" (Jameson 2005: 288).

ton 1998), en una suerte de guerra fría entre un Estado paranoico y totalitario y una máquina que hace proliferar, no fotografías, sino relatos, empleando el mismo lenguaje de la tecnología dominante y diseminándolos a través del tejido social. En esa batalla las tecnologías del simulacro audiovisual ejercen una función transmisora de las ficciones del poder, constituyendo el paisaje de fondo de los espacios recorridos por Junior Mac Kensey, un periodista al que se encarga el reportaje acerca de una máquina –que se nos revela como una mujer-*cíborg*– inventada por Macedonio Fernández para preservar a su fallecida esposa, Elena Obieta. El sentido de la realidad en la novela de Piglia resulta un constructo artificial, un relato oficial convertido en verdad a base de su repetición en los circuitos massmediáticos, donde la referencialidad a una verdad se pierde en la diferencia infinita. La dialéctica "visibilidad"/"opacidad" se muestra central en la novela: la obscenidad de lo demasiado visible es el espacio de la coerción, como en el Panopticon foucaultiano. Bajo este *sensorium* de aislamiento y control de la información lo que está en juego es la disolución del espacio público y, con él, de toda forma posible de comunidad.

Discursos massmediáticos y simulacros lingüísticos forman parte de una ecología distópica donde la utopía de develar una verdad estriba en la recuperación de indicios del pasado que, como el cono de "Tlön" o la "flor de Coleridge" borgianos, den testimonio de que de alguna manera lo real haya estado ahí. Por eso la insuficiencia para traducir el pensamiento debe cristalizar en la corporeización de esas "pruebas" que son los objetos del museo, objetos que visualizan como simulacros virtuales lo que no existe, lo que se ha borrado, como la memoria de esos cuerpos masacrados, literalmente citados en el fragmento "La grabación".[3]

---

3. La política del olvido respecto de los crímenes y torturas de la dictadura argentina fue una constante durante los años de gestación de la novela de Piglia, a pesar de las amenazas reiteradas y desórdenes promovidos por los afectos al régimen militar, del que el asalto de los carapintadas a un cuartel en Córdoba fue uno de los episodios más graves. Apenas dos años antes de la publicación de *La ciudad ausente*, en diciembre de 1990, Carlos Menem había aprobado el indulto de los principales responsables de la represión en Argentina. La crítica ha vinculado la desmemoria psicótico-massmediático-quirúrgica que se narra en *La ciudad ausente* a esta política del olvido peronista, continuadora de la iniciada por el radicalismo. Si bien la gestación de la novela no guarda una relación de causa-efecto con el perdón menemista, resulta interesante cómo, desde fines de los ochenta y, particularmente, en

No voy a detenerme en exceso en el texto de Piglia, ampliamente estudiado, pero sí quiero señalar algo a propósito de cómo la novela reproduce la denuncia de la pérdida de la comunidad, de la experiencia, a través de ese habla imperfecta, balbuceante, que continúa finalmente latiendo en la penumbra. Si *La ciudad ausente* prefigura a su término el anacronismo de la vieja máquina de Macedonio ante nuevos desarrollos de la tecnología,[4] a la vez, anticipando estructural y temáticamente las posibilidades del hipertexto, responde a *La invención de Morel*: es posible una máquina que dé "vida", sentido, al simulacro (y esa máquina está hecha ante todo de literatura).[5] Es cierto que la novela ubica a la máquina –un artefacto que remite a la citada novela de Macedonio, como también a la propia novela de Piglia– en un museo,[6] espacio que, como señala Bürger (1997), extrae a la vanguardia artística de la esfera política, confinándola en un cementerio que aleja al

---

1990, Piglia comienza a leer la historia de la literatura argentina como una historia del complot (Fornet 2007).

4. "Durante horas es sólo mi imagen la que se ve en el sótano, enfocada en realidad por dos cámaras, una en ese ángulo y la otra en ese otro ángulo del techo. Sólo ven mi cuerpo, pero nadie puede entrar en mí, la soledad del cerebro es inmune a la vigilancia electrónica, la televisión sólo refleja el pensamiento de quienes la ven. Sólo se filma y se transmite el pensar de la gente que voluntariamente se dispone a mirar lo que piensa. A eso lo llaman la programación televisiva del día, un mapa general del Estado mental. El monólogo interior, decía él, es ahora la programación de un día en las pantallas de la televisión, tiempo fragmentado, flujo de conciencia, imágenes verbales. Pero no han logrado todavía una máquina tan sensible, que permita la televisión telepática. (…) investigaciones en Osaka, Japón, en los laboratorios secretos de la Sony-Hitachi, donde experimentan con el cerebro de los delfines, quieren una máquina capaz de leer el pensamiento y transmitirlo a una pantalla. Soy anacrónica, tan anacrónica que me han sepultado en este sótano blanco (…) como un cadáver embalsamado (…)" (Piglia 2003: 158)

5. Es la ficción de identidad de la máquina lo que se perpetúa, frente al artefacto, "una memoria ajena" de mujer que se resiste a desaparecer. En el fragmento 2 de "En la orilla" conviven esas dos identidades esquizoides de la máquina moribunda: el artefacto, que presenta una morfología vanguardista, de "forma achatada, octogonal, y sus "pequeñas patas abiertas sobre el piso" con "su ojo azul" latiendo "en la penumbra", parpadeando con un "ritmo irregular" (Piglia 2003: 156); y la ficción de identidad de Elena.

6. Bratosevich ha señalado el papel que los museos y la serie de "cajas de vidrio" desempeñan en esta novela de Piglia, similar al de las diferentes carpetas de *Respiración artificial*, como "clasificadores" y "ordenadores de las colecciones" (Bratosevich 1997: 212). La elección del museo como espacio en que ubicar su "máquina" responde a la tematización de la paradójica situación contemporánea del arte.

arte de su posible vínculo con "la vida".⁷ Los personajes que construyen artefactos artísticos o producen algún tipo de escritura están locos: *"anarco-esquizoides"*, encerrados en la Clínica de Arana, recluidos en un periódico que se describe en unos términos que recuerdan al universo carcelario, encerrados –sobre todo– en un museo para su exhibición espectacular. Pero en *La ciudad ausente* la superioridad moral de la literatura versus el simulacro se sigue perfilando a pesar de hallarse sujeta a un espacio de distribución que determina su sentido en universos mediatizados, en los que la hiperextensión del diseño coopta las posibles estrategias de extrañamiento de la vanguardia. Porque el museo es también la prueba material del modo en que la máquina convierte sus ficciones en realidades, ya sean virtuales. Así, la metáfora del museo transcribe la nostalgia de una realidad que no puede volver, o que está volviendo siempre sin que se la pueda reconocer.⁸ Que tal vez continúe haciéndolo, después del fin de toda posibilidad de articular una experiencia moderna más allá del sensorium simulacional coetáneo a la escritura de la novela. Una vez más, se trata de la tematización de una nostalgia, eso sí, mucho más desdibujada que la que veíamos en Bioy Casares, o mejor, de un ansia de trascendencia del simulacro al tiempo que se constata la derrota de la escritura en esa empresa. El ansia de lo real, adopte la forma del complot, el virus informático, la enfermedad psicótica, la búsqueda de hilos sueltos o de actos de lenguaje diseminados por una ciudad ausente, rescribe una nostalgia imposible de una experiencia para la que no se tiene otra herramienta de expresión que el lenguaje, pues hablar, decir, es la única forma posible de sobrevivencia. Para su representación el texto se pliega a la adaptación poshumana de la figura benjaminiana del contador de historias

---

7. Huyssen planteaba precisamente cómo los museos sirven como catalizadores de "la articulación de tradición y nación, legado y canon", como suministradores de un "mapa" para la construcción de la legitimidad cultural" (Huyssen 1994: 151), y al mismo tiempo, reconocía cómo el modernismo cultural se había erigido frente al museo que ha visto como símbolo del capitalismo burgués, constituyendo dicha oposición un tropo de la modernidad vanguardista (Huyssen 1994: 151) En la ficción de Bioy la idea de que las máquinas se hallen en un "museo" refuerza la idea de la "no-vida" implicada en la sobrevivencia espectacular (Debord 1977). Al pasar a la imagen reproductiva, a la exhibición espectacular, el "alma" del individuo –como el "aura" del arte– por así decir, se "desactiva".

8. Como sugiere la cita de Eliott que encabeza *Respiración artificial*: "we had the experience but we missed the meaning. An approach to the meaning restores the experience" (Eliott, en Piglia 2001).

(Quintana 2001), cuya proliferación ramificada hace pensar en la "implosión", "diseminación" y "no linealidad" de lo hipertextual (Lévy 2008) en ciernes.[9] En su diferencia infinita, que nunca es la repetición de lo mismo, la ansiedad de lo real es lo que queda de una experiencia perdida, lo único que el texto puede narrar: punto de partida para su construcción y tarea última de la escritura para Piglia.

Como acabo de señalar, en buena parte de la literatura de los medios, de Bioy a Piglia, puede leerse así una nostalgia de lo real, de una experiencia previa al simulacro, inclusive desde el reconocimiento "posmoderno" del carácter construido o mediado de la misma. Con frecuencia, la tematización del simulacro resulta un elemento funcional a la descripción de la pérdida de densidad de lo real, y la tecnología mediática sirve a la expresión de una desrealización, en tanto obstáculo o agente desestabilizador en la articulación de una experiencia "real", digamos.

En cambio, en Aira se percibe un paso más allá en la tematización del simulacro operado en las primeras obras de Manuel Puig y un funcionamiento diferente de los *media* del que podemos ver en la obra de Piglia que, como veíamos, a su vez dialogaba muy bien con la obra de Bioy Casares. En las ficciones de Aira la reconstrucción integral de la realidad a partir de la écfrasis massmediática, es decir, la exposición del universo narrativo bajo los parámetros televisivos, que he descrito en

---

9. Desde los planteamientos de Donna Haraway el cíborg se lee desde una óptica feminista en que está implicada la posibilidad de completar una identidad mutilada o incompleta, apareciendo en el mito justo donde el límite entre el ser humano y lo animal es transgredido, definiendo lo cíborg como una excrecencia ilegítima del capitalismo patriarcal y militarista, ante el que inscribe su propia traición (Haraway 1991). Hayles, con su noción de lo poshumano, aplica la teoría del cíborg al modo en que se constituyen las identidades posmodernas. Mientras que es posible afirmar que lo poshumano es física o literalmente la fusión entre la carne y el metal, el plástico, o los materiales industriales artificiales (del ser humano con el aparato tecnológico), tanto en su versión realista –los implantes artificiales, el brazo prostético, determinadas ortopedias, marcapasos, etc....– como en su versión más "ciborguiana" típica de la ciencia ficción, el cíborg metafórico designa un modo de construcción de la identidad basado en las relaciones que el ser humano emprende con sus máquinas aunque no estén conectados de manera física y permanente: "the posthuman view configures human being so that it can be seamlessly articulated with intelligent machines. In the posthuman, there are no essential differences or absolute demarcations between bodily existence and computer simulation, cybernetic mechanism and biological organism, robot teleology and human goals" (Hayles 1999: 3).

otra parte como "televisualización" (Montoya Juárez 2008), marca de su narrativa, no se pretende una forma de acceso a la experiencia de un concepto de lo real como algo existente separadamente del simulacro, aunque indecible, inaccesible a la simbolización literaria a causa de los efectos desrealizadores de los medios. En las ficciones airianas de los noventa (*Embalse, Los misterios de Rosario, La mendiga, El sueño, El llanto, La serpiente*, etc.), el lenguaje audiovisual es la gramática con la que se presenta una idea de lo real característica de un contexto signado por la penetración de las comunicaciones globales, cuando el estatuto mismo de la realidad ha devenido indiscernible de la proliferación de representaciones. El realismo entonces no se teoriza como una reconstrucción de la realidad modificada por gramáticas massmediáticas o cinematográficas, sino como una producción, como ocurre en la infografía, en el verosímil que construyen los efectos especiales en el cine de masas *holliwoodense*, o en la imagen digital de los videojuegos más adelante (como se presupondrá en toda imagen desde mediados de los noventa con la popularización de la fotografía digital). Siguiendo las teorías de Foster (2001), y como viene poniendo de relieve la crítica a propósito de la literatura del presente siglo,[10] constituyendo lo que hemos descrito como un "realismo del simulacro" (2008).

Si acordamos junto a Darío Villanueva que lo realista en tanto modo narrativo ha de medirse en los términos de lo aceptable como realismo en el proceso de su recepción histórica, el oxímoron que planteo apunta a un contexto de recepción de la literatura en que se materializa el simulacro como un espacio virtual donde parte de la subjetividad de los seres humanos puede desarrollarse. En efecto, el proceso de transformación del sensorium perceptivo que teorizan McLuhan o Debord, punto de instalación definitiva del simulacro, alcanza para muchos críticos un nivel de complejidad nuevo en los noventa con el desarrollo de la televisión por cable, Internet y la realidad virtual en la mayoría de las capitales de Latinoamérica (Martín-Barbero 2004). Pero no bastaría con el reconocimiento de la transcripción de ese sensorium plenamente instalado en la novela para calificar como realismo del simulacro la operación con los medios que llevan a cabo muchos

---

10. Resultan imprescindibles las reflexiones sobre nuevos realismos en el ámbito latinoamericano de Cohen (2003); Noemí (2004, 2008); Horne (2005); Ludmer (2007); Prieto (2009); Schollammer (2013).

narradores de los últimos veinte años: la expresión cobra su pleno sentido para referir el modo en que asumen el sensorium simulacional contemporáneo como condición de posibilidad para el arte/la literatura, invirtiéndose la dominante inclusive posmoderna que incidía en tematizar los medios ante todo como agentes desrealizadores. Al contrario, muchos textos actuales subrayarían ahora las posibilidades utópicas que los lenguajes mediáticos contienen para aproximarse, visualizar, presentar fragmentariamente o desarrollar un proyecto narrativo que busca afectar de alguna manera la realidad. Si seguimos a Bolter y Grusin, podríamos decir que muchas novelas contemporáneas cifran sus esperanzas de obtener un realismo en los procesos de remediación transmedial, con la incorporación de las gramáticas de los medios por parte de la literatura escrita.

El llanto de César Aira, o la transcripción transmedial de la televisión

En el ensayo que Aira dedica a Copi el autor introduce una reflexión, a propósito de la relación entre el olvido y la memoria, que resulta de interés. El olvido actúa para Aira como un mecanismo que garantiza el salto entre niveles o planos heterogéneos: "la memoria tiende al significado, el olvido a la yuxtaposición. El olvido es el imperativo de seguir adelante. Por ejemplo, pasando a otro nivel, a otro mundo incluido o incluyente. Desde un mundo no se recuerda a otro. No hay un puente de sentido. Hay un puente de pura acción" (Aira 1991: 33). Esta figura del salto aparece en prácticamente la totalidad de las novelas de Aira. Un salto entre dimensiones en virtud del procedimiento del continuo, según su particular concepto de lo real como una leibniziana serie de mundos incluidos, y este salto, lección magistral de Copi, es, en la narrativa de Aira de los años noventa, tematizado al hilo de una reflexión sobre la tecnología de la reproducción de las imágenes y sobre cómo éstas construyen la experiencia de lo real. Como en la tradición de estrategias *camp* por parte de la literatura, desde Puig en adelante, en las obras de Aira la presencia de los medios forma parte de un proyecto de transvaloración artística, complicando su canonización, pero, a la vez, desde al menos mediados de los noventa, se vincula con una reflexión metaliteraria sobre el realismo, los mecanismos de la percepción y el simulacro, que resulta una línea temática que atraviesa muchas de estas novelas.

Habría que precisar que, si bien determinadas novelas giran en torno a esta reflexión sobre realismo y simulacro de manera más obvia, las pertenecientes a lo que Contreras denomina "ciclo televisivo",[11] este conflicto afecta a toda la narrativa publicada desde 1990. En mayor o menor medida, de un modo más o menos exacerbado, la televisión tiene una presencia fundamental en toda la narrativa desde esa fecha. Si un realismo puede inferirse en la narrativa airiana de los noventa éste será un realismo atravesado por el *sensorium* simulacional del horizonte de la cultura de masas, un realismo del simulacro que, para serlo, debe afirmar, señalar hacia el afuera del texto desde lo escrito en el texto, para decir o presentar la realidad, y, al mismo tiempo, escribir sobre el espejo, señalar hacia un límite, el de la "contaminación viral de las cosas por las imágenes" (Baudrillard 1994: 31). Se trata ahora de la exploración del simulacro como archivo o gramática única desde la que es posible narrar el presente.

Uno de los textos que acometen la experimentación más compleja con los medios es *El llanto* (1993). Si *La prueba*, otra novela fundamental del período, puede leerse como un homenaje a Arlt, *El llanto* reproduce una frase inspirada en un verso de un poema de Pizarnik[12] titulado "Te hablo", a la postre, válido como epitafio de la autora. El argumento de esta autoficción podría resumirse del siguiente modo: César Aira, el escritor protagonista y narrador de la novela, vaga por su departamento una noche de insomnio y de pronto comienza a llorar sin motivo. Ante la visión de un televisor encendido inicia el relato de su historia, que es en síntesis la historia de la separación de su esposa, Claudia, fugada con su amante japonés. En el relato principal se cruzan diferentes subhistorias donde el narrador tiene una cierta participación: una estancia en Polonia previa al abandono, otra en Rennes y otra en Escobar, posteriores a él, una relación del pro-

---

11. Básicamente la "tetralogía de la liebre" más *Los misterios de Rosario*.
12. En texto de Pizarnik: "Estoy con pavura. / hame sobrevenido lo que más temía. / no estoy en dificultad: / estoy en no poder más. // No abandoné el vacío y el desierto. / vivo en peligro. / tu canto no me ayuda. / cada vez más tenazas, / más miedos, / más sombras negras". Aira lo transforma de la manera siguiente: "Todos los caminos de la sombra llevan a la certeza atroz de que me ha sucedido lo que yo más temía" (1992b: 7)

tagonista con una actriz para la que está a punto de escribir guiones para una serie de la televisión, el asesinato del primer ministro de la Argentina y la subsiguiente investigación policial, a pesar de reconocerse en la propia novela que Argentina tiene un sistema presidencialista, y los avatares y miserias cotidianos de la separación, como el cuidado compartido del perro que ha quedado huérfano tras la fuga de Claudia o el relato de las numerosas horas en que, en su depresión, el protagonista se sume en la contemplación de la programación televisiva. Finalmente, el relato vuelve sobre sus pasos hasta el presente, para culminar con el amanecer de esa larga noche de insomnio ante el televisor. Toda la realidad construida en la novela se desvanece con la luz del día y el narrador acaba identificándose de nuevo con el escritor y su realidad biográfica, volviendo a estar casado y con dos hijos, ahora, los de su vida real, disolviéndose la autoficción repentinamente.

La fábula del insomnio que se narra en *El llanto* ha sido leída como transfiguración o condensación del exotismo[13] airiano (Contreras 2002), o como fábula metatextual o de la escritura literaria, según el

---

13. El *revival* exótico en la narrativa argentina desde fines de los ochenta y principios de los noventa es constatable atendiendo a toda una serie de novelas publicadas en esos años, como *Una novela china* (1987) de Aira, *La hija de Kheops* (1989) de Laiseca, *La internacional argentina* (1989) de Copi, *La perla del emperador* (1990) de Daniel Guebel. Autores jóvenes como Alan Pauls, Daniel Guebel, Luis Chitarroni o Martín Caparrós, emplean el término Shangai para dar con ironía nombre al grupo literario que conforman. En las palabras de Caparrós hallamos una identificación entre exotismo y desautomatización que nos parece relevante para el estudio de Aira: "Shangai es un exotismo en el tiempo, una vía libre hacia el anacronismo que, bien mirado, es la única utopía que permite una ciudad que se sabe exótica. Shangai suena a chino básico y sólo lo incomprensible azuza la mirada" (Caparrós 1989: 43). Sobre este "*boom* exótico" en la narrativa argentina de los noventa (Contreras 2002) y sobre el papel que desempeña en él Aira, puede leerse el capítulo 1 del libro de Sandra Contreras (2002: 45-100), el artículo de Graciela Montaldo "Borges, Aira y la literatura para multitudes" (1998) y el artículo de María Laura de Arriba, "Raras ficciones nuevas" (1996). Contreras lee el exotismo, frente a la poética del exilio, según un esquema opositivo que enfrenta, si bien de modo complejo, dos sistemas de atribución de valor literario que opondrían la generación de autores reseñados en *Punto de Vista*, un grupo de autores encabezados por la prestigiosa figura de Ricardo Piglia, a, digamos, aquellos que aparecen en la sección "El libro del mes" de la revista *Babel*, generalmente defensores de esta estética de lo exótico y del grupo citado. Pensamos que también pueden desarrollarse a partir de lo dicho por Contreras ciertas conexiones entre el problema del exotismo y el problema del realismo.

análisis narratológico de Remon-Raillard (1999).[14] Por nuestra parte no vamos a seguir la sugestiva vía de la doble conexión entre exotismo y "ética de la invención" por un lado, y entre exotismo y nacionalismo, por otro, que por mediación de Alan Pauls y Martín Caparrós, en la primera, y Borges y Gombrowicz, en la segunda, respectivamente, llevan a Contreras a definir una torsión sobre lo exótico en la narrativa de Aira como "la vía de un extraño regreso a la afirmación de la nacionalidad" (Contreras 2002: 77).[15]

Aunque en efecto *El llanto* está plagado de referencias al problema de la identidad nacional, otro de los *Leitmotivs* de Aira que se dan insistentemente en toda su narrativa de los ochenta. Como un guiño a Gombrowicz, puede leerse la visita a Polonia por parte del narrador, al aceptar una beca del gobierno polaco. En la realidad, Aira fue beneficiario de una beca que lo llevó a París en las fechas en que escribe *El llanto*. De hecho, Aira fecha la escritura de la novela el 17 de abril de 1990, precisamente en el rousseliano Petit Maroc. Y la Polonia dibujada en la novela aparece como un *passepartout* de la extrañeza, como un no-lugar vaciado de contenidos concretos compuesto de alusiones tópicas a una vida del otro lado del Telón de Acero. Polonia, una vez más, con resabios de interzona, reaparece en el ensayo sobre Pizarnik, en el que se menciona de pasada la Rovne de donde son originarios los Pizarnik, una "ciudad rusa que también fue polaca", única presencia de Polonia y lo judío en el ensayo, frente a las abundantes referencias a estas conexiones en la crítica pizarnikiana. En Aira, la referencia fugaz

---

14. Autora de la primera tesis doctoral sobre el autor, por cierto. La segunda tesis corre a cargo de una profesora argentina, Sandra Contreras.
15. Efectivamente, frente al borgiano universalismo llevado al extremo por Saer, Aira toma a Borges desde otra arista, define la literatura como "el medio por el que un brasileño se hace brasileño, un argentino argentino" o como "lo necesario para que Brasil se transforme en Brasil, para que la Argentina llegue a ser la Argentina" (Contreras 2002: 84). En el "convertirse en lo que ya se es" airiano se introduce una "perspectiva como ficción" o se adopta "una ficción de identidad" (Contreras 2002: 84), y aquí podría ser pertinente la noción de hibridez cultural elaborada por, entre otros, García Canclini. Si la nacionalidad es una cuestión de azar y contingencia, desde el punto de vista de la ficción sólo puede pensarse como efecto de ficción, como una paradoja de lo impensable: "Ser argentino es lo definitivamente incomprensible, pero sólo para el otro. Por mi parte, soy argentino. Yo estuve ahí el día que murió Perón" (Aira 1995: 33).

a Polonia en su ensayo sobre Pizarnik[16] es coherente con su controvertida reducción a lo ínfimo de cualquier influencia judía en la poesía de la autora.[17]

En lugar de explorar ese camino, como digo, me interesa recorrer el modo de apropiación de la televisión que acomete el autor en este experimento para mostrar cómo la narrativa de Aira abandona esa nostalgia de lo real a la que nos venimos refiriendo. *El llanto* es un buen ejemplo de una ficción que quiere despegar de su consideración como literatura en su búsqueda de condensar la totalidad del lenguaje televisivo en sus páginas, de devenir en imagen, y en esta pretensión de transcripción total de la televisión, utopía inscrita en la écfrasis, como digo, ya no se trata de apuntar una desrealización de la experiencia, sino de hacer funcionar a la televisión como una batería de recursos para la construcción de una suerte de realismo del simulacro.

El comienzo de *El llanto* vuelve legibles las costuras del procedimiento airiano, que principia vacilante para ir desplegándose a partir de la propia materialidad lingüística en la asociación de ideas y literalización de los significados posibles de frases emitidas a priori. Aira parte en *El llanto* de un verso de Pizarnik[18] –"hame sobrevenido lo

---

16. "Alejandra Pizarnik empezó llamándose Flora; era hija de inmigrantes judíos rusos. Nació el 29 de abril de 1936 en Avellaneda, una localidad vecina a Buenos Aires. Los padres habían llegado a la Argentina exactamente dos años antes, de una ciudad rusa (también fue polaca), Rovne, después de un paso de algunos meses en París, donde se había radicado un hermano del padre. Éste se llamaba Elías Pozharnik; el cambio de apellido debe de haberse debido a uno de los muy corrientes errores de registro de los funcionarios de inmigración (…)" (Aira 1998: 9).
17. Aira dedica dos ensayos a la figura y la obra de Pizarnik, en ellos se desliza superficialmente por los condicionantes biográficos que repercutieron en la condición vital atormentada de Pizarnik. Las referencias a los conflictos familiares, al padre e inclusive a la madre, por ejemplo, son escasísimas, prácticamente nulas al hecho de que Pizarnik tuviera un origen judío, y su homosexualidad, aunque mencionada, queda escamoteada. Este silencio y camuflaje sobre el que volveremos contrasta con la proximidad de la que Aira, fuera de su obra crítica, en entrevistas sobre todo, hace gala con frecuencia, llegando a afirmar que la imitaba en todo, en la costumbre de escribir en los cafés e incluso hasta en la caligrafía (Speranza 1995).
18. Pizarnik, conviene recordar, sufrió, durante su atribulada vida, de insomnio y murió de una sobredosis de somníferos. *El llanto*, pensamos, homenajea a Pizarnik mediante la cita modificada de algunos versos y la traducción modificada de ciertas atmósferas que construyen sus poemas. Aira incluye al hilo de su razonamiento determinadas frases que en ocasiones tiene la deferencia de citar en itálicas, por ejemplo: "Tuve entonces el fundado temor de que las ondas, en la disminución de su radio, llegaran a franquear el umbral de su transformación en punto, y la *piedra*

que más temía"– invocando los *Leitmotivs* de su quehacer literario en las primeras páginas:[19] pensamiento, sueño, continuo, verdad, ficción, realismo, terror, etc. Y de inicio sugiere el mecanismo-bisagra que redefinirá el universo construido por el relato transformando la realidad de la fábula en lo real aplicando la fórmula del abandono. *El llanto* cruza un plano de realidad cotidiana y banal, la del escritor-narrador en su departamento, viendo televisión, con otro signado por el tiempo y el espacio del interior de lo televisivo. El espejo de Alicia que en su obra es la televisión, desaparece en el momento en que se cruza y se vuelve a cruzar reiteradamente la débil línea que separa ambos planos. Como resulta frecuente en la narrativa del período, la amenaza latente de que toda la realidad ficcional se desinfle bruscamente es sugerida de modos sutiles, anticipada desde el inicio de la novela, constituyéndose lo verosímil recurriendo, como los llamara Macedonio, a los "artilugios de inverosimilitud y desmentido de la realidad del relato" (Macedonio 1996: 38). La ficción airiana explora las posibilidades de las figuras de la palinodia (Calinescu 1991) y la no fiabilidad (Booth 1992) típicas de las formas irónicas, particularmente radicales en las estéticas posmodernas (Hutcheon 1995). Pero este "abandono", como el propio autor bautizó esta renuncia a la estabilidad del verosímil narrativo (Aira 1992a), está de hecho prefigurado en el modelo tecnológico que la ficción emula. La televisión desinfla la solidez de sus universos por ejemplo, en el género del *reality show*, signado por la extrema dificultad para separar realidad de ficción. La propia heterogeneidad múltiple de la parrilla televisiva, de su *continuum*, y la propia sintaxis del *zapping*, fuerzan la brusca o repentina alternancia de verosímiles en su consumo. Esos efectos quieren reproducirse en *El llanto*. Por tanto,

---

saltara expulsada del agua para volver a mi mano (1992b: 15). Pizarnik escribe, en un poema breve titulado "Como agua para una piedra", "a quien retorna en busca de su antiguo buscar la noche se le cierra como agua sobre una piedra (...)" de *La extracción de la piedra de la locura*. La locura, a la que apenas parece Aira conferir el papel de adornar un mito conscientemente diseñado por la autora para construir su figura pública, también se sugiere el escenario o la atmósfera para el insomnio que se narra en *El llanto*.

19. Este proceder se identifica con lo que Contreras denomina ficciones del procedimiento, categoría que ilustra de manera clara *La costurera y el viento*, donde de inicio Aira parte, como en algunos mecanismos de producción del relato típicos de Roussel, de dos palabras en abstracto, una "costurera" y un "viento", a partir de las cuales dar rienda suelta a un relato de pura invención.

como una figura desestabilizadora del horizonte de realidad del relato podríamos entender un primer sentido del uso de la tecnología de la reproducción de las imágenes y las formas y personajes a ella vinculadas presentes en la novela.

Por otro lado, decíamos, el desdoblamiento autoficcional personaje-autor resuelve la novela como anamorfosis del personaje real desde el personaje que emerge en la ficción. Y este recrearse en la anamorfosis afecta también a su visión sobre Pizarnik. Aira sostiene que Pizarnik construye un personaje de sí misma –"personaje alejandrino"– que verosimiliza al escritor como centro gravitacional de un círculo poético. Este "hacer verosímil" al escritor equivale en el sistema airiano al mito personal justificativo de (y productivo en) la obra. Así lo expresa Aira en uno de sus ensayos: "La clave de su funcionamiento era la juventud, que seguiría siendo su rasgo esencial hasta la muerte, y más allá. Se fue perfeccionando a partir de rasgos espontáneos, todos los cuales se envolvían en una justificación metafórica" (Aira 1998: 13).[20] No obstante, esta imagen, polémica, de Pizarnik que construye Aira parece encajar con la obsesiva preocupación en los textos airianos por el mito personal del escritor, en su voluntad de que el procedimiento acabe contribuyendo a construir al personaje real en virtud de una anamorfosis. La mistificación o el camuflaje de determinados componentes biográficos polémicos en Pizarnik, se justifica, en los ensayos de Aira, por una rebeldía contra la mitificación falsa hecha de postulaciones poéticas y biográficas alrededor de su figura autoral que han condicionado la interpretación de la obra pizarnikiana. Esa mitificación, según Aira, reificaría su poesía como un producto acabado para su consumo o, en palabras de Aira, un "resultado". Por ello en sus ensayos reivindica salir de un respeto excesivo por "la voluntad de la autora", la de ser leída como una *"pequeña náufraga* autodestructiva" (Aira 2001: 34).

El protagonista de *El llanto* hace el camino inverso al "personaje alejandrino" citado. La autoficción, que acaba desnudándose de los añadidos exigidos por una vida inicial atribuible al personaje, salta bruscamente, pagándose el precio de la inverosimilitud y el mal gusto, a la vida del escritor, a lo autobiográfico. El escritor abandona así a su

---

20. Existen a cargo de Aira dos ensayos diferentes sobre Pizarnik editados en España y Argentina respectivamente.

personaje en sus "dramas inventados", negándole el peso de su realidad. La novela concluye donde empezó, ante un televisor encendido, y los lectores descubrimos, al amanecer de esa larga noche de insomnio, que en realidad todo lo narrado era un delirio del personaje protagonista que acaba confusamente disolviéndose en la carnadura psicológica del doble. El escritor real se superpone al escritor personaje, que se reencuentra ahora con los anteriormente definidos vagamente como "intrusos"[21] de la casa, que se revelan, como ocurre en el film *Los otros* de Amenábar, aunque sin concretarse una verosimilización fantástica. Su presencia queda justificada sólo por el libre arbitrio del narrador. Se trata de sus hijos, Tomás y Noemí, y su esposa, "la única" (Aira 1992b: 75), Liliana, así llamados en la vida real del escritor.

El llanto es, decíamos, el relato de cómo la sintaxis del *zapping* y la aceleración de la televisión posmoderna acaba convirtiéndose "en este trabajo de escribir". La novela construye, como decíamos, una atmósfera en la que la hibridación de dos lenguajes es reivindicada como elemento central de su poética. Su presencia es densa y afecta a la teoría de la narración que la novela proyecta. En alguna ocasión se sugiere que la televisión es un archivo formal –"¿Acaso no entiendo los idiomas 'libro' y '"televisión"' que abren grandes perspectivas a mi soledad?"(Aira 1992b: 49). Y en otras, las más, se tematiza la televisión al hilo de un salto a lo real que se obtiene a partir de la desrealización de la realidad inicial por la vía del ingreso al presente televisivo. En esta novela, en esos pasajes entre la realidad y la ficción, la luz y, por ende, la materialidad de la visión, tienen una presencia decisiva:

> Es peor todavía: ni siquiera podría decir si es de día o de noche; en el departamento hay una luz gris, mínima, baja, pero muy visible. Debe de haber entrado en algún momento en que yo dormía. De modo que es el alba, y una de las violentas mareas de angustia me arranca de la cama (...)

---

21. Sin que podamos inferir si el narrador estaba refiriendo el término en un sentido figurado –intrusos como fantasmas que se cuelan en su pensamiento–, por lo que una vez más se da la literalización o transmutación de lo dicho en sentido figurado en realidad: "Un primer pensamiento matutino asoma en un suave rizo de imbecilidad: 'mi casa es mi castillo, como dicen los ingleses'. Encerrado, amurallado, soy libre de hacer mi voluntad. Puedo llorar, y puedo hacer presente: la noche que no es noche, el día que no es día, el sueño vigilia... El sueño inestable y problemático de los otros en la casa me hace momentáneo. Mi domicilio está lleno de intrusos" (Aira 1992b: 9)

me estoy moviendo como una marioneta, a tumbos, hasta volver a ver, y se confirma entonces la misma luz oscura por la que me desplazo (Aira 1992b: 8).

Pronto averiguamos que esa luz incierta proviene de otro elemento emisor: un televisor encendido que es descrito como una alucinación.[22] Más allá de la vulgaridad ridícula de esa visión, me importa señalar cómo la novela asocia esa atmósfera visual a la consolidación del "presente". Si hasta el momento en que tiene lugar la aparición, César Aira, el protagonista y narrador, deambula por la casa vuelto un "autómata del presente" (Aira 1992b: 8), bloqueado por un llanto "inexplicable" –"No puedo hacer un relato todavía..." (Aira 1992b: 9)– tras la visión de la alucinación se producirá un cortocircuito que dará origen al relato: la televisión interactuará con su llanto para que dé comienzo, funcionando entonces en la novela, no como obstáculo para la producción discursiva, sino como el elemento que la cataliza. De nuevo, la imagen televisiva es lo que permite el despliegue de la realidad de *El llanto*.

De manera que es la televisión la que proporciona un lenguaje al "llanto" para expresarse, su gramática sirve a la modificación de esa lógica de las "explicaciones" o de "lo simbólico" para poder, a partir de ese lenguaje híbrido entre lo visual y lo verbal –así lo teoriza el propio texto–, narrar "de espaldas al reino de las explicaciones". La imagen de esta "zambullida" implica un modo particular de ingresar a la narración. De nuevo leemos una figura que concita la fluidez del pasaje entre lenguajes, o entre mundos, y una resistencia, un transigir con la inercia desde un gesto que se opone, como si la mirada avanzase al revés del cuerpo. En el supermercado de *La prueba* la gramática de la imagen fotográfica importaba un cierto estatismo propio del lenguaje visual que implicaba una resistencia a lo simbólico, una torsión en el

---

22. "(...) y al salir a la sala, a su espacio enorme e inabarcable, aparece de pronto, el espejismo, en el centro de una perspectiva cuadrada. Yo siempre habría creído que la alucinación, cuando llegara (es decir, cuando me volviera loco y no fuera más dueño de mi pensamiento) sería un cuerpo pasando fugazmente ante mí, o adensándose en una fosforescencia opaca, una figura de lo súbito aliada a lo horrible. Esperada o no, sería sin duda 'lo que yo más temía', por lo tanto el objeto de un reconocimiento. / Y bien, no. Nada de eso (...) el espejismo consiste en un televisor encendido (...) Están pasando una vieja serie, Rin-Tin-Tin. Dentro de lo inexplicable, hay con todo una explicación firme, y es que el presente se sostiene, porque 'la televisión es el presente'" (Aira 1992b: 10).

ritmo del relato (Montoya Juárez 2008). Y a esta resistencia se le superponía, no la oclusión o la negación del relato, sino el ingreso en el texto de un relato tras el fin de "las explicaciones" a partir de una sucesión velocísima de imágenes delirantes impregnadas de visualidad televisiva. En *El llanto* la "zambullida de espaldas" supone el ingreso del personaje –"autómata del presente"– "– en el "presente" de lo televisivo, explicitándose la tecnología de la reproducción de las imágenes como un sistema de notación o documentación del presente y de la actividad artística en el contexto contemporáneo.

Si, formalmente, podríamos describir esta écfrasis de la televisión que abre El llanto como metatelevisiva (Mitchell 1994), en tanto describe a un individuo en el proceso o el acto de mirar televisión,[23] cuando analizamos el contenido de esa "alucinación" nos encontramos de nuevo ante una metaimagen, que reitera la idea de la necesidad de recurrir a un lenguaje visual para tomar la palabra o hacerse entender. En la pantalla dan un extraño episodio de la teleserie *Rin-Tin-Tin*.[24]

> Estoy en cualquier momento del episodio, y algo me dice que no tiene importancia... Pero se ha producido una crisis, alguien está en peligro, seguramente ese niño soldado, el amigo inseparable de Rin-Tin-Tin, y el perro está corriendo con desesperación por un desierto crepuscular... Cada segundo cuenta. Hay una vida en juego. El perro entra en una casamata donde unos soldados preparan café o sopa. Ladra, va de un lado a otro, se dirige a unos y a otros abriendo la bocaza en ladridos mudos (para mí). Ellos se ríen, siguen en lo suyo. (...) Rin-Tin-Tin se desespera y al fin emprende la tarea colosal de hacerse entender mediante una suerte de lenguaje de jeroglíficos (¿de dónde habrá sacado la idea?). (...) Gira en círculos, se sienta, mira, recomienza las "palabras" con una angustia creciente, sale corriendo por la puerta abierta, recoge una piedra con los dientes, viene a depositarla a los pies del soldado que prepara café, se mete abajo de la mesa, sale... (...) ese idioma (...) ¿no es en cierto modo la lengua de la alucinación?" (Aira 1992b:11-12).

---

23. Teniendo el aspecto objetual nuevamente de una instalación al estilo de la documentación del trabajo artístico que acompaña a determinadas películas de Man Ray, por ejemplo.
24. "En mi juventud he visto muchos capítulos de Rin-Tin-Tin y sé que no puede ser: a ese perro fiel y heroico, y sobre todo inteligente todos le dan crédito de inmediato, lo toman en serio (...) Hay una explicación, con todo, (...) los guionistas han fallado por una vez, han sacrificado la verosimilitud, la coherencia de la serie, para obtener un poco de suspenso extra (...)" (Aira 1992b:12).

De nuevo una imagen que reproduce la idea de acudir al lenguaje visual para superar los límites de la palabra, lo cual sigue remitiendo a la propia poética de la narrativa airiana, que como digo piensa la televisión como un archivo de lenguajes valioso para la documentación del presente de la escritura. A propósito de este afán documental de la experiencia artística y su relación con la tecnología Aira afirma en *Alejandra Pizarnik*:

> El documento surrealista es parte esencial del surrealismo. (...) Sólo en el presente de la creación la obra era arte: un instante después, no bien volvía a funcionar el yo crítico, se volvía huella muerta. El registro debía hacerse bajo todas sus formas, y ahí los surrealistas se adelantaron a su tiempo, o fueron en la cresta de la ola del avance tecnológico: magnetófono, fotografía, cine. Fantaseaban con aparatos que pudieran registrar sueños y estados paranormales; las máquinas que más les interesaban en la primitiva ciencia ficción eran las que producían registros documentales (Aira 2001: 33-34).

Como en la descripción que hace Breton en el *Manifiesto del Surrealismo* de 1924 de la escritura automática, en la novela de Aira se pone en primer plano la "velocidad" de la emisión –en este caso la emisión es televisiva– y la extensa duración y "continuidad ininterrumpida" de la misma, rasgos básicos del *continuum* de la "parrilla de la programación" (González Requena 1988). Resulta interesante en este sentido nuevamente vincular la gramática de la tecnología de la reproducción televisiva con la línea de sentido metaficcional que explica el método airiano. La adopción de los mecanismos constructivos del *continuum* televisivo se postula en la novela, combinándose la escritura automática y la posproducción posmoderna, como alegoría del "cambio de idea" que apuntala la poética de Aira (Contreras 2002) pero, pensamos, a la vez, como la expresión de una utopía ecfrástica, la de apresar el otro semiótico, el lenguaje otro de la televisión, cifrando en ese intento una cierta "presentatividad" visual (Gubern 2007) del presente.

Este deseo de una fuga hacia lo visual afecta también a los referentes que Aira propone como modelos de su arte, más que literarios, artísticos: Duchamp o Godard entre los principales. En esta novela, de nuevo, el diálogo también se da con lo pictórico. La metaimagen que describe ese salto al presente de lo televisivo, el tiempo que permite el relato, se compara con un cuadro de Dalí:

> Paso entonces por encima de todo lo que habría que comprender, paso como un rayo y me instalo del otro lado, donde creo haberlo entendido todo. Pero todo absolutamente, sin dejar resto alguno. Estoy en mi pequeño mundo de loco, encerrado en la concha nacarada de la alucinación que soy para otro, asomado a la penumbra de la puerta de la cocina a la sala como la joven de Dalí en la ventana, mirando un paisaje que es un televisor encendido- que por supuesto no existe. No es que haya buscado o haya encontrado las explicaciones, sino que ahora las explicaciones son mi lengua, mi idioma jeroglífico. Soy una explicación, una justificación, y todo lo que necesita algo de ese rubro viene a mí en una gran centrifugación. Por ejemplo, el llanto, del que surgió todo.
>
> El que ha llorado es otro, por supuesto (…) (Aira 1992b 13).

El narrador inserta una comparación por la que la escena del protagonista toma el cariz de una instalación artística. La referencia a la *Muchacha en la ventana*, su comparación con la metaimagen tematizada en *El llanto*, invita a pensar cómo, a diferencia de la distancia que impone la pintura daliniana en la mediación representada en la contemplación del paisaje, en la novela de Aira esta distancia ha desaparecido y es el propio narrador el que ha dado el salto al "cuadro". El presente es la televisión, a su vez, el objeto contemplado, y la ventana ha sido sustituida por la pantalla. La propia performatividad inscrita en la comparación pictórica implica en la escena descrita en la novela a ese otro que pinta el cuadro –"el que ha llorado es otro" (Aira 1992b: 13)–, pero en el caso de la novela ese otro ha saltado sobre el personaje, lo ha *ocupado*. Las imágenes del usuario del medio televisivo y el cuadro daliniano se refractan.

La televisión –se ha dicho– constituye también el núcleo de la mímesis de *El llanto* (García 2006). Desde esta primera aparición del aparato televisivo irá superponiéndose sobre una serie de tiempo –el tiempo del insomnio– otro tiempo, el tiempo del relato o el de la historia de ese llanto, intersectada por lo massmediático. La pantalla del televisor actúa en la novela como un *medium* que pone en relación universos a priori incomposibles. De ahí que los personajes televisivos fluctúen y reaparezcan en planos heterogéneos. El perro protagonista de la serie, por ejemplo, Rin-Tin-Tin, salta de la ficción televisiva a la realidad de la ficción de *El llanto*. A la inversa, la identidad del narrador y todo el verosímil narrativo serán subsumidos por la televisión. El protagonista cena en un restaurant en compañía de la actriz "Laura Premondini, la estrella, que pasaba en ese momento por el punto más alto de su popularidad gracias a un programa de televisión" (Aira 1992b: 20). El salto al interior de lo televisivo encuentra de nuevo su literalización, cuando el narrador desliza la anécdota de haber compartido mantel con esta actriz de televisión.

Otro elemento vinculado a esta interferencia de la imagen que el texto construye como forma de acceso a lo real es la violencia en su función retórica: en este pasaje de la novela un pez resucitado salta al escote de Laura para devorar sus senos y, simultáneamente, del otro lado del juego de espejos a través de los que se percibe la escena, tiene lugar un tiroteo: el asesinato del primer ministro argentino a cargo de Isso Hokkama, amante de su esposa, y la huida de ambos, aprovechando el estallido de una bomba explosionada como maniobra de distracción, que destruye el restaurante en que se encuentran. En este instante el texto invoca nuevamente bajo écfrasis la descripción de una escena en la que se hace referencia al marco de las viñetas sucesivas de cada fotograma, remarcando así la cualidad mediática del referente de lo narrado y, a la vez, haciendo estallar el verosímil para contribuir formalmente al *zapping* entre la novela del adulterio y la película de acción o de espionaje, estableciendo un corte entre ambas escenas y haciendo ingresar un nuevo programa o género massmediático:

> Mi "cadena" visual privada, los espejos a los que la nueva iluminación daba una cualidad de cóncavos, precipitaron sobre mí un episodio alucinante. En el preciso instante de la bomba, que él, quién si no, había puesto, Isso se levantó de su mesa con una gigantesca pistola en la mano, dio media vuelta, dos pasos, levantó el brazo apuntando a una mesa donde se hallaba... (todo esto yo lo veía como la sucesión de cuadritos de una historieta, porque los espejos se habían movido, y ampliaban el doble el campo de mi visión)... el Primer Ministro... y vaciaba el cargador, con la seguridad de un profesional.... Un parpadeo, y el asesino había desaparecido, y Claudia también (Aira 1992b:28).

La novela puede en ese sentido pensarse formalmente como una emisión defectuosa y compleja de lo televisivo vuelta lenguaje verbal o como la traducción o puesta en relato de todos los avatares que rodean la transmisión televisiva entendida como un continuo, incluyéndose, claro está, el proceso de su recepción. Podríamos afirmar junto a Mitchell que la novela puede describirse como un tipo específico de texto híbrido o "texto imagen" ("image-text"; Mitchel 1994), un artefacto "transmedial" (De Toro 2006), una ficción autoconscientemente televisiva. Desde el punto de vista del contenido, como hemos tratado de mostrar en nuestro análisis, la televisión atraviesa no sólo el plano de la ficción del relato mediante la inserción de piezas o elementos extraídos de su archivo de ficciones en la vida ficticia del personaje protagónico, sino que, instalado en el presente, del otro lado de la "película cristalina del llanto", donde no son exigidas las explicaciones, el personaje que narra la historia acaba imbricando su vida con el espectáculo televisivo, partícipe de una existencia entre la ficción televisiva y la ficción de la realidad como "usuario" de la televisión.

Alrededor de referencias a la pantalla del televisor como espejo de Alicia, se sugiere, en ocasiones metafóricamente, en otras de manera literal, un continuo pasaje entre planos, proyectando una concepción fluida de lo real y una forma de experiencia que no encuentra asideros para ubicarse fuera de la aceleración y heterogeneidad de la virtualidad massmediática. El texto parece cuestionar la afirmación del narrador, "nadie puede vivir sin una historia", disolviendo los elementos que anclarían a un referente esa historia bajo un verosímil estable, siquiera fantástico o absurdo, y eludiendo toda construcción que suponga una "forma simétrica, climática y jerarquizada" (García 2006: 15). La historia se da, aunque, como ha señalado la crítica, problematizada en su devenir lineal por toda una serie de procesos de "simultaneización y por elementos que desafían, en su imposibilidad de recuperación narrativa, toda ley de economía textual" (García 2006: 16); y sin embargo este "deshacerse" en términos hassanianos o, dicho en términos airianos, este abandono de la sustancia genérica que daría consistencia a la historia o al mundo construido, esa renuncia a organizar la representación sin llegar del todo a renunciar a sus parámetros, forma parte de la afirmación optimista –que en *El llanto* hemos tratado de leer– de un método para documentar algo del presente en su inmediatez empleando el lenguaje de la tecnología de reproducción y producción de las imágenes contemporáneo a la escritura novelesca.

En ese sentido afirmamos que *El llanto* plantea un experimento de documentación de un presente[25] que gira alrededor del simulacro tele-

---

25. De hecho uno de los géneros que invoca el texto es el de documental sobre naturaleza (el "documental de animales") y la divulgación etnográfica.

visivo y que se resiste a ser representado[26] en términos de una ordenación causal, siendo referido o visualizado en las novelas como una acumulación de espectáculos dejados atrás en el ingreso a un nuevo plano de verosímil. Una documentación que también es "en presente", o a través de un lenguaje artístico conformado por materiales vinculados al más inmediato presente. Un método que se inserta en una percepción del tiempo instaurada por las experiencias de "la simultaneidad, la instantánea y el flujo del *sensorium* audiovisual" (Martín-Barbero 2004: 27).

A MODO DE CONCLUSIÓN

En muchas novelas de Aira desde muy diferentes premisas y combinando hipotextos genéricos estructuradores muy diversos –nos referimos a textos tales como *Embalse, La guerra de los gimnasios, El sueño, Un sueño realizado, La princesa primavera, Yo era una chica moderna, Yo era una niña de siete años, Los misterios de Rosario, El pequeño monje budista, Las conversaciones, El congreso de literatura, Las aventuras de Barbaverde*, y muy particularmente,[27] en *La mendiga*–, podemos leer un grado de desapasionamiento respecto del hecho televisivo que remite a un cambio de paradigma en el tratamiento del simulacro que venimos describiendo, y que podríamos vincular con la idea de "cotidianización de la espectacularidad del espectáculo" (Becheloni 1990) o su "rutinización", que confiere a la televisión una función "bárdica" en tanto productora de historias, como "televisión-narración" (Becheloni 1990), "un utensilio" que simplemente "penetra en

---

26. Las referencias al contexto político sin embargo aparecen, como hemos señalado, en las novelas de Aira como una irónica marca de agua en el papel. Quizás en *El llanto* de un modo más obvio que en otras novelas: "Lo único que podía sacar en limpio, porque lo repetían los canales de televisión, (…) era que el presidente Menem había reincorporado la suma de poder público, y se había declarado el estado de sitio... Pero esas cosas no afectan por lo general a la vida cotidiana de la gente" (Aira 1992b: 31). Referencias a los efectos de la hiperinflación del período en que se escribe la novela también se dan en *El llanto*: "Con la crisis había una cantidad fantástica de propiedades en oferta, y no se vendía casi nada. El consejo del corredor que consulté fue bajar el precio (qué divertido) de modo de atraer a los inversionistas, que abundan en momentos de perturbación económica" (1992b: 65).
27. Al girar toda la novela temáticamente alrededor de la televisión, su funcionamiento y las relaciones e inclusiones mutuas entre la realidad y la ficción

los ritmos de vida" (Becheloni 1990: 56). El efecto de inmediatez y la textura televisiva, melodramática y vulgar, que presentan estas novelas podemos leer una aproximación al fenómeno televisivo quizás inédita en el contexto narrativo rioplatense, que no sólo proyecta lo televisivo como hecho consumado (Montaldo 2005), sino que está produciendo un efecto de real como un *continuum* entre distintos niveles de realidad-ficción, haciendo funcionar a los medios en el interior de las novelas antes que como agentes para la desrealización, como productores de realismo.

En conclusión, la presencia de la tecnología mediática desempeña en la narrativa de Aira un papel complejo: contribuye a referir un concepto de real contemporáneo compuesto de capas superpuestas de ficción y mundos incluidos, conectando con la complejidad e implosión de la iconosfera massmediática de los años noventa, y con la filosofía leibniziana, pero al hacerlo no pone el énfasis en la articulación de una nostalgia de un real previo al simulacro, sino en la voluntad de referir desde él a una experiencia de real contemporánea mediada por los medios de masas. Es importante señalar, como sugería Montaldo (2005) la actitud desapasionada hacia el hecho consumado de la televisión, haciendo ingresar a la novela una etnografía del tiempo destinado a su consumo, una descripción del plano de la vieja realidad que Baudrillard contempla como una naturaleza muerta frente a la realidad vivaz del simulacro (1988).

Ni apocalípticas ni integradas, el concepto con el que describir la relación entre el *sensorium simulacional* y sus tecnologías en las novelas de Aira podría ser el de una *simbiosis*. Como señala Becheloni, "(…) la mayor parte de las reflexiones y de los conceptos con los que seguimos razonando sobre televisión es, en cambio, tributaria de los efectos del primer impacto" de la televisión, entre los ochenta y noventa "los que escriben sobre televisión" pertenecen a "generaciones que no son hijas de la televisión", y no pertenecen a la generación que tras "una primera socialización (…) ha sentido fuertemente la influencia de la televisión (…) porque la televisión ha intervenido de modo arrollador y se ha introducido establemente en el horizonte cultural de la persona (…)" como ocurre con la mayoría –prosigue Becheloni– de "los que han nacido a caballo de los sesenta y después (…)" (Becheloni 1990: 55). Las afirmaciones de Becheloni son coetáneas a la escritura de *El llanto* y, aunque habría que precisar cuál es el lugar de enunciación de su discurso, en cualquier caso, podríamos decir, Aira –nacido en 1949– es pionero en este tipo de aproximación narrativa a lo televisivo en la tradición rioplatense, que en este sentido diverge de la tematización o anticipación del simulacro en una tradición que arranca de Borges y, sobre todo, de Bioy Casares y que se continúa hasta la novelística de Ricardo Piglia. La simbiosis desapasionada de la literatura con lo televisivo de Aira constituye una aproximación al conflicto entre la escritura y el simulacro que está, definitivamente, más allá de la nostalgia, marcando una constante cada vez más habitual en la narrativa de nuestro presente.

Bibliografía

Aira, César (1991): *Copi*. Rosario: Beatriz Viterbo.
— (1992a): "El abandono". En: *La hoja del Rojas*, nº 39. Buenos Aires, septiembre.
— (1992b): *El llanto*. Rosario: Beatriz Viterbo.
— (1995): "La innovación". En: *Boletín/4*, Centro de Estudios de Teoría y Crítica Literaria, Rosario: Universidad Nacional de Rosario, abril, 27-33.
— (1998): *Alejandra Pizarnik*. Rosario: Beatriz Viterbo.
— (2001): *Alejandra Pizarnik*. Barcelona: Omega.
— (2002 [1992]): *La prueba*. México: Era.
Arriba, Laura de (1996): "Raras ficciones nuevas". En: *Revista Celehis*, año 5, nº 6/7/8, vol. 2, Universidad Nacional de Mar del Plata, 243-267
Baudrillard, Jean (1994): *El otro por sí mismo*. Barcelona: Anagrama.
Bechelloni, Giovanni (1990): "¿Televisión-Espectáculo o Televisión-Narración?". En: Anceschi, L. (ed.): *Videoculturas de fin de siglo*. Madrid: Cátedra, 55-63.
Bioy Casares, Adolfo (2007): *La invención de morel. El gran Serafín*. Trinidad Barrera (ed. y pról.). Madrid: Cátedra.
Bolter, Jay/Grusin, Richard (2000): *Remediation: Understanding the New Media*. Cambridge: MIT Press.
Booth, Wayne C. (1992): *Retórica de la ironía*. Madrid: Taurus.
Bratosevich, Nicolás (1997): *Ricardo Piglia y la cultura de la contravención*. Buenos Aires: Atuel.

Brown, Andrew (2007): "Tecnoescritura: literatura y tecnología en América Latina". En: Brown, Andrew (coord.): *Tecnoescritura: literatura y tecnología en América Latina*, número monográfico de *Revista Iberoamericana*, n° 221, octubre-diciembre, Universidad de Pittsburgh, 735-741.

Bürger, Peter (1997): *Teoría de la vanguardia*. Barcelona: Península.

Calinescu, Matei (1991): *Cinco caras de la modernidad: modernismo, vanguardia, decadencia, kitsch, posmodernismo*. Madrid: Tecnos.

Cohen, Marcelo (2003): *¡Realmente fantástico! Y otros ensayos*. Buenos Aires: Norma.

Caparrós, Martín (1989): "Nuevos avances y retrocesos de la nueva novela argentina en lo que va del mes de abril". En: *Babel*, n° 10, julio. Disponible en: <http://hablandodelasunto.com.ar/?p=15745>.

Contreras, Sandra (2002): *Las vueltas de César Aira*. Rosario: Beatriz Viterbo.

De Toro, Alfonso (2006): "Hacia una teoría de la cultura de la 'hibridez' como sistema científico 'transrelacional', 'transversal' y 'transmedial'". En De Toro, Alfonso (ed.): *Cartografías y estrategias de la "posmodernidad" y la "postcolonialidad" en Latinoamérica: "Hibridez" y "Globalización"*. Madrid/Frankfurt: Iberoamericana/Vervuert, 195-242

Debord, Guy (1967): *Society of Spectacle*, The Situationist International Text Library, (trans. 1977). En: <http://library.nothingness.org/articles/SI/en/pub_contents/4> [abril, 2008].

Fernández, Macedonio (1996): *Museo de la Novela de la Eterna*. Buenos Aires: Corregidor.

Fornet, Jorge (2007): *El escritor y la tradición: Ricardo Piglia y la literatura argentina*. Buenos Aires: Fondo de Cultura Económica.

Foster, Hal (2001): *El retorno de lo real*. Madrid: Akal.

García, Mariano (2006): *Degeneraciones textuales, los géneros en la obra de César Aira*. Rosario: Beatriz Viterbo.

González Requena, Jesús (1988): *El discurso televisivo: espectáculo de la posmodernidad*. Madrid: Cátedra.

González, Aníbal (2012): "Adiós a la nostalgia". En: *Revista de Estudios Hispánicos* 46, 83-97.

Gubern, Román (2007): *Del bisonte a la realidad virtual: la escena y el laberinto*. Barcelona: Anagrama.

Haraway, Donna (1991): "A Cyborg Manifesto". En Haraway, D.: *Simians, Cyborgs and Women: The reinvention of Nature*. London: Free Association Books, 148-181.

Hayles, Katherine (1999): *How We Became Posthuman: Virtual Bodies in Cybernetics, Literature and Informatics.* Chicago: University of Chicago Press.

Horne, Luz (2005): "Introducción". En: Ludmer, Josefina (dir.): *Hacia un nuevo realismo: Caio Fernando Abreu, César Aira, Sergio Chejfec y Joâo Gilberto Noll. A dissertation in candidacy for the Degree of Doctor of Philosophy.* Tesis (Ph. D.), Yale University.

Hutcheon, Linda (1995): *Irony's Edge: the Theory and Politics of Irony.* London/New York: Routledge.

Huyssen, Andreas (1994): "De la acumulación como *mise en scène*: el museo como medio masivo". En: *Criterios*, La Habana, enero-junio, 151-176.

Jameson, Fredric (2005): *Archaeologies of the Future.* London/New York: Verso.

Johnston, John (1998): *Information Multiplicity, American Fiction in the Age of Media.* Baltimore: Johns Hopkins University Press.

Lévy, Pierre (2008): "El tiempo real, una velocidad trascendental", entrevista por Patrick Javault. En: *Antroposmoderno*, agosto, <http://www.antroposmoderno.com/word/eltiemporeal.doc>.

Ludmer, Josefina (2007): "Literaturas postautónomas". En: *Ciberletras: Revista de crítica literaria y de cultura*, nº 17, <http://www.lehman.cuny.edu/ciberletras/v17/ludmer.htm>.

Martín-Barbero, Jesús (2004): "Nuevos regímenes de visualidad y des-centramientos culturales". En: Rodríguez-Carranza, L./Nagle, M. (eds.): *Reescrituras.* En: Amsterdam/New York: Editions Rodopi, 19-40.

Mitchell, W. J. Thomas (1994): *Picture Theory: Essays on Verbal and Visual Representation.* Chicago/London: University of Chicago Press.

Montaldo, Graciela (1998): "Borges, Aira y la literatura para multitudes". En: *Boletín/6*, 10, 7-17. Disponible en: <http://www.celarg.org/int/arch_publi/montaldob6.pdf>.

— (2005): "Un caso para el olvido: estéticas bizarras en la Argentina". En: *Revista El Matadero*, segunda época, nº 3, Corregidor/Universidad de Buenos Aires, 37-50.

Montoya Juárez, Jesús (2008): *Realismos del simulacro: imagen, medios y tecnología en la narrativa del Río de la Plata.* Tesis doctoral. Director. Ángel Esteban, <http://digibug.ugr.es/handle/10481/2067>.

Mora, Vicente Luis (2012): *El lectoespectador*. Barcelona: Seix Barral.
Noemí, Daniel (2004): *Leer la pobreza en América Latina: literatura y velocidad*. Santiago de Chile: Cuarto Propio.
— (2008): "Y después de lo post, ¿qué? (Realismos, vanguardias y mercado en la narrativa hispanoamericana del siglo xxi)". En: Montoya Juárez, Jesús/Esteban, Ángel (eds.): *Entre lo local y lo global: la narrativa latinoamericana en el cambio de siglo*. Madrid/Frankfurt: Iberoamericana/Vervuert, 83-98.
Paz Soldán, Edmundo/Castillo, Debra (2001): "Beyond the Lettered City". En: *Latin American Literature and Mass media*. New York/London: Garland Publishing, 1-18.
Piglia, Ricardo (2001 [1980]): *Respiración artificial*. Barcelona: Anagrama.
— (2003 [1991]): *La ciudad ausente*. Barcelona: Anagrama.
Poster, Mark (1990): *The Mode of Information*. Oxford: Polity Press.
Prieto, Julio (2009): "'¡Realmente fantástico!' Notas sobre distopía y ciencia-ficción en el Río de la Plata". En: Montoya, Jesús/Esteban, Ángel (eds.): *Miradas oblicuas en la narrativa latinoamericana contemporánea*. Madrid/Frankfurt: Iberoamericana/Vervuert, 57-76.
Quintana, Isabel (2001): *Figuras de la experiencia*. Rosario: Beatriz Viterbo.
Remón-Raillard, Margarita (1999): "La fábula metatextual en El llanto de César Aira". En: *Tigre*, 10. Université Stendhal, Grenoble, 143-192.
Schollhamer, Karl Erik (2013): "Realismo afetivo: evocar realism além da representaçao". En: *Estudios de literatura brasilera contemporânea*, 39, Brasilia, enero-junio, 59-68.
Speranza, Graciela (1995): *Primera persona. Conversaciones con quince narradores argentinos*. Buenos Aires: Norma.
Villanueva, Darío (2004): *Teorías del realismo literario*. Madrid: Biblioteca Nueva.

Silvia Galvis heredera de la tradición massmediática de Manuel Puig. De *Boquitas pintadas* a *Sabor a mí*

Virginia Capote Díaz
Universidad de Granada

En las últimas décadas los Estudios Culturales han fomentado el análisis de la manera en que las formas populares de la cultura de masas han permeado los textos de ficción. Desde esta perspectiva, han sido examinadas obras literarias que en sus orígenes fueron rechazadas y que contaron con escasa aceptación en el mundo de la crítica por el hecho de presentar amalgamas y fusiones entre la escritura y elementos considerados como "menores", dando lugar a productos que difieren de la "alta cultura" (Amar Sánchez 2008: 87).

En este sentido, en la década de los sesenta, aparece en la escena literaria del Río de la Plata la obra del argentino Manuel Puig, uno de los máximos representantes en lengua española de la introducción del lenguaje de los medios y de la hibridez genérica en los textos. Es una de las grandes figuras del llamado *postboom* de la literatura hispanoamericana, que ya desde sus primeras publicaciones, *La traición de Rita Hayworth* (1968) y *Boquitas pintadas* (1969), demuestra una estética novedosa que permite un nuevo modo de acercamiento a la crítica político-social del momento basado, paradójicamente, en la ignorancia al sistema y en la búsqueda escapista de nuevas realidades.

En medio del contexto de la posmodernidad, caracterizada, entre otros muchos factores, por la superación de la tradición anterior a través de elementos de fragmentación temática y estilística, así como por el cuestionamiento de los principios básicos en los que se había basado la teoría moderna,[1] Puig avanza en un nuevo estilo de narrativa inédito hasta el momento, en el que el elemento artístico representante de la "alta cultura" da paso a otro característico y más próximo a la cultura de masas.

A partir de estos parámetros escribe su segunda novela, *Boquitas pintadas*, publicada emulando las entregas periódicas de folletines en prensa a través de 16 de ellas, en las que combina la manera tradicional narrativa con todo un caudal paratextual que refuerza las estrategias posmodernas que el escritor argentino lleva a cabo. Así, para escribir la trama elabora todo un tejido narrativo hipertextual que se mueve en dos direcciones: por una parte, toda una serie de referencias ecfrásticas al cine de Hollywood, a las radionovelas y a la música popular latinoamericana, funcionando éstas como elementos de representación de todas y cada una de las culturas que forman parte de la narración; y por otra, todo un caudal de elementos discursivos alternativos tales como cartas, fragmentos de diarios personales, expedientes, publicaciones de revistas y diálogos, que presentados de manera fragmentada y entrópica invitan al lector a la reconstrucción de la historia. De esta manera, referencias al séptimo arte, al teatro, al tango y al bolero, así como las numerosas variantes narrativas que aparecen dan lugar a una potente hibridez textual, que es un símbolo de la misma mezcolanza en el plano sociológico de la novela.

El objetivo de nuestro ensayo es el de relacionar las trayectorias literarias de dos escritores separados tanto por la distancia generacional como por la geográfica, y unidos, sin embargo, por un mismo modo de innovación en la escritura de sus novelas. El primero de ellos es, como venimos diciendo, Manuel Puig, uno de los pioneros en América Latina de este tipo de discurso. La segunda autora que nos concierne, menos reconocida a nivel internacional, es Silvia Galvis,[2] colom-

---

1. Los textos que aquí tratamos son deudores de esta tradición posmoderna, caracterizada por sus postulados "perspectivistas" o "relativistas" en los que actúa un "sujeto social" y "lingüísticamente fragmentado y descentrado" y en los que el objetivo es la desacralización de los discursos dominantes (Ballesteros 1995: 350-351).
2. Para más información sobre la trayectoria literaria de Silvia Galvis ver Capote-Díaz (2011).

biana y nacida en Bucaramanga en 1945.[3] Teniendo en cuenta el difícil contexto de guerra y violencia que ha vivido Colombia desde casi el inicio de su historia y, de manera mucho más evidente, desde principios del siglo XX, observamos cómo la mayor parte de los escritores se ha dedicado a llevar a cabo una descripción de la realidad en sus obras de manera directa, dejando a un lado tendencias literarias más festivas que centran su atención en la presencia de la cultura de masas. Si bien es cierto que a partir del final de los noventa han surgido escritores, sobre todo en el contexto temático del narcotráfico, que han puesto su atención en la importancia del melodrama y lo tele-novelesco, no podemos decir que encontremos en el país andino una corriente homogénea y densa de la que partir, en este sentido, por los motivos histórico-políticos que hemos referido. Desde este punto de vista, tiene especial importancia la dinámica llevada a cabo por Silvia Galvis en sus obras, precursora de este tipo textual que es capaz de incurrir en un nuevo tipo de denuncia al sistema de violencia basado en otra forma de discurso más cercano a lo paródico.

---

3. Silvia Galvis Ramírez (1945-2009) es licenciada en Ciencias Políticas en la Universidad de los Andes. Dedicada al periodismo, forma parte de los periódicos *Vanguardia Liberal* y *El Espectador*, y de la revista *Cambio*. Su gran motivación para la escritura es la denuncia contra la corrupción de los procesos históricos colombianos. Tras su andadura periodística, y tras realizar algunas incursiones en el mundo de la crítica histórica como coautora de obras como *Colombia Nazi* (1986) y *El jefe supremo. Rojas Pinilla en la violencia y el poder* (1988), comienza a irrumpir en el mundo de la ficción con textos híbridos entre el periodismo y la ficción. En 1993, publica *Vida mía*, un compendio de testimonios de mujeres colombianas con el que pretende fomentar la participación de la mujer en la trayectoria político-social colombiana. Asimismo, en 1996, realizó una contribución a la figura del Nobel colombiano con la publicación de *Los García Márquez*, una agrupación de entrevistas y documentos inéditos del autor de *Cien años de soledad*. Su inmersión definitiva en el mundo de la ficción viene de la mano de *¡Viva Cristo Rey!*, publicada en 1991, novela que viene a representar, desde un enfoque femenino, el período de enfrentamientos fratricidas entre liberales y conservadores propios del período posterior a la Guerra de los Mil Días en Colombia. Tres años más tarde verá la luz *Sabor a mí*, su segunda obra de ficción y novela objeto de nuestro estudio. En el año 2000 sale publicada la obra *Soledad, conspiraciones y suspiros*, basada en el mítico presidente de Colombia Rafael Núñez por medio de la figura de su esposa, Soledad Román. En 2006 se acerca al ámbito del narcotráfico con la publicación de la novela negra *La mujer que sabía demasiado*. Finalmente, en 2009, año de su muerte, aparece *Un mal asunto*, novela de tono policíaco en la que se investiga acerca del asesinato de una parlamentaria a través de su tradicional combinación en su narrativa de la realidad y la ficción.

Así, parangonaremos a Galvis con Puig mediante su segunda novela, *Sabor a mí*, que aparece en el mercado en 1994 y que reproduce, e incluso, prolonga y desarrolla, muchas de las estrategias narrativas que el escritor argentino ensaya en su novelística.

De esta manera, continuando la estela iniciada en la primera, Silvia Galvis constituye una obra articulada a través de la creación de un cosmos predominantemente femenino en el que los temas sustanciales, como viene haciendo con sus creaciones, son un período concreto de la historia en Colombia, la violencia y las desigualdades, ya sean éstas entre sexos, razas o entre clases sociales.

Sabor a mí es relevante para nuestro estudio tanto por su temática, como por las innovaciones formales que utiliza introduciendo explícitamente la cultura massmediática en sus estrategias de narración. De esta manera, y suponiendo una ruptura en cuanto a la forma tradicional de denunciar una realidad histórica enfangada por la guerra y los enfrentamientos sociales, Silvia Galvis elabora un artilugio literario, basado en la parodia, la ironía y el desenfado que funcionará como un nuevo acercamiento a la Violencia[4] colombiana.

Ana Peralta, una sagaz joven de diez años de edad, impactada por la película *El diario de Ana Frank*, y motivada por una inquietud interior que la hace destacar del núcleo social en el que se mueve, se propone escribir un diario como recurso para triunfar en la vida y alcanzar la fama que tan tarde le llegó a su tocaya judía. Pero al empezar a hacerlo, se percata de que su trayectoria vital está irremediablemente ligada a la de su mejor amiga, Elena Olmedo, por lo que la redacción del diario acaba convirtiéndose en un proyecto conjunto entre las dos niñas. Este hecho regirá la disposición y la estructura posterior del relato, pues se articulará mediante la alternancia de estas dos voces narrativas protagónicas a lo largo de los capítulos que lo conforman.

Ana Peralta pertenece a una familia liberal de la clase alta colombiana, en un pueblo o pequeña ciudad no indicada dependiente de Bogotá. Su padre Rodrigo Peralta, es un reconocido doctor, y su madre, María Cristina de Peralta, se pasa el día en un club social con sus ami-

---

4. Período de la historia colombiana que va de 1948, año del asesinato del líder liberal Jorge Eliécer Gaitán, candidato a las elecciones presidenciales, hasta 1965, cuando se produce el inicio de la formación de los primeros grupos guerrilleros. A este período de enfrentamientos políticos y sociales caracterizados por el feroz derramamiento de sangre, se le ha denominado la época de la Violencia.

gas, devorando compulsivamente novelas melodramáticas y dando órdenes de moralidad a sus hijos (a Ana y a su hermano Federico). Se trata de una familia detractora del régimen político de Laureano Gómez y en la que dominan ideas claramente anticlericales. Dichas actitudes son asimiladas y continuadas por Ana, que se muestra férrea e inflexible ante ideologías antitéticas que observa en otras personas. Así, por ejemplo, rechaza la amistad de su prima Susana, que ennoviada con un chico conservador, se opone radicalmente al modo de pensar de su familia de origen.

Una figura importante en la casa de los Peralta es Trini, la criada-niñera, que lleva una trágica historia personal a sus espaldas y que actúa como una suerte de centro neurálgico afectivo en la casa, concretamente para Ana, la protagonista. Es con Trinidad con el personaje a través del cual se configuran la mayor parte de los diálogos que tienen lugar en la casa de los Peralta. Se trata de una persona alegre, desenfada y cariñosa que llena de comicidad los fragmentos del texto en los que aparece y que se encarga de suplir las carencias afectivas a las que da lugar María Cristina de Peralta. No en vano, al final de la novela, será ella quien, después de la catástrofe familiar que sufre Ana motivada por el abandono de su madre, se constituya como "la única amiga que [le] queda" (283).

Por el contrario, Elena Olmedo proviene del seno de una familia conservadora cuyo padre, Octavio Olmedo, aparece en la historia como el jefe del directorio conservador, bebedor habitual, infiel y maltratador de su mujer, María Elena Linares de Olmedo, una belleza inusitada que, a pesar de sus circunstancias, mantiene con firmeza las apariencias ya que, según las malas lenguas, también anda en escarceos románticos con Rodrigo Peralta. Conviven con su tía Lucrecia, una mujer mayor y soltera; metomentodo e insolente que quedó trastornada por el trauma que le produjo una relación frustrada a los dieciocho años de edad. Si Ana es emprendedora, soñadora, contestataria y rebelde, Elena se caracteriza más por la asunción de las normas establecidas que tanto su familia como, incluso, su propia amiga y el orden religioso que impera en la escuela (que no es sino un trasunto de la realidad cultural del país), le van imponiendo en su vida diaria. Así, reduce sus inquietudes a convertirse en reina de la belleza y en cultivar, para ello, los encantos físicos que ha heredado de su madre. Es por este motivo por el que no siente motivación por seguir estudiando, pues ella cree que, como su padre indica, "no hay nada más detestable en este mundo que una mujer metida a hombre [...] Las mujeres sabihondas son peores que los hombres ignorantes" (19).

Así, mientras Ana defiende su valía como persona ante las injusticias que sufre, sobre todo por parte de los educadores en el colegio, Elena se configura como un ser pusilánime y conformista que acaba inmiscuyéndose en la mediocridad y el sometimiento que le imponen los que la rodean.

El período histórico en el que se circunscribe la novela abarca exactamente los cinco años que van desde la irrupción en el poder de Rojas Pinilla y la llegada de Alberto Lleras Restrepo, un lapso temporal caracterizado por el caos, la inestabilidad y los dudosos intereses personales de los dirigentes que ocupan los altos cargos políticos. Es éste el momento en el que comienza a fraguarse una transición entre los tradicionales enfrentamientos entre liberales y conservadores que hasta ahora habían marcado la trayectoria política y social de la vida colombiana y que comienza a marcar el rumbo de lo que será la nueva problemática iniciada por el Frente Nacional, es decir, la separación radical en cuanto a intereses, y el enfrentamiento directo entre la oligarquía y las clases socioeconómicas más desfavorecidas. No en vano, esta escisión de la sociedad queda plasmada en la novela de manera clarividente debido a la axiomática diferenciación que la autora representa en cuanto a las jerarquías sociales. Así, vemos claramente que aparece un vacío de la clase media, siendo las grandes protagonistas del relato la clase alta y las criadas de las casas a las que atienden.

Manuel Puig sitúa *Boquitas pintadas* en la Argentina del peronismo de los años cuarenta, en Coronel Vallejos, trasunto literario de su natal General Villegas. Al igual que ocurre posteriormente con *Sabor a mí*, Puig traza un mapa social de la provincia de Buenos Aires donde desarrolla la acción a través de toda una urdimbre de historias amorosas acaecidas alrededor del personaje de Juan Carlos Etchepare, de tintes donjuanescos y aquejado de una tuberculosis que lo llevará a la muerte. Éste mantiene relaciones amorosas con Nené (Nélida Fernández de Massa), Mabel (María Mabel Sánchez) y la viuda Di Carlo (Elsa Di Carlo), que le propone una estancia en Cosquín para tratar de curar su enfermedad. A la misma vez, el resto de personajes representantes de clases sociales inferiores dan lugar a otras formas de relación y repercusión social, como ocurre con Pancho (Francisco Catalino Páez) y Raba (Antonia Josefa Ramírez), quienes acaban concibiendo un hijo ilegítimo y cometiendo un crimen pasional.

Boquitas pintadas y *Sabor a mí*. Una aproximación a los textos desde el lenguaje massmediático

Como hemos indicado, el gran rasgo común de ambas novelas recae en la trasgresión tanto temática como formal en cuanto a la presentación de los instrumentos de la narración, lo cual lleva a estos escritores a ofrecer una nueva vuelta de tuerca en la concepción de la novela. Desde el punto de vista de la temática, resulta relevante señalar la presencia de toda una serie de motivos representantes de la cultura de masas.

Si tenemos en cuenta la novela de Galvis, *Sabor a mí*, además de la historia personal de los personajes, narrada, como hemos indicado, por las voces alternantes de Ana y Elena, la trama se entremezcla con un foco de acción secundario que queda constituido por la radionovela *El derecho de nacer*. Ésta es una novela real, cubana, escrita por Félix B. Caignet, que cuenta la historia de una tradicional y rica familia de La Habana, la familia Junco, de principios del siglo XX. El protagonista principal es el Dr. Alberto Limonta, hijo ilegítimo de María Elena del Junco, que llega a ser un reconocido doctor y que trata de cambiar el destino de una chica que, en las mismas circunstancias que se vio su madre décadas atrás, acude a la consulta con la idea de acabar con su embarazo. Es a través de la conversación con su paciente como cuenta la historia de su vida y su familia. Al quedar su madre embarazada de Alfredo Martínez, éste le pide que se libere del hijo que espera, pues se niega a contraer matrimonio debido al odio existente entre las dos familias por motivos políticos en relación con la independencia de Cuba.

Se trata un elemento narrativo que ofrece mucho juego a la hora de explicar las convenciones sociales, ideológicas y educacionales que imperaban en la sociedad del momento. Para empezar, la radionovela constituye un elemento social que homogeneiza, con una función a la que podemos denominar como democratizadora, la totalidad del universo femenino que determina la estructura del relato. De esta manera, se convierte en una cita obligada e, incluso, en un referente vital, tanto para las mujeres de la clase alta, como para las señoras dedicadas al servicio del hogar; tanto para las adultas, como para las niñas, a pesar de ser, para estas últimas, un obstáculo que superar en cada una de las emisiones, o un motivo de alianza con la criada.

El derecho de nacer no sólo se corona como el favorito de los temas de conversación entre las refinadas damas del exquisito club social, sino que también viene a sacar a relucir muchos de los tabúes sociales que, de alguna manera, lacran la libertad de pensamiento de la sociedad del momento histórico que se representa. Así, por ejemplo, dicha radionovela se configura con temas tan escandalosos para las élites sociales colombianas del momento como la concepción de hijos ilegítimos, las relaciones carnales antes del matrimonio o, incluso, la posibilidad de interrumpir voluntariamente un embarazo que ha sido gestado en el seno de una situación pecaminosa. Por el reverso contrario, la radionovela también funciona como referente de los sectores menos conservadores y más desfavorecidos, es decir, las hijas bastardas o aquellas que no encuentran en el matrimonio el único objetivo vital que perseguir. Desde esta perspectiva, Trinidad afirma: "Por eso es que a mí me gusta tanto *El derecho de nacer*, niña, ahí no se casa nadie. Ni María Elena del Junco, ni Mamá Dolores" (149).

Desde el punto de vista argumental, el fluir de la trama principal y el referido a la radionovela es paralelo y funciona a modo de simbiosis, pues el significado social de uno, enriquece el del otro y viceversa. Además, es un elemento más de transgresión textual al aparecer como base estructural del relato y, en la gran mayoría de las ocasiones, introducido de manera entrópica y entreverada con la historia de las protagonistas. Veamos el siguiente fragmento, en un momento en el que Trinidad y Ana atienden a la emisión radiofónica de uno de los episodios:

–Trina, usted va a morir de amor por Albertico Limonta, ¿no?
–Y, ¿quién no niña? Y, me voy, porque ya va a comenzar la novela […]
– […] Bueno, camine, prenda el radio y aprovechemos que hoy Mamá se fue a oírla donde los Olmedo.
– […] El médico, un hombre de aspecto joven, atlético y ojos negros, soñadores, se levantó del elegante sillón de cuerpo para saludarla […]
–Esta criatura no debe venir al mundo, sería un escándalo terrible… mis padres, nuestra posición social, compréndame doctor ¡Él no es libre!
–¿Y, por qué no debe venir al mundo, Trinidad?
–Porque esa señorita perdió el honor con un hombre casado y no me pregunte más, niña, porque no le puedo contestar.

–El joven doctor le dirigió una mirada severa [...]
–Trini, ¿perder el honor es igual a meter la pata?
–Sí, niña, pero deje oír.
– [...] Son muy bonitas sus palabras, doctor, pero en mi caso es diferente ¡soy una mujer soltera!
–En cuyas entrañas palpita un hijo que usted quiere matar
–¿Cómo quiere matarlo, Trina?
–Eso no se lo puedo explicar yo, niña Ana, pregúntele a su mamá (14-16).

La radionovela, que aparece como realidad para-textual se erige así como un elemento que viene, en primer lugar, a ilustrar de manera documental, referentes de la cultura popular de los medios de la época que la escritora refleja, en segundo lugar, funciona como refuerzo de esta crítica a las rancias y retrógradas convenciones sociales de la sociedad del momento de ambientación del texto y que Silvia Galvis sufrió en su niñez.

Siguiendo con el conjunto de elementos que funcionan como conglomerado y *collage* textual en el relato representantes, tanto de la "alta" como de la "baja cultura, se observa cómo la autora no sólo transcribe pasajes de la radionovela, sino también de la publicidad y las propagandas radiales, en los que también aparecen referencias al cine, siempre entremezclados, y sin previo aviso, con la trama principal, con la sola particularidad de aparecer escritos en cursivas:

–Niñas, ¿a qué horas dijeron sus papás que regresaban del cine?
–¡Ay! Trini, deje de preocuparse tanto que ellos se fueron a ver *Lo que el viento se llevó* y como es largometraje dura por allá hasta medianoche.
–Ojalá no se vengan antes y las encuentren aquí en la cocina, pegadas a la novela prohibida.
Me encantan los resultados que me brinda Pond's. Cuide su rostro, sea siempre el retrato primoroso de su persona. Jamás descuide esa absoluta limpieza. Crema Pond's le ayuda a conservar el cutis suave y encantador. Al levantarse así como al acostarse, cuide su rostro con Pond's como las estrellas de cine. La despampanante Rita Hayworth aconseja: Usa Pond's [...].

También este elemento aparece en el trabajo de Puig, en medio de la visita de Mabel a la casa bonaerense de Nené. Tal y como ocurrirá con *Sabor a mí*, la historia y los diálogos de la radionovela *El capitán herido*, que versan sobre un capitán del ejército francés de la guerra del catorce que, para protegerse del enemigo, se hace pasar por soldado alemán, aparecen intertextualizados con la conversación de las dos viejas amigas. De la misma manera, aparecen anuncios publicitarios, concretamente, de productos de cosmética en este caso sí, modulados por una voz narrativa:

>   –Mabel, ¿por qué se casó ella con ese marido tan malo?
>   –No sé, yo perdí muchos capítulos, será que no quería quedarse soltera y sola.
>   –¿Era una chica huérfana?
>   –Aunque tuviera los padres, ella querría formar su hogar ¿no? Y déjame escuchar.
>   «–¿Cómo puedes estar tan seguro de que has de volver?»
>   Tras una cadenciosa y moderna cortina melódica oyó el anuncio comercial, correspondiente a un jabón de tocador fabricado por la misma firma anunciadora de la crema dentífrica ya elogiada (206).

Los lugares en los que se gesta la acción son, tanto en *Boquitas pintadas* como en *Sabor a mí*, fundamentalmente, las casas particulares, los clubes sociales y las iglesias, territorios que se corresponden con los grandes centros neurálgicos que conforman el panorama social del momento en Argentina y en Colombia.

El exquisito club social al que acuden y en el que se reúnen las mujeres de la ciudad es el lugar en el que se proyecta la acción en ambas novelas y en el que se comienzan a forjar los problemas, sobre todo por su carácter jerárquico y discriminatorio desde el punto de vista del clasismo. Nélida Fernández, a pesar de no ser socia por su categoría económica acude al club deportivo "social" en compañía de Celina, hermana de Juan Carlos y es elegida reina de la Primavera en la fiesta estacional del club. A partir de aquí comienzan a generarse rencillas y envidias que traspasarán la totalidad del relato. De la misma manera, en *Sabor a mí*, es en dicho club donde se desarrolla la mayor parte de las conversaciones referidas a la moral, al puritanismo y la religiosidad. Asimismo queda representado en esta novela a través del personaje de Elena algo tan intrínseco en la cultura popular, colombiana en particular y latinoamericana en general, como es la importancia de las reinas de la belleza y todo lo que gira en torno a dicha parafernalia. De esta manera, Elena, incitada por su madre pasa su vida preparándose para ello, siguiendo el ejemplo de Luz Marina Cruz, nombrada como reina de Colombia en 1953 (161-267).

Las tertulias del club denotan la gran hipocresía del sector social al que se refiere la autora del relato, pues después de un gran número de críticas despiadadas, de defensa de situaciones idílicas y amparadas por la Iglesia, y de objeciones superficiales y sin sentido, observamos cómo todas tienen por qué callar, ya que reproducen en sus hogares las mismas situaciones que posteriormente critican. En este sentido, podemos indicar que como atmósfera temática que lo envuelve todo y que además se convierte en uno de los focos colocados en el punto de mira por el cuestionamiento de la autora, se encuentra la temática religiosa. Ésta se configura como uno de los aspectos más caricaturizados de la obra, que presenta, en muchos momentos, incluso, despuntes que pueden parecernos hiperbólicos. Así, la religión acaba reduciéndose a una imposición ilógica de ciertos principios que no son comprendidos y asimilados por las discípulas y que se conforman como un adoctrinamiento basado en la turbación por el miedo a cometer pecados y a soportar culpas que puedan alejar sus almas de la salvación eterna. De esta manera, se someten a castigos injustos por partes de las monjas o se ven obligadas a comulgar sin estar convencidas por miedo a ser interrogadas y a verse con la intimidad violada.

Tanto la religión como la educación puritana recorren el relato, e irrigan cada ángulo del mismo con sutilísimas denuncias, ironías sugerentes y guiños que la autora elabora, utilizando como instrumento referencias al cine *hollywoodiense*, en contra de un sistema eclesiástico y educacional en el que se tacha ante todo la impudicia, en el que las enseñanzas se promulgan mediante tapujos, tabúes y eufemismos o en el que los besos, los bailes, y la mayor parte de las escenas de las películas del momento se acaban convirtiendo en motivo de pecado. La educación religiosa, por tanto, lejos de significar un conocimiento de la historia sagrada o de la figura de Dios, consiste en un foco de represión social hacia actitudes cotidianas de la vida de los protagonistas.

La manera que tiene Galvis de representar el universo cinematográfico *hollywoodiense* es estableciendo una oposición dicotómica entre éste y la feroz nebulosa religiosa que impregna la concepción de moralidad tradicional donde ocurren los hechos. De esta manera, tal oposición gana en simbología y significado al manifestar la tensión existente entre la moral tradicional y la realidad fuera del cosmos que presenta la novela; y entre lo local y lo foráneo que inevitablemente va abriéndose paso entre los modelos autóctonos. Se evidencia, así, de manera paródica y sarcástica lo arcaico y sin sentido de una ideología religiosa opresora y represiva para la sociedad en la que se proyecta.

En cuanto al estilo, el mayor logro de Manuel Puig, considerado como su gran innovación, fue la originalidad de su estructura y su lenguaje. Desde este punto de vista, en *Boquitas pintadas*, sitúa al narrador tradicional en un último lugar, dando pie a todo un caudal de elementos de la cultura pop y de las formas de consumo y la comunicación de masas. Diálogos directos, fragmentos de diarios, epístolas, notas de revistas de moda como *Nuestra vecindad* y *Mundo femenino*, crónicas periodísticas, descripciones de fotografías escritas en su reverso, de dormitorios y habitaciones, transcripciones de agendas personales, emisiones radiales, música, burocracia, prensa y partes médicos, forman todo un *collage* textual que se configura como la verdadera voz narrativa del relato.

Igualmente, la impronta periodística de Silvia Galvis le permite condensar en una novela de ficción discursos, noticias y citas tomados de la realidad. En la contraportada de la edición con la que hemos tratado se afirma que

> Pese a ser ficción los personajes citan y repiten discursos, peroratas y escritos, auténticos de la época; por eso el lector avisado, seguramente, encontrará asombrosos el parecido entre los sermones de monseñor Generoso Mota y los del Obispo Miguel Ángel Builes, de Santa Rosa de Osos, Antioquia. También las propagandas radiales, las hojas volantes contra el peligro protestante, son extraídas de documentos encontrados por la autora en archivos nacionales y otras fuentes.

En el caso concreto de la religión, éstas están posicionadas con tal maestría que, de manera muy sugerente, acaban convirtiéndose, por sí solas, en elementos cargados de sarcasmo que se constituyen como las claves esenciales para poder llevar a cabo un discurso, a la vez que divertido y desenfadado, absolutamente desmitificador de tales estructuras.

El sexo y los temas amorosos se convierten, también, en temas tabú a los que las niñas tienen acceso mediante las filtraciones que les llegan de los problemas maritales de sus mayores, mediante la famosa telenovela *El derecho de nacer* y a través del cine, un elemento que aparece en el relato como una bruma constante que lo envuelve todo. Parafraseando discursos de curas y obispos de la época, progresivamente se va configurando un panorama de besos lícitos o pecaminosos, dependiendo de si la pareja cinematográfica ha pasado, o no, por el altar en la vida real, cuya recepción visual por parte de Ana y Elena en el cine se convierten en motivo de peregrinación hacia el confesionario y de consecuente castigo por parte de los confesores.

Son continuas las referencias al séptimo arte en ambos relatos, pues los protagonistas de las historias que se narran parecen comprender o exponer sus experiencias vitales a través de paralelismos que encuentran con los libros que leen y con los largometrajes a los que asisten. Así, tanto Silvia Galvis como Manuel Puig entretejen un tapiz en el que los protagonistas políticos de la vida nacional y las escenas cotidianas de la sociedad a la que dibuja conviven a lo largo de toda la obra con un cosmos elaborado a través de películas, actores y directores cinematográficos.

Puig, que nombra su novela a través del título de unas de las películas de Gardel (Montoya 2008: 199), comenzó su andadura en el mundo de la escritura a través de elaboraciones de guiones cinematográficos destinados a triunfar en el cine *hollywoodiense*, su gran objetivo profesional. Sin embargo, la escasa aceptación hizo que el autor de General Villegas tuviera que aceptar su dedicación a la novela, sin perder su impronta y llegando a ella a través de la observación autodidacta de las técnicas y las estrategias del cine para la realización de sus historias, personajes y resolución de conflictos (Oviedo 2001: 349).

A su vez, Silvia Galvis recorre en sus páginas un sinfín de largometrajes y escenas de cine clásico protagonizadas por Jeff Chandler, Anthony Quinn, parejas legítimas como Audry Hepburn y Mel Ferrer, Paul Newman y Joanne Woodword, Humphrey Bogard y Lauren Bacall o Tony Curtis y Janet Leigh, y parejas ilegítimas y "pecadoras" por aparecer juntas en la gran pantalla sin haber pasado por el altar, como Burt Lancaster y Linda Cristal en *Apache*, Ava Gardner y Robert Taylor en *Los caballeros del Rey Arturo*, Robert Wagner y Piper Laurie en *El príncipe valiente*. La importancia de las referencias al cine *hollywoodiense* es tal que en ocasiones los actores llegan a asimilarse como personajes de la vida real de los protagonistas de la obra. Es así el motivo por el que las señoras del club social articulan sus reuniones, y ofrecen sus aportaciones, reflejando cada una de ellas su manera de pensar al redactar una carta a Ingrid Bergman para que recondujese su vida ante el escándalo y la conmoción social que causó en el grupo por su divorcio a causa de su romance con Roberto Rossellini. De la misma manera, Ana Peralta afirma:

> Hace poquito salió en el periódico que Tony Curtis se divorció de Janet Leigh y se casó con Piper Laurie. Estoy segura de que Tony nunca va a saber el trauma tan espantoso que nos causó a las niñas del colegio de las Hijas de María Inmaculada con ese divorcio porque desde entonces la hermana Cleotilde de los Milagros empezó a prohibir todos los besos, sin excepción. Tony Curtis también tiene la culpa de que los sábados, cuando nos llevan a matinal [...] ella ordene al señor del proyector que cubra el lente del aparato apenas la película empiece a oler a pecado (30).

Si el cine actúa como corriente subterránea en ambas creaciones no es menos importante el papel de la música en ambas novelas. Como introducción a cada una de las entregas de *Boquitas pintadas* encontramos fragmentos de las letras de los tangos que Alfredo Le Pera, Homero Manzi y Luis Rubinstein escribieron para las melodías de Carlos Gardel. Valses, boleros, músicos, letristas e historias de canciones populares argentinas enmarcan la narración de manera contundente. En la novela de Galvis, ya desde el título de la misma, *Sabor a mí*, anuncia la dirección y la relevancia de ésta en el texto. Una vez más, es Trinidad el personaje encargado de envolver de ritmos, sobre todo latinos, el total del relato de manera explícita, dando lugar a géneros musicales como el bolero, el mambo, e incluyendo a artistas que van desde Elvis Presley hasta Los Panchos, pasando por Jimmy Salcedo con su "María Cristina me quiere gobernar", Violeta, Isabel y Ángel Parra con el tradicional "Río manzanares", o Pacho Galán con sus merecumbés.

Aparecen, también, referencias al ballet clásico, éste sí, de boca del cura del pueblo en un momento de confesión de Ana. Así, el párroco, preguntando sobre las malas prácticas de la chica indica:

> –¿Qué más? [Párroco]
> –¡Ah!, vi otra película, que era para todos. Se llama *Las zapatillas rojas* con Leslie Caron y no se dan casi besos pero como ella es bailarina de ballet, cuando baila levanta las piernas, se le alza la falda y se le ve todo. [Ana Peralta]

–¿Sabías que el tal baile llamado ballet está explícitamente prohibido por el Vaticano porque, además de exhibir semidesnudas a las mujeres, lo inventaron en Rusia, la madre que alimenta el comunismo? (138)

Como no podía ser menos en el contexto colombiano, al igual que la mayor parte de los autores de su tiempo y su nacionalidad, Silvia Galvis no puede abstraerse de una de las lacras que de manera más agresiva asuelan el contexto nacional. El tema de la violencia aparece, por tanto, en la mayor parte de sus obras, concretamente en *Sabor a mí*. Sin embargo, es especial y característico el modo que tiene de hacerlo, pues, en lugar de relatar situaciones evidentes de violencia, o de realizar, como García Márquez indicó, meros "inventarios de muertos", Silvia Galvis adopta una estrategia diferente a la de la mayor parte de las plumas del momento. No reproduce una literatura en la que la violencia sea un tema explícito, y tampoco recurre a la técnica narrativa, como llevan a cabo otro grupo de escritores, de denunciar atrocidades cometidas a través de "lo no dicho". La escritora, por el contrario, se concentra en relatar una historia de opresión y represión en la que la violencia, sin dejar de ser un tema sustancial y protagonista, aparece sin embargo tratada de manera sutil y sugerente, y por medio del tamiz de la ironía y la parodia. De esta manera, a través de la expresión de una cultura globalizada, de la utilización de los *massmedia* y del cine tanto autóctono como de Hollywood, modifica la inercia del discurso tradicional y ofrece un nuevo enfoque con el que se desmarca de lo existente hasta el momento. Desde este punto de vista, y siguiendo la teoría de Montoya Juárez, daría lugar con su obra a una estética *camp* y/o pop, puesto que, al contrario de lo que ocurre con lo *kitsch*, el lenguaje planteado por Galvis, plantea una duplicidad de sentidos en la lectura "que habilita la posibilidad de un arte de los medios" (Montoya 2008: 197).

En la novela de Puig, el elemento político, sin embargo, aparece ausente e ignorado, aunque es evidente que el pastiche textual que presenta, acompañado del elemento lúdico y de una creciente ironía, impregnada en cada uno de los planos de la narración, tiene como objetivo poner en el punto de mira la cultura tradicional que había definido el carácter populista del peronismo (Montoya 2008: 199).

De esta manera, ambos autores coinciden en la descripción y la presentación de los elementos de consumo popular en sus novelas con la finalidad de llevar a cabo una descripción de la diferencia entre las distintas clases, y de la repercusión de ésta en el tejido social argentino y colombiano. Elaboran, así, personajes-símbolo, que comparten rasgos definitorios, como son Rabadilla y Pancho en *Boquitas pintadas*, y la criada Trinidad en *Sabor a mí*.

Siguiendo a Lidia Santos y a Alfredo Moffat, Montoya Juárez habla en este sentido de "memoria programada" o de "batería de recursos" que viene a "justificar ideológicamente las acciones de los personajes, pues las letras del tango [por ejemplo] son uno de los lugares donde mejor se elaboran los conflictos psicológicos de la clase obrera argentina" (Montoya 2008: 200).

Después del recorrido realizado por las obras de Puig y Galvis podemos finalizar recordando el enorme caudal de elementos comunes que ambos presentan en cuanto a la hibridez textual y genérica, y en cuanto a la utilización de elementos de la cultura de masas al servicio de la crítica social en diferentes aspectos. Ambos se constituyen como pioneros en sus determinados contextos literarios de un nuevo tipo de narrativa que utilizan como el método más efectivo de oponerse a la realidad nacional, haciendo honor a la posmodernidad de la que participan, a la deconstrucción del discurso y a la reinterpretación de los procesos históricos desde una nueva perspectiva.

Bibliografía

Amar Sánchez, Ana María (2008): "Entre-discursos: medios masivos, literatura y política en la cultura latinoamericana". En: *Iberoamericana. América Latina – España – Portugal,* nº 29, nueva época, marzo, 87-89.

Ballesteros, Isolina (1995): "La creación del espacio femenino en la escritura. La tendencia autobiográfica en la novela". En: *Literatura y diferencia. Escritoras colombianas.* Medellín: Universidad de Antioquia, vol. II, 349-379.

Capote-Díaz, Virginia (2011): "Historia, mujeres y ficción. La herencia literaria de Silvia Galvis". En: *Revista de Estudios Colombianos,* 37, 97-102.

— (2012): *Mujer y memoria. El discurso literario de la violencia en Colombia.* Tesis de doctorado. Universidad de Granada.

Galvis, Silvia (1994): *Sabor a mí.* Bogotá: Arango Editores.
Montoya Juárez, Jesús (2008): *Realismos del simulacro: Imagen, Medios y Tecnología en la narrativa del Río de la Plata.* Tesis de doctorado. Director: Ángel Esteban. Universidad de Granada, <http://digibug.ugr.es/handle/10481/2067>.
Oviedo, José Miguel (2001): *Historia de la literatura hispanoamericana. De Borges al presente.* Madrid: Alianza.
Puig, Manuel (1968): *Boquitas pintadas.* Barcelona: Seix Barral.
— (2002): *El beso de la mujer araña.* Edición crítica de José Amícola y Jorge Panesi. Madrid *et al.* ALLCA XX/Colección Archivos.

Edmundo Paz Soldán: el nuevo realismo (mágico) en la globalización

Belén Ramos Ortega
Universidad de Granada

Este trabajo arranca de una entrevista que hice al escritor boliviano Edmundo Paz Soldán con motivo de la elaboración de mi trabajo de investigación en la Universidad de Granada. Transcribo el fragmento de la entrevista donde abordo la cuestión del *nuevo realismo*:

> BRO: Leyendo tu novela *Sueños digitales* encontramos seres híbridos como el formado por la cabeza de Mario Vargas Llosa y el cuerpo de Margaret Thatcher ¿No crees que el realismo virtual tiene algo también de (realismo) mágico? ¿Y que habría que redefinir el concepto de "realismo" hoy?
>
> EPS: Los extremos siempre se tocan. Todo el mundo de la tecnología, de las computadoras, tiene algo de mágico, sin duda. Y el "realismo" ya está siendo redefinido. Las novelas de Levrero, de Aira, de Bellatin son grandes redefiniciones de este modo narrativo.[1]

Comenzaremos diciendo que el adjetivo *mágico* se refiere principalmente a ese *poder de transformación* que tienen las nuevas tecnolo-

---

1. La entrevista aparece en su totalidad publicada en la revista *Letral*, cuyos datos bibliográficos se recogen al final de este trabajo. Hay que comenzar señalando que Jesús Montoya se ha ocupado en profundidad de los nuevos realismos del simulacro, estudiando precisamente las novelas a las que alude Paz Soldán en la entrevista. Se trata de su tesis doctoral, cuya consulta me ha sido fundamental para adentrarme en el análisis de la obra del boliviano. Agradezco su generosidad al ofrecerme la lectura de dicho trabajo.

gías, a la idea de *efímero*, de *fugacidad*, de *cambio* que llevan aparejadas grosso modo las últimas tecnologías.

Sabemos que el grupo McOndo, al que se adscribe Paz Soldán, se pronunció harto de realismo mágico –en clara alusión a las obras canónicas de ese género, como las del colombiano García Márquez– que se traducía en una literatura que encarnaba el exotismo hispanoamericano, basado principalmente en la narración de hechos de carácter insólito o extraordinario.

Sin embargo, los escritores de McOndo, nos dice Jorge Ruffinelli (2004), "se atreven con un realismo menos mágico y más irónico", y la mayoría de ellos –como Paz Soldán–, se arriesgan a hacer una literatura que mira principalmente a la cultura de masas, al contexto de la ciudad globalizada, al amplio espectro de la cartografía posmoderna, a las jergas de las tribus urbanas y a las huellas del imperialismo norteamericano; así lo recoge el polémico prólogo de la antología *McOndo*:

> El nombre (¿marca registrada?) McOndo es, claro, un chiste, una sátira, una talla. Nuestro McOndo es tan latinoamericano y mágico (exótico) como el Macondo real (que, a todo esto, no es real sino virtual). Nuestro país McOndo es más grande, sobrepoblado y lleno de contaminación, con autopistas, metro, TV-cable y barriadas. En McOndo hay McDonald's, computadoras Mac y condominios, amén de hoteles cinco estrellas construidos con dinero lavado y *malls* gigantescos.
>
> En nuestro McOndo, tal como en Macondo, todo puede pasar, claro que en el nuestro cuando la gente vuela es porque anda en avión o están muy drogados. Latinoamérica, y de alguna manera Hispanoamérica (España y todo el USA latino) nos parece tan realista mágico (surrealista, loco, contradictorio, alucinante) como el país imaginario donde la gente se eleva o predice el futuro y los hombres viven eternamente (Fuguet y Gómez 1996: 14).

Por su parte, la revista norteamericana *Newsweek* anunció en ese momento el final del realismo mágico y apuntaba a esta nueva generación de escritores como el máximo exponente de la nueva literatura hispanoamericana. El propio Paz Soldán en una entrevista con Jorge Carrión, en alusión a las consignas de su grupo, dice: "Eran tiempos posmo, en los que había que ser irónico, escéptico, estar de vuelta de todo. Incluso de la misma tradición literaria. *McOndo*, entonces, al igual que el *Crack*, jugaba con la idea del manifiesto, y redujo lo generacional a una cosa muy práctica".[2]

Hay una interesante reflexión de Echeverría en el diario *El País* –recogida por García Canclini– sobre esta mundialización de las culturas donde se hace un apunte comparativo entre la internacionalización de los escritores del *boom* latinoamericano y los de McOndo, quienes se sienten muy tocados por los últimos procesos de globalización, con el protagonismo evidente del mundo de las últimas tecnologías:

> El cosmopolitismo de los escritores del *boom* de los años sesenta, en el que se agiganta la tensión ente la cultura local y la de las metrópolis, ha mutado en un "estilo internacional". Así lo denominó *El País* [...] en una nota que sobre la antología de relatos titulada *McOndo*, que bajo este nombre modifica el emblema del realismo mágico para aliarlo con la transnacional gastronómica, mezcla países en cada cuento, costumbrismo juvenilista y "ademanes narrativos" globalizados, según dice el periódico español, como un festival de OTI (García Canclini 1999: 162).

La novela del boliviano Edmundo Paz Soldán *Sueños digitales*[3] es una *nouvelle* de marcado carácter lúdico que evoca desde el título el mundo de lo onírico y la tecnología. La idea del sueño viene tradicionalmente relacionada con la creación. Ya Jung, veía una clara vinculación entre literatura y sueño. Y por supuesto, la simbiosis sueño-ficción-realidad recuerda inmediatamente la poética surrealista capitaneada por la tríada arte-sueño-vida. Pero nadie como Borges, dentro de la literatura más reciente, para hacernos ver en sus textos cómo vivir y soñar son términos prácticamente homólogos (García Ponce 2001: 33). Por su parte, Guy Debord vincula claramente esa vena desencantada de la posmodernidad contemporánea con el sueño: "El espectáculo es la pesadilla de la sociedad moderna encadenada que no expresa finalmente más que su deseo de dormir. El espectáculo es el guardián de este sueño" (2009: 7).

Viene a ser lo que se entiende en los estudios sobre el simulacro como la expansión de la imagen como un virus imparable que conta-

---

2. Son palabras de Edmundo Paz Soldán en una entrevista con Jorge Volpi dirigida por Jorge Carrión, en <http:www.abc.es/abcd/noticia.asp?id=10912&num=881&sec=32> (10/07/2009).
3. En adelante *SD*, las referencias a la misma estarán tomadas de la edición reseñada en la bibliografía final.

mina todas las parcelas de la realidad. Así, la visión de lo massmediático invade toda la cosmografía de la novela, alcanzando un protagonismo indiscutible. En esta obra las fronteras entre lo real y lo virtual se confunden hasta incluso *alterar* la propia realidad, haciendo del texto un iconotexto, texto híbrido o texto-imagen en un continuo juego poético que coquetea con lo fantástico y lo maravilloso como modos de romper cualquier noción canónica de realismo. Como dice Jesús Montoya Juárez:

> *Sueños digitales* (2000) promueve un concepto de real que poco tiene que ver con las categorías del realismo tradicional, [...], se trata, por tanto, de una presentación autorreflexiva del simulacro, una reflexión sobre la incidencia e interrelación de tecnología, literatura y vida, en conexión, desde nuestra perspectiva, con la teoría posmoderna y la crítica cultural latinoamericana.[4]

Estamos, en efecto, ante un texto que se hace claro eco de esta segunda generación de los media en un momento en que la imagen simulada –junto con la écfrasis– han emborronado toda idea tradicional de representación verbal verosímil. Lo real no se concibe fuera del simulacro, la écfrasis es ahora un elemento fundamental de la nueva poética que se traduce en esa alianza entre imagen-texto. Explica Jesús Montoya que "la tematización del simulacro en estas novelas resulta un elemento funcional a la descripción de la pérdida de densidad de lo real, como desrealización, como obstáculo o agente desestabilizador para configurar una experiencia de lo real" (2008: 300). Es decir, en este momento, más que de *surrealismo* debemos hablar de *hiperrealismo* (Baudrillard 1998).

Estamos de acuerdo con Jesús Montoya cuando insiste en que estos textos se encuentran a caballo entre lo integrado y lo apocalíptico, en alusión a la ya clásica terminología de Umberto Eco (2008). En efecto, Paz Soldán recoge ese contexto contemporáneo insoslayable de la presencia masiva de los medios de última generación, pero al mismo tiempo hace que sus personajes se pregunten dónde están los límites.

El *Leitmotiv* principal de *SD* es la fotografía. Tradicionalmente, la fotografía ha estado vinculada al interés por retratar *lo bello*. Sin embargo, como actualmente todo se encuentra enormemente condicio-

---

4. En <http:/www.umc.es/tonosdigital/znum13/secciones/estudios_T_montoya.htm> (27/07/2009).

nado por las proyecciones del simulacro –con el que también ha contribuido la fotografía soberanamente– las posibilidades que ofrece la técnica hoy están alterando en gran medida las nociones que veníamos teniendo de realismo analógico. Dice Sontag: "En vez de limitarse a registrar la realidad, las fotografías se han vuelto norma de la apariencia que las cosas nos presentan, alterando por lo tanto nuestra misma idea de realidad y de realismo" (2008: 91).

Una concepción fotográfica que es al mismo tiempo un espejo de los tiempos posmodernos, contradictorios y eclécticos: "En la medida en que la fotografía arranca los envoltorios secos de la visión habitual, crea otro hábito de visión: intenso y desapasionado, solícito y distante a la vez; hechizado por el detalle insignificante, adicto a la incongruencia" (Sontag 2008: 102).

En ese sentido, pensamos que la fotografía digital se instala en la novela como arma arrojadiza de los *sueños de realidad*, poniendo en entredicho su infalibilidad y haciendo tambalearse los pilares más sólidos de cualquier idea tradicional de realismo. La era de las nuevas tecnologías contemporánea está en pie de guerra con cualquier forma o pretensión de realismo clásico, que poco tiene ya que ver con el primitivo daguerrotipo, como excelente artilugio para el retrato de la foto de familia.

Paralelamente a esta incursión de lo tecnológico en lo literario, surge la temática de la *verdad*, que ahora es cuestionada constantemente por la capacidad de borramiento de los nuevos programas de tratamiento de imágenes. *La verdad* aparece por tanto ahora vinculada estrechamente a lo visual, y con ello, a los nuevos dispositivos técnicos. Hay un intrusismo que impera entre quien capta la imagen y el aparato que la reproduce; es un hito que se traduce en ese cuestionamiento de la verdad-realidad. Las imágenes están en movimiento, es decir, en continuo cambio, y de ahí la importancia de una estética de *la desaparición* o *pérdida* en escritores contemporáneos como Paz Soldán, a quien le pregunté en la citada entrevista si era consciente de su obsesión por el tema de la pérdida y me contestó que no lo era hasta que escribió precisamente *SD*. Ahora *la verdad* ya poco tiene que ver con un parámetro positivista, sino que más bien se vincula al protagonismo de la experiencia estética en sí misma.

En este sentido, podríamos decir que hoy hablamos de textos que van unidos a la idea de representación que no es ya nunca más un modo de aprehensión *estática*, sino una representación en movimiento, una representación intercambiable o, como ha señalado la crítica, se trata sobre todo de una presentación. Por eso, consideramos que éstos son textos (*realistas*) *mágicos*, que sorprenden porque narran a partir de *lo insólito tecnológico*; son en buena medida rizomáticos en el sentido de que se dejan llevar por el vértigo de lo fugaz y lo efímero, por el cambio incesante que provoca lo relacionado con los *mass media*.

La famosa sentencia de McLuhan: "El medio es el mensaje", asegurando así que no es posible ya hacer una diferenciación tajante entre forma y fondo en este contexto del capitalismo tardío caracterizado también por una pronunciada aceleración y, por tanto, por un continuo cambio, viene a decirnos que se ha producido un evidente giro –como no podía de ser de otro modo– también de las significaciones que provoca que se alejan ya claramente de la idea de realismo analógico. *SD* se enmarca dentro de esta nueve episteme contemporánea, amalgamando la ecología del espacio virtual y el textual en una sorprendente apuesta de carácter metaficcional. Como dice Jesús Montoya, en alusión a estos textos surgidos en torno a la década de los noventa:

> [textos] que podríamos calificar bien de "posmodernos", bien de "híbridos", tratan de inscribir un sentido político en la apropiación de la imágenes de los *mass media* y la tematización de la penetración de la tecnología, sentido que entronca con unas nuevas condiciones de producción y distribución de la literatura en unos tiempos complejos de Globalización (2008: 158).

Para Montoya Juárez: "El proceso de simulación deviene simulacro cuando las imágenes, no pierden sólo todo valor de representación de un original o enmascaran su ausencia, sino cuando incluso se vuelven completamente autorreferenciales y remiten al propio proceso de simulación" (2008: 242). Igualmente explica Baudrillard: "El acontecimiento ya no es tomado en la acción, sino en la especulación y en la reacción en cadena, [...] La simulación este desarrollo irresistible, esta concatenación de las cosas como si éstas tuvieran sentido, cuando sólo están regidas por el montaje artificial y el sinsentido" (en Montoya Juárez 2008: 79).

Así, en *SD* la irónica alusión a la hipotética existencia de un arte contemporáneo hermanado con el simulacro y que se cifraría en *una algebraica manipulación digital* como apuesta distinta de la concepción utópica del arte no debe pasar desapercibida:

> Puso la cabeza del Che al cuerpo de la Welch. Era una combinación extravagante, que movía a la carcajada. Había que ser irreverente pero no tanto. Con el escalpelo de Photoshop, eliminó el halo de pixeles no deseados que rodeaban la cabeza del Che, y coloreó los bordes de la cabeza con el mismo tono del *background* de la Welch, de modo que hubiera continuidad entre las fotos. Fue ajustando los cuellos de diferentes tamaños, el de la Welch era fino, el del Che macizo. Aunque era obvio que se trataba de dos personas, había que crear la ilusión de que se trataba de una. No era difícil: cada punto de la imagen en la pantalla podía interpretarse matemáticamente. El arte era cuestión de ojo, y de intuición y de fórmulas algebraicas (18).

En *SD*, Pixel se involucra tanto en los juegos virtuales que termina siendo un verdadero adicto y confundiéndose con otras identidades, es decir, borrando la frontera entre el simulacro y la propia realidad:

> Había cambiado con Sebastián, no quedaban dudas, no era paranoia suya; estaba más seco menos dicharachero. Lo trataba como un compañero de oficina más y no como el amigo que se consideraba. Quizás, como sugería Braudel, la razón era Nippur's Call y no debía sentirse culpable. Lo miró como si fuera a transformarse delante suyo en una princesa guerrera, con una espada encantada entre las manos y un sortilegio en los labios. El cuerpo de Schwarzenegger en Conan y la cabeza de un creativo periódico. Era cómico. Era tema para otro Ser Digital (189).

La *superposición* de lo real y lo virtual, a niveles paranoicos, no está aquí tampoco exenta de cierta carga irónica donde la realidad fabricada digitalmente se superpone a cualquier otra realidad; esto confiere a la novela un cierto carácter político:

> MTV: una imagen de Michael Jackson con la tez tan clara que parecía albino. Pobre Michael, se había sometido tantas veces a cirugías estéticas y cambios de pigmentación en la piel, sin sospechar siquiera que algún día, en un futuro –un futuro que ya había llegado y que había vencido al presente sin que éste se diera cuenta–, los algoritmos lograrían mucho mejor y con más facilidad que los bisturís el cambio que buscaba con tanto afán.
> –¿Es ésa su nueva versión? –dijo ella–. Cada vez más blanco el pobre.

> ¿Era ése Michael? Sebastián ya no se hacía esa pregunta. Era inútil hacérsela, una pérdida de tiempo. Ya no importaba tanto si sí o si no, sino cómo, con qué programa, con cuántos presupuesto (48-49).

Como vemos, ahora con la entrada masiva de las nuevas tecnologías en la vida cotidiana de manera global se ha impuesto el protagonismo de la imagen simulada, donde la diluyen las fronteras entre lo real y lo imaginario debido a esa proyección extendida del simulacro. Sebastián, personaje principal de la novela, diseñador gráfico gran conocedor de los programas informáticos, está obsesionado con la construcción de sus Seres Digitales, que son sorprendentes híbridos de la anatomía de personas diferentes. Gracias a estas acrobacias tecnológicas, él alcanza una gran popularidad. Además, también presta sus servicios en la Ciudadela, sede del Ministerio de Información, y lo hace manipulando fotos que incriminan a altos cargos del gobierno. Para ello su tarea se centra en eliminar huellas que delaten la culpabilidad de los altos cargos de ese gobierno.

Este argumento nos enlaza de lleno con ese cuestionamiento de la verdad desencadenado por ese *poder mágico* que tienen los nuevos programas de tratamiento fotográfico. Por ello, a través de esta temática se entra en una cuestión de dimensiones éticas. Susan Sontag se ha ocupado de esta cuestión, asegurando que una fotografía que ha sido retocada es indudablemente una imagen fraudulenta y, por tanto, un modo de falsificación de la realidad (2008: 90-91).

Por su parte, Francisca Noguerol Jiménez habla de la generación de escritores a la que pertenece Paz Soldán como "los hijos de la globalización", pues asegura que se trata de una hornada de escritores muy sensibilizados con el *mundo globalizado*, y con ello con la presencia masiva de los medios de comunicación: "Deseosos de romper con los estereotipos sobre el escritor latinoamericano, estos autores retratan en sus textos sociedades multiculturales, caóticas y tecnificadas en las que cada vez resulta más evidente la manipulación de la verdad" (2008: 27). Esta *manipulación de la verdad* es algo que será *denunciado* en la narrativa de Paz Soldán, como estamos viendo. En efecto, en la novela se trata este asunto del nuevo realismo tecnológico: cómo a partir de la entrada masiva de la digitalización en nuestras vidas se instaura esa relatividad del sentido de *verdad*:

La digitalización abandona la retórica de la verdad, que ha sido una máxima fundamental en el éxito cultural de la fotografía: lo que está [ahí] en la fotografía, ha estado antes [ahí] en la realidad.

La era post-fotográfica eleva aún más el tono de esta cuestión: la imposibilidad de distinguir el original [...] de sus simulaciones, perdiendo éstas su estatus originario y convirtiéndose en simple información visual (García Fernández *et al.*, en VV. AA. 2006: 252).

Pero el tema de *la verdad* también está en relación con los llamados *pies de foto*, algo que tampoco carece de importancia en esta novela. La sigla con la que Sebastián marca las fotos manipuladas por él pueden entenderse como una huella de la falsificación sufrida, de la evidente *pérdida de verdad*, aunque este hecho no deja de estar revestido de cierta ambigüedad, pues nos podemos preguntar si quería Sebastián realmente dejar constancia de su *culpabilidad*. Sontag explica:

Lo que exigen los moralistas a una fotografía es algo que ninguna puede hacer jamás: hablar. La voz ausente es el pie y se espera que diga la verdad. Pero aun un pie absolutamente preciso es solo una interpretación, necesariamente limitada, de la fotografía que acompaña. Además es muy fácil poner o quitar ese guante (2007: 111).

Aunque los estudiosos de la fotografía aseguran que el hecho de dejar constancia de la autoría –como en *SD* el motivo de la inscripción de la "S" en las fotos tratadas por Sebastián–, parece que no es algo muy común en las fotografías de tipo testimonial y hasta puede levantar sospechas, sí parece más lógico en aquellas de carácter más artístico. Por tanto, en el caso de Sebastián se estaría dejando en evidencia que se trata de una foto fruto de sus *destrezas* en la manipulación y falseo de la misma.

Sebastián –en quien podríamos ver una evocación irónica del superhombre nietzscheano que *sueña y crea*– alucina en un mundo interconectado donde reina la simulación; por tanto, sus sueños digitales son también meros simulacros. Asegura Baudrillard que el acontecimiento ya no va en paralelo a la acción, sino que ahora se trata del juego de la especulación y la reacción en cadena pues la simulación se desarrolla irresistiblemente en una cadena de montaje artificial y sin lógica alguna (en Montoya Juárez 2008: 79). *SD* está completamente recorrida por el simulacro, principalmente a través del modo fotográfico, de ahí el carácter –insisto– metaficcional de estos textos:

Desde la pared enfrente suyo, Naomi Campbell y Nadja Auermann observaban a Sebastián observando a la Welch. El rostro de la Campbell, escaneado de una portada de American Photo y luego ampliado por Pixel hasta tomar la forma de un póster, era el de un androide recubierto de metal, la piel de plata reluciente y los labios de un rojo supersaturado (calva, las uñas verdes). Era una Naomi futurista. La rubia Nadja se hallaba recostada junto a una pantera negra; había adquirido una piel negra y también estaba calva. Otras dos panteras yacían junto a sus piernas interminables. Sebastián levantó la vista y se acordó de la primera vez que había visto esa foto, en el departamento de Pixel. Había pensado que sólo una loca podía animarse a posar junto a una pantera. Por supuesto, sabía que Nadja no era una loca. Que jamás había estado junto a un animal tan peligroso, excepto, quizás, en alguna visita a un zoológico (organizada por Vogue para modelar los bikinis de la temporada). Sabía que Seb Janiak, una fotógrafa francesa, era responsable de unir digitalmente a la modelo y a los tres felinos (16-17).

En esas líneas de la novela se aprecia la dialéctica que apunta a esa ya relativa dicotomía entre realismo analógico y nuevo realismo (*tecnológico, mágico*); la intromisión de esa *nueva realidad* en la realidad *real* nos lleva irremediablemente a pensar que ya no hay vuelta atrás: *la realidad* hace rato que ha cambiado; son estos escritores con sus relatos valientes y comprometidos quienes mejor nos hacen ver esta *nueva realidad*, que ya no es nunca más la que pensábamos que era hace solo unos años. Ésa es, a mi entender, *la mágica* virtualidad de la última tecnología, sus sueños de realidad.

BIBLIOGRAFÍA

BAUDRILLARD, Jean (1998): *La ilusión y la desilusión estéticas*. Caracas: Monte Ávila.
DEBORD, Guy (2009): *La sociedad del espectáculo*. Sevilla: Doble J.
FUGUET, Alberto/GÓMEZ, Sergio (eds.) (1996): *McOndo*. Barcelona: Grijalbo/Mondadori.
GARCÍA CANCLINI, Néstor (1999): *La globalización imaginada*. Barcelona: Paidós.
GARCÍA FERNÁNDEZ, Emilio/SÁNCHEZ GONZÁLEZ, Santiago/URREÑO PEÑA, Guzmán (2006): *La cultura de la imagen*. Madrid: Editorial Fragua.

García Ponce, Juan (2001): *La errancia sin fin: Musil, Borges, Klossowoski.* Barcelona: Anagrama.

Montoya Juárez, Jesús (2008): *Realismos del simulacro: imagen, medios y tecnología en la narrativa del Río de la Plata.* Tesis Doctoral. Universidad de Granada, <http://digibug.ugr.es/handle/10481/2067>.

Montoya Juárez, Jesús (2007): "La narrativa de Edmundo Paz Soldán o cómo llegamos a ser Sueños digitales". En: *Tonos digital: revista electrónica de estudios filológicos,* 13 de julio.

Noguerol Jiménez, Francisca: (2008) "Narrar sin fronteras". En: Montoya Juárez, Jesús/Esteban, Ángel (eds.): *Entre lo local y lo global. La narrativa latinoamericana en el cambio de siglo (1990-2006).* Madrid/Frankfurt: Iberoamericana/Vervuert, 19-33.

Ramos Ortega, Belén (2011): "Entrevista a Edmundo Paz Soldán", en *Letral,* n° 7, 183-190, <http://www.proyectoletral.es/revista/anteriores.php?id_num=9#void> (21/10/2012).

Ruffinelli, Jorge (2004): "Parricidios, filicidios, matricidios, fratricidios". En: *Quimera,* n° 245, junio 2004, <http:www.revistasculturales.com/articulos/43/quimera/79/1/parricidios-filicidios-mat.> (09/07/2009).

Sontag, Susan (2007): *Contra la interpretación y otros ensayos.* Barcelona: Debolsillo.

— (2008): *Sobre la fotografía.* Barcelona: Debolsillo.

La hibridez multiestructural de Gustavo Pérez Firmat y Junot Díaz[1]

Ángel Esteban / Yannelys Aparicio
Universidad de Granada / Montclair State University

Estados Unidos es un país social y culturalmente multiestructural, aunque en la política se pretenda sugerir una unidad que descansa en la figura de un presidente único y un gobierno elegido por todos los habitantes legales de la nación. En ese contexto, Junot Díaz, el narrador dominico-americano, y Gustavo Pérez Firmat, poeta, narrador y ensayista cubano-americano, así como muchos de los escritores bicéfalos que han comenzado a destacar en el entorno cultural de los Estados Unidos, por sus premios, números de ejemplares vendidos de sus obras, repercusión mediática y atención crítica, desarrollan su identidad cultural híbridamente, desde la atalaya de las dos culturas dominantes, que los definen como ciudadanos y como generadores de discursos que evidencian la hibridez.

Estructura, en el sentido que aquí se utiliza, es una forma de organizar la identidad colectiva en los usos y costumbres de un grupo que se considera altamente homogéneo. En los Estados Unidos hay una cultura "en inglés" que sigue unos patrones sociales determinados, con un tipo de literatura, unas celebraciones anuales, unas expectativas económicas, unas normas no escritas de conducta, desde cómo se conduce en una autopista hasta la cantidad de propina que se deja en un

---

1. El presente capítulo forma parte de los primeros resultados del proyecto de I+D+i "Global-tec: globalización y tecnología en la narrativa hispanoamericana" del MINECO, convocatoria 2012.

restaurante, pasando por la hora a la que se acude a una fiesta. Siendo ésta la dominante, convive, según las zonas, con otras en las que se manifiestan costumbres muy diferentes: los judíos ortodoxos visten de otra manera, tiene sus escuelas propias donde enseñan lo que les parece en ciertas disciplinas, no utilizan vehículos a motor los sábados, no utilizan aparatos eléctricos los sábados, celebran el fin de año en septiembre y combinan el inglés con el hebreo. Algo parecido se podría decir de los chinos, que viven en sus barrios y les dan una apariencia externa muy distinta, organizan el espacio y el género de sus tiendas de un modo muy peculiar, viven el fin de año a finales de enero o en febrero, tienen costumbres gastronómicas muy diferentes a las occidentales, etc. Sin duda, el colectivo que más ha impuesto su sello particular en el territorio estadounidense ha sido el latinoamericano. Estados Unidos es el segundo país en el que más español se habla. En México hay más de 100 millones de hispanohablantes pero en España no pasan de 47 millones. En los Estados Unidos ya hay más de 50 millones y el crecimiento es muy rápido, gracias a la emigración imparable y al desarrollo y el interés que el idioma ha despertado desde hace años en la población anglosajona, que necesita el español para su influencia en el mercado.

Estructuralmente, el mundo latino es bastante diferente al anglosajón: desarrolla su vida en español, tiene un poder adquisitivo menor, suele ver los programas de televisión que se emiten en los cientos de emisoras en español, consume productos latinos, desarrolla un sentido muy diferente de la puntualidad, del modo de vivir las fiestas, del cumplimiento de unos horarios y del respeto a las leyes. Por otro lado, aunque el mundo latino, como segunda estructura social hegemónica del país, podría considerarse como un todo, lo cierto es que desprende una diversidad muy amplia, que depende de las zonas donde se acumulan individuos procedentes del mismo país. No es igual la organización social, el nivel económico y cultural y el tipo de vida de los mexicanos de Los Ángeles, los peruanos de Paterson en Nueva Jersey, los cubanos de Miami o los dominicanos de Washington Heights, en el norte de Manhattan. Pero la heterogeneidad no termina ahí: muchos latinos son absolutamente bilingües y su identidad es, a veces, más latina y, otras veces, más anglosajona, dependiendo del entorno familiar, el peso del tipo de educación, las amistades, los intereses culturales, el modo de vida, dónde se haya nacido y crecido, etc.

En muchas ocasiones el problema fundamental no estriba en quién o qué tiene más peso en una identidad, porque no se trata de encasillar lo que, de modo natural, es híbrido. Lo verdaderamente importante es que la hibridez identitaria, el bilingüismo, la biculturalidad, la multiestructuralidad significan, en la mayoría de los casos, una conciencia apátrida. Mucho latino siente que su vida pertenece al *hyphen*, es decir, al guión que separa dos identidades, dos lenguas, dos culturas. El cubano-americano Gustavo Pérez Firmat ha estudiado este problema en su libro *Life on the hyphen* (1994), sobre todo aplicado a los cubano-americanos que llegaron a los Estados Unidos siendo niños, al poco tiempo de triunfar la Revolución Cubana liderada por Fidel Castro, los denominados "Generación 1.5". En su obra, que es también un testimonio personal, explica que las dos partes anejas al *hyphen* suponen un equilibrio muy precario, o más bien inexistente. Espiritual y psicológicamente "you are neither aquí nor allá, you are neither Cuban nor Anglo. Having two cultures, you belong wholly to neither one" (Pérez Firmat 1994a: 7). No es casualidad que el mismo Junot Díaz, en la primera página de su primer libro, *Drown*, de 1996, citara unos conocidos versos de Gustavo Pérez Firmat en "Bilingual Blues":

> The fact that I
> am writing to you
> in English
> already falsifies what I
> wanted to tell you.
> My subject:
> how to explain to you that I
> don't belong in English
> though I belong nowhere else
> (Pérez Firmat 1994b: 130).

En el poema hay, al menos, dos estructuras: la mental y la idiomática. Lo que está en la cabeza es falsificado por la lengua en que se produce la dicción. A José María Arguedas le pasó algo parecido durante toda su vida, tratando de "decir" en español una realidad que era propia del quechua como lengua y cultura. Pero los motivos que llevaron a Arguedas a esa esquizofrenia multiestructural no fueron los mismos que a los escritores híbridos actuales de los Estados Unidos. En el peruano había una necesidad, desde un bilingüismo separable (él podría decir en español algo que se identificara con un universo cultural hispano y en quechua algo que perteneciese al ámbito de la identidad incaica), de comunicar elementos culturales de una identidad minoritaria, con un idioma al que muy pocos, incluso dentro de ese universo indígena, podrían acceder. Sin embargo, describiendo en español el perfil identitario del indio, las posibilidades de difusión se multiplicaban infinitamente. En los escritores híbridos del entorno latino de los Estados Unidos, las razones para escribir en inglés habiendo nacido en países latinoamericanos y llamándose Pérez o Díaz son muy diferentes, y tienen que ver mucho menos con la necesidad de publicitar una realidad "minoritaria" en un contexto donde hay otra "mayoritaria", que con la imperiosa urgencia de escrutar la propia identidad para llegar al autoconocimiento y la autodefinición. Pero hay todavía una vuelta de tuerca más. Aquel que se encuentra en el *hyphen* y se da cuenta de que escribir en inglés es falsear lo que se va a decir, porque no sólo no pertenece al mundo anglosajón sino que no pertenece a ningún otro, como dice el poema, es consciente asimismo de que la pérdida o la ausencia de identidad no existe únicamente en la disyuntiva entre lo anglo y lo latino, sino que significa también la disolución del sentimiento de la patria chica frente al estereotipo de "hispánico" o "latino" creado por el ámbito cultural anglosajón. Por medio del término "latino" o "hispano" se desea hacer referencia a una realidad que no existe, porque en Estados Unidos viven millones de personas que hablan español pero que no se identifican entre ellos. Los españoles siempre miran hacia Europa y detentan costumbres muy diferentes a las que definen a la mayoría de los países de la América hispánica. Y dentro del ámbito americano, lo argentino, peruano, cubano y mexicano pareciera que guardan más diferencias que similitudes. De hecho, un gallego y un cubano pueden estar más cerca, identitariamente, que un argentino y un uruguayo, a quienes separa nada más que un río. Otro poema de Pérez Firmat, "Cubanita descubanizada", pone el dedo en la llaga:

> Cubanita descubanizada
> Quién te pudiera recubanizar.
> Quién supiera devolverte
> El ron y la palma
> El alma y el son.

Cubanita descubanizada
Tú que pronuncias todas las eses
Y dices ómnibus y autobús,
Quién te pudiera
Quién te supiera
Si te quisieras recubanizar
(Pérez Firmat 1995: 67).

El poeta no ve como extraña a una cubana que se ha convertido en anglosajona, sino a una isleña que ha dejado de serlo porque utiliza términos en español que no se corresponden con el "idioma" que se habla en Cuba, sino en otros lugares de América Latina o España. La ironía tiene cierto tinte amargo, porque no es un asunto que oponga una cultura técnicamente "mayoritaria" frente a otra "minoritaria", sino que el énfasis en la descubanización, la pérdida de una identidad clara para adentrarse en los abismo del *hyphen*, tiene en este caso poco que ver con la cultura dominante, que habla otro idioma e impone, con su prevalencia económica, política y social, unas costumbres distintas. El descubrimiento de una nueva fragmentación nos lleva a un nuevo peldaño: así como el término anterior al *hyphen* no es monolítico (el que definiría la cultura de origen), tampoco lo es el segundo. "Americano" (por estadounidense) no es un bloque de cemento sobre el que no se pueda horadar ninguna de sus superficies. Pérez Firmat afirma en su obra teórica que la cultura "mayoritaria" no es un monumento sólido con un poder infranqueable y un muro impenetrable, y que las culturas "minoritarias" (por las latinas, que no son una, sino muchas) pueden transmitir, y de hecho lo hacen, sus propios valores cuando se infiltran en el centro del cuerpo social (Pérez Firmat 1994a: 8-9). Es decir, en la cultura dominante habría una inestabilidad real, que se opone a las rígidas construcciones de los planteamientos teóricos.

Del mismo modo, las literaturas que conviven en sociedades híbridas, propuestas por escritores sumergidos en varias aguas, no se pueden oponer entre ellas como las "mayores" o la "mayor" frente a las "menores" en el sentido de absoluta dependencia, asignando a estas últimas un papel secundario o anecdótico. Aludiendo a este problema, Deleuze y Guattari propusieron ya hace mucho tiempo el término "literatura menor" no como "la literatura de un idioma menor, sino la literatura que una minoría hace dentro de una lengua mayor" (Deleuze/Guattari 1990: 28). La gran literatura que se escribe en los Estados Unidos es, por supuesto y hasta el momento, la que se realiza en inglés, porque es el idioma de prestigio y en el que mejor se puede publicar, difundir y hasta ganar premios. Junot Díaz difícilmente habría logrado un reconocimiento internacional si no hubiera escrito su novela *The Brief Wondrous Life of Oscar Wao* en inglés, porque ello le permitió ganar el Premio Pulitzer. La pregunta es: ¿hasta qué punto Junot Díaz pudo reflejar en inglés una realidad multiestructural? Pero la alternativa del español tampoco soluciona el problema, porque la multiestructura supone que hay elementos culturales que pertenecen a un mundo y otros que pertenecen a otro, y cada uno funciona en una estructura idiomática diferente, que lleva consigo no sólo las palabras y la gramática, sino una entonación, una gesticulación, un sentido del humor y de la ironía, una carga de valores, una velocidad en la dicción, una conciencia territorial, etc., que no son intercambiables. En la novela de Díaz, la mentalidad de Oscar no es la misma que la de su madre o sus abuelos. En sus progenitores no hay hibridez, pero en él hay un pasado dominicano con el que no se identifica y un presente estadounidense en el que no se siente a gusto. Por eso se refugia en sus ídolos de ficción. En el desarrollo conceptual de "literatura menor", Deleuze y Guattari aseguran que "el idioma se ve afectado por un fuerte coeficiente de desterritorialización" (Deleuze/Guattari 1990: 28). De hecho, los críticos dominicanos consideran las obras de Díaz, escritas en inglés, como parte de la "tradición literaria dominicana", necesarias para "la construcción del canon", porque desarrollan "una experiencia de la dominicanidad transformada por el contacto con los Estados Unidos", que implica a "la diáspora en la discusión sobre los rasgos definitorios de la identidad nacional" (Figueroa 2005: 742). Éste es el problema que más interesa a los intelectuales dominicanos cuando tratan las novelas y los cuentos de los dominicanos que viven en los Estados Unidos. Lo mismo ocurre con la obra de Julia Álvarez, que transita por los mismos derroteros, desde su primera novela, con el sugestivo título de *How the García Girls Lost their Accents* (1991). William Luis, uno de los integrantes de la generación 1.5, por ejemplo, titula su estudio sobre esa novela "A Search for Identity in Julia Álvarez's *How the García Girls Lost their Accents*", en su libro *Dance Between two Cultures* (1997).

Perder el acento es uno de los primeros pasos del camino hacia la irremediable hibridez como identidad conflictiva que explica Pérez Firmat en su obra. Cuando las hermanas García, siendo niñas, van adentrándose, sin darse cuenta, en el mundo anglosajón al que acaban de llegar, una distancia cada vez mayor las va separando de sus padres, que ya son adultos y tienen una identidad bien definida cuando marchan a los Estados Unidos. Pérez Firmat, aleccionado por su propia experiencia de niño recién llegado a Miami, observa tres etapas en esa inevitable reacomodación, en los integrantes de generaciones similares a la del 1.5. La primera es la "sustitutiva", cuando el inmigrante trata de reduplicar su hogar. Por eso aparecen los barrios chinos, latinos etc., que difieren hasta en la apariencia externa de los propiamente anglosajones. La segunda es la "destitución", un sentimiento de alienación y desarraigo por el que el inmigrante no se reconoce en esa tierra, por más que intente hacer que se parezca a la suya (calles, nombres de los comercios y restaurantes, música, comida) y siente que ha perdido su lugar en el mundo. Y la tercera es la "institución", el establecimiento de una nueva relación entre el lugar y la persona (Pérez Firmat 1994a: 10-11). En el caso de Julia Álvarez, este proceso ha sido mucho más radical que en el de Pérez Firmat o el de Junot Díaz. Los tres llegaron a los Estados Unidos a una edad temprana, pero Gustavo Pérez Firmat nunca ha perdido su "cubanidad" lingüística. Es perfectamente bilingüe, y escribe y habla en español con la misma facilidad con la que lo hace en inglés. Junot Díaz utiliza como lengua franca el inglés y escribe en esa lengua, pero es capaz de expresarse con cierta soltura en español, aunque su registro dominicano popular es mucho menos culto que el del inglés, y apenas puede escribir literariamente en español. En el caso de Julia Álvarez, su lengua de uso común y literario es exclusivamente el inglés, aunque puede expresar, oralmente, ciertas ideas, no muy complejas, en español, como ella misma suele decir cuando es invitada a ferias o conferencias, evitando utilizar el español en sus intervenciones públicas.

    Lo que sí queda claro es que los tres escritores se integran con bastante exactitud en la definición de "literatura menor" que Deleuze y Guattari dieron en su libro sobre Kafka, al menos en aquella primera característica relacionada con el sujeto desterritorializado. La segunda nota de esa literatura sería su relación con el entorno político. Aseguran Deleuze y Guattari que, en esas literaturas, "todo es político" (29), mientras que en las literaturas mayores, es decir, en la literatura que los anglosajones de los Estados Unidos escriben en inglés, el problema individual (familiar, conyugal, etc.) "tiende a unirse con otros problemas no menos individuales, dejando el medio social como una especie de ambiente o de trasfondo (...). La literatura menor es completamente diferente: su espacio reducido hace que cada problema individual se conecte de inmediato con la política" (29). Esta segunda observación se conecta directamente con la tercera, por la que en la literatura menor "todo adquiere un valor colectivo" (30). Opinan los autores que, como en esas literaturas no hay cumbres, talentos superiores, o al menos no hay muchos, no se dan las condiciones necesarias para que exista una "enunciación individualizada", la de tal o cual maestro o genio. Por ello, lo que el escritor enuncia se vuelve una "acción colectiva, y lo que dice o hace es necesariamente político", porque "el campo político ha contaminado cualquier enunciado" (30). Un ejemplo claro de todo ello podría ser el camino que ha roturado la literatura chicana desde los años sesenta en la Universidad de California hasta su desarrollo actual en la pluma de cientos de escritores de cierta importancia que decoran un panorama común de lucha política. Pero la postura determinada de un autor con respecto a una opinión o situación política y su plasmación en una obra no tiene nada que ver con el concepto de valor colectivo u omnipresencia de lo político que comentan los filósofos franceses. Esto significa que el hecho de que Gustavo Pérez Firmat critique en sus obras la dictadura castrista y apoye al partido republicano de los Estados Unidos, o la circunstancia de que Junot Díaz abomine el trujillato y lo deconstruya no define lo político en la literatura menor. Es simplemente una opción política individual que se refleja en sus obras. El valor político colectivo de las obras de estos autores proviene de una actitud, a veces inconsciente, de lucha de marginales o "minoritarios" frente a dominantes o "mayoritarios". La misma puesta en marcha del estatuto de hibridez, de vida en el guion, señala que existen estructuras que chocan, que no pueden sintetizarse totalmente, como un rojo y un amarillo que se convierten en naranja y dejan de ser rojo y amarillo, aunque haya ajustes, según las tres etapas que Pérez Firmat propone en la evolución del inmigrante en el nuevo territorio que ocupa.

Por ello, el carácter político es sólo prerrogativa de la literatura menor, aunque también podría serlo de la literatura que se escribe en la lengua minoritaria, incluso cuando ésta deja de serlo, como está ocurriendo en los últimos años en los Estados Unidos con el español. En ambos caos, la condición necesaria es que el contacto entre las dos o más estructuras suponga un proceso de conflicto. Cuando no hay colisión de paradigmas, tampoco hay enunciado naturalmente político, aunque hable de política. Por ejemplo, la narrativa escrita por la chilena Isabel Allende en español o en inglés en los Estados Unidos no sería un ejemplo de literatura menor, aunque ella viva en San Francisco, esté casada con un estadounidense, hable y escriba inglés con corrección, elabore temas políticos o sociales y venda cientos de miles de ejemplares en las dos lenguas en los Estados Unidos. Lo mismo pasaría con la obra estadounidense del español Antonio Muñoz Molina, sobre todo *Ventanas de Manhattan* (2004). Para las fechas en que escribió esa obra ya llevaba un tiempo viviendo en los Estados Unidos, pues era director del Instituto Cervantes de esa ciudad. Incluso antes de ostentar ese cargo había pasado largas temporadas en el país que ahora lo acoge como residente habitual. Ni en Allende ni en Muñoz Molina, ni en otros muchos (como Eduardo Lago, Julio Ortega, Juan Francisco Ferré, Vicente Luis Mora, Javier Calvo, Eduardo Chirinos y un largo etcétera) hay conflicto porque no hay desarraigo. Ninguno de ellos quemó naves (o se las quemaron), sino que todos mantienen un pie en los Estados Unidos y otro en su país de procedencia. Identitariamente, eso es crucial. En ellos no existe la conciencia de pertenecer a un lugar distinto al que se habita cotidianamente, y al que hay que pisar como si fuera propio sin serlo, no sólo porque no haya posibilidad de volver, sino porque tampoco se es totalmente del otro sitio. De hecho, Junot Díaz (no Gustavo Pérez Firmat, que es exiliado político cubano) podría visitar la República Dominicana siempre que quisiese, comprarse allí una buena mansión, establecer su residencia gran parte del año, etc. No habría impedimentos ni económicos ni políticos. Sin embargo, su hibridez y su multiestructuralidad le impiden sentirse cómodo en un lugar que ya no es el suyo, quizá porque nunca lo llegó a ser, o porque empezó a dejar de serlo muy pronto. Los recuerdos de la infancia en Dominicana aparecen más en *Drown* que en *The Brief Wondrous Life of Oscar Wao*. En los cuentos se recrean los paisajes de una infancia idealizada (Paravisini 2000: 164), en contraste con los deprimidos y deprimentes ambientes de Paterson y alrededores, los pueblos de Nueva Jersey donde creció, habitando en un edificio de protección oficial (Section Eight) y en unas condiciones sociales y económicas pésimas. El contraste emocional entre la realidad inventada y fantaseada por la memoria de un pasado idílico y la tosquedad de la única realidad que se impone como inevitable, la de los Estados Unidos, permite que la mirada multiestructural se organice como una resistencia contra un mundo que no se acepta, como un documento político que describe una conciencia colectiva: la del inmigrante marginado que sufre la lejanía de su lugar de origen y el rechazo de la sociedad a la que llega.

La siguiente reflexión que se propone sobre este particular tiene que ver con el espectro geopolítico del tablero de ajedrez donde estos problemas se plantean. Creemos que las condiciones particulares del Caribe facilitan la hibridez, la proyección diaspórica (Bandau 2008: 94) y la condición multiestructural. Siendo conceptuable como un todo (Benítez Rojo 1998, Glissant 2001, Miampika 2005) gracias a su envidiable situación geográfica, en el centro de todos los mundos (del norte y del sur de América, de Europa y Asia), y a su naturaleza de archipiélago, muy distinta a la continental, lo cierto es que el universo antillano es múltiple en sus culturas, en sus idiomas, en sus devenires históricos, en sus configuraciones políticas. Ahora bien, a pesar de todas esas diferencias, existe un lugar común, relacionado con la necesidad de salir, de traspasar los límites de la insularidad, de expandirse para sentir una libertad y una capacidad de movimiento que la condición insular no permite. A día de hoy, la comunidad antillana significa una de las mayores diásporas del universo (Bandau 2008: 94), que tiene sus propias características y motivaciones, que no son siempre las más comunes (pobreza o dictaduras políticas). Y esa diáspora está cosechando frutos literarios muy rentables en los Estados Unidos. Además de las obras ya citadas de Gustavo Pérez Firmat, Junot Díaz y Julia Álvarez, cabe destacar el trabajo de escritores como Ana Lydia Vega (Puerto Rico), Paule Marshall (Barbados), Esmeralda Santiago (Puerto Rico), Derek Walcott (Santa Lucía), Rosario Ferré (Puerto Rico), Piri Thomas (medio cubano, medio puertorriqueño cuando se llamaba Juan Pedro Tomás, pero neoyorquino siendo Piri Thomas), Pedro Juan Soto (Puerto Rico), Edwidge Danticat (Haití), Aurora Levins Morales (Puerto Rico), Óscar Hijuelos (Cuba), Jamaica Kincaid (Antigua), Audre Lorde (Grenada), Luis Rafael Sánchez (Puerto Rico), Cristina García (Cuba), Angie Cruz (República Dominicana),

Nelly Rosario (República Dominicana), etc. Todos ellos están contribuyendo a que en las dos últimas décadas se esté reformulando constantemente el concepto de diáspora y de literaturas diaspóricas, porque en la mayoría de estos autores y autoras el concepto de hibridez y multiestructuralidad es evidente, y su versatilidad para integrarse en el marbete de "literatura menor" es mucho mayor que la de los autores continentales latinos que viven y escriben en los Estados Unidos, muchos de los cuales lo siguen haciendo en español porque, aparte de su propia capacidad idiomática, consideran que el público que mayoritariamente los puede leer es el de sus países de procedencia, como puede ser el caso de Isabel Allende, Antonio Muñoz Molina o Eduardo González Viaña. De hecho, Junot Díaz ha llegado a afirmar que su escritura, henchida de fragmentariedades, conflictos identitarios, multiestructuras, hibrideces, lo es por la misma constitución fragmentaria de la identidad del archipiélago al que pertenece por su origen:

> I'm a product of a fragmented world. Take a brief look at Dominican or Caribbean history and you'll see that the structure of the book is more in keeping with the reality of this history than with its most popular myth: that of unity and continuity. In my mind the book was supposed to take the shape of an archipelago; it was supposed to be a textual Caribbean. Shattered and yet somehow holding together, somehow incredibly vibrant and compelling (De Maeseneer 2011: 245).[2]

En la mayoría de los casos, el *code switching* (cambio de código lingüístico) significa estar explicando en una lengua algo que se está "produciendo" en otra lengua. Esto es parte de la reformulación de literatura diaspórica que llevan a cabo estos autores fundamentalmente de la zona del Caribe. De ahí la confusión dramática en la que se encuentra el narrador del poema de Pérez Firmat que Díaz coloca al frente de su libro de relatos. Lo que ocurre es que el narrador, que describe en inglés algo que está sucediendo en español, no puede explicarlo bien en el idioma de su cultura dominante, es decir, la de procedencia, y lo hace desde la plataforma de su identidad adquirida, es decir, de la cultura anglosajona. Por ejemplo, en el relato que da título al libro,

---

2. Reproduzco el texto citado por Rita De Maesenner, extraído de la entrevista realizada al autor por Meghan O'Rourke el 8 de noviembre de 2007, en <www.state.com>.

"Drown", traducido como "Negocios", hay un narrador, joven, que se expresa en inglés, pero las situaciones que describe forman parte de recuerdos de su padre, cosas que su padre le decía en español (Barros-Grela 2007: 16-17). La estructura del relato alude al problema que suele ser común en los emigrantes latinos en los Estados Unidos: cuando la familia entera se traslada, los adultos nunca aprenden bien el idioma del nuevo lugar, y en muchos casos no asimilan nada, viven como si no hubieran salido lingüísticamente de su país, mientras que los hijos se crían en el otro idioma (la escuela, la calle) y sólo utilizan su lengua de origen para hablar con sus padres. En la novela de Oscar Wao ocurre algo parecido: en los pasajes en los que Oscar es el protagonista, el texto en inglés funciona perfectamente con la situación en inglés. Pero en el resto de los pasajes, donde los narradores y protagonistas son sus padres o abuelos, y las acciones se desarrollan en español, sea en Dominicana o en los Estados Unidos, el conflicto lingüístico es nítido: se está expresando en inglés algo que se corresponde directamente con el idioma español.

Por eso las traducciones al español funcionan tan bien en las obras de Díaz aunque, curiosamente, los cuentos los tradujo un español que vive en Nueva York (Eduardo Lago) y la novela, una cubana radicada en Chicago (Achi Obejas). De hecho, estas obras no son "monolingües": el texto en inglés está sazonado por multitud de palabras, frases, expresiones, sintagmas en español. No podría ser de otra manera, sobre todo cuando se refiere a un tipo de habla concreta, propia de los adolescentes, de los negros de barrios marginales, de los dominicanos que viven en Dominicana, o de cualquier *slang*. Algo que se refleja, como en una condición especular inevitable, en la traducción al español: en ella, se mantienen en inglés muchas palabras, sintagmas, expresiones, frases, etc., que no tendrían ningún sentido de ninguna forma en el otro idioma. Todo ello está obligando asimismo a una nueva dimensión sociocultural: el lector estadounidense deberá estar cada vez más familiarizado con el *code switching*, como se ha estudiado a fondo en una tesis doctoral reciente, donde se llega a la conclusión de que este tipo de escritura "achieve a metaphorical displacement of the ideal monolingual reader by producing texts whose poetics require bilingual, cross-cultural competency" (Burrows 2010: 1). Si ése es el resultado del grado de subversión que supone la actitud del catalizador de la "literatura menor", bienvenidos sean los conflictos de los escritores del "in-betweeness". Si ellos son capaces de transmitir su "identidad en proceso" y lograr que el anglo monocultural y monolingüe acepte esos productos como los de Paul Auster, Don DeLillo, Philip Roth o David Foster Wallace, el futuro de los latinos en los Estados Unidos será cada vez más prometedor, sobre todo sabiendo que para la mitad del siglo XXI el español ya no será un idioma minoritario, sino una lengua tan utilizada como el inglés.

Bibliografía

Augenbraum, Harold/Fernández Olmos, Margarite (eds.) (2000): *U.S. Latino Literature. A Critical Guide for Students and Teachers*. Westport, CT: Greenwod Press.

Bandau, Anja (2008): "Memoria y lugar: Movimientos transnacionales en la escritura contemporánea de autores caribeño-estadounidenses". En: Ette, Ottmar (ed.): *Caribbean(s) on the Move-Archipiélagos literarios del Caribe*. Frankfurt: Peter Lang, 93-105.

Barros-Grela, Eduardo (2007): "La literatura de los latinos en Estados Unidos: ¿Un discurso falsificado?". En: *Garoza*, 7, 11-23.

Benítez Rojo, Antonio (1998): *La isla que se repite*. Barcelona: Casiopea.

Burrows, Sonja S. (2010): *Beyond the Comfort Zone: Monolingual Ideologies, Bilingual U.S. Latino Texts*. Ann Arbor: UMI.

De Maesenner, Rita (2011): "*The Brief Wondrous life of Oscar Wao* (2007) de Junot Díaz: Una reflexión sobre autoritarismos". En: *Nueva Literatura Hispánica*, 15, 243-262.

Deleuze, Gilles/Guattari, Félix (1990): *Kafka. Por una literatura menor*. México: Ediciones Era, 2ª reimpresión (primera edición en español, 1978; primera edición en francés, 1975).

Díaz, Junot (1996): *Drown*. New York: Riverhead Books.

— (2007): *The Brief Wondrous Life of Oscar Wao*. New York: Riverhead Books.

Ette, Ottmar (ed.) (2008): *Caribbean(s) on the Move-Archipiélagos literarios del Caribe*. Frankfurt: Peter Lang.

Figueroa, Ramón A. (2005): "Fantasmas ultramarinos: La dominicanidad en Julia Álvarez y Junot Díaz". En: *Revista Iberoamericana*, LXXI, 212, 731-744.

GLISSANT, Édouard (2001): *El discurso antillano*. Caracas: Monte Ávila (primera edición en francés, 1981).
LUIS, William (1997): *Dance Between two Cultures: Latino Caribbean Literature Written in the Unites States*. Nashville/London: Vanderbilt University Press.
MIAMPIKA, Landry-Wilfrid (2005): *Transculturación y poscolonialismo en el Caribe: Versiones y subversiones de Alejo Carpentier*. Madrid: Verbum.
MUÑOZ MOLINA, Antonio (2004): *Ventanas de Manhattan*. Barcelona: Seix Barral.
PARAVISINI-GEBERT, Lizabeth (2000): "Junot Díaz's Drown: Revisiting 'Those mean Street'". En: Augenbraum, Harold/Fernández Olmos, Margarite (eds.): *U.S. Latino Literature. A Critical Guide for Students and Teachers*. Westport, CT: Greenwod Press, 163-173.
PÉREZ FIRMAT, Gustavo (1994a): *Life on the hyphen*. Austin: University of Texas Press.
— (1994b): "Dedication". En Seeley, Virginia (ed.): *Latino Caribbean Literature*. Los Angeles: Paramount Publishing,130.
— (1995): *Bilingual Blues*. Tempe: Bilingual Press.
SEELEY, Virginia (ed.) (1994): *Latino Caribbean Literature*. Los Angeles: Paramount Publishing.

Destierro y destiempo

Gustavo Pérez Firmat
Columbia University

Soy lo que fui, hace años, para siempre: un cubanito de Miami, sin lengua pero deslenguado, que ha tenido la buena y la mala fortuna de vivir casi toda su vida en un país libre, pero que no es el suyo, y de escribir su obra en dos idiomas, ninguno de los cuales en propiedad le pertenece. El exilio nos cambia, nos da la oportunidad o nos impone la obligación de convertirnos en otra persona, alguien que a veces no se nos parece. De ahí que, para mí, el hacer carrera de profesor y escritor más que un destino ha sido un desatino, una especie de falla, un accidente topográfico producido por los temblores que sacuden la isla donde nací. Soy escritor para dejar constancia que debí haber sido otra cosa. Hace años escribí un librito que titulé *Equivocaciones.* Y es que no escribo por vocación; escribo por equivocación. Meter la pata es mi condena. A decir verdad, yo nací con alma de almacenista, igual que mi padre y que mi abuelo –cuestión de libras en vez de libros–.

Hace unos años hice una lectura de poesía en un centro para personas jubiladas cerca de Chapel Hill, el pueblo en Carolina del Norte donde vivo. Después de mi presentación se me acercó una señora para decirme que aunque no era cubana y había vivido toda su vida en el profundo sur, entendía los poemas que yo acababa de leer porque, en sus palabras, "aging is a process of exile". O sea, envejecer es un exilio. Siempre he recordado esa frase, y con los años me he dado cuenta de que esa vetusta Scarlett O'Hara, teñida de rubio y vestida con *shorcitos* para jugar *tennis*, tenía razón.

En su juventud, el exiliado le apuesta al tiempo. Confía en que, con el tiempo, el destierro será redimido por el regreso. De ahí aquel brindis tantas veces repetido por los exiliados cubanos: "El año que viene estamos en Cuba". Sin embargo (y hasta con embargo), a medida que el exiliado envejece, el tiempo, antes su cómplice, se le vuelve hostil. Empezamos a perder el tiempo, por así decirlo. Empezamos a sentir una falta de sincronía entre el tiempo de nuestras vidas y el tiempo de la historia. Nuestro tiempo, en el sentido histórico, ya no coincide con nuestro tiempo, en el sentido vital. Cuando esto sucede, en vez de vivir con tiempo, a tiempo, vivimos a destiempo.

Por supuesto, esta sensación de destiempo invade a todo el que llega a viejo. En mis cursos les digo a los estudiantes que no me pregunten acerca de nada que haya ocurrido en los últimos diez o quince años porque no tengo la menor idea. El presente, la contemporaneidad, a ellos les pertenece. Ojalá la sepan aprovechar. Yo no soy contemporáneo de mis estudiantes; si acaso, soy su destemporáneo. Compartimos la misma época pero no el mismo tiempo.

Para el exiliado, el destiempo, la destemporaneidad tiene repercusiones que van más allá del no estar al día, del proverbial despiste, ya que altera la definición misma del exilio. Envejecer en el exilio es también el envejecer del exilio. Como nosotros, el exilio tiene sus edades: su juventud, su madurez y su tercera edad. Y si hay achaques de la edad, también hay achaques de la edad del exilio, que nos dejan marcas no tan evidentes como las arrugas o las canas, pero que no por ello son menos reales. Cuando el exilio dura por décadas deja de ser un estado pasajero para convertirse en una condición crónica. Crónica en ambos sentidos: una condición sujeta al tiempo y tan irreversible como el propio envejecer. Al final de la película de Andy García, *The Lost City,* el protagonista, Fico Fellove, abandona la isla. Al llegar a Nueva York le dice a un americano: "I'm only impersonating an exile. I'm still in Cuba". Es posible que todo el que ha abandonado su país, al llegar al destierro, piense igual que Fico Fellove y niegue la realidad del exilio. Pero entonces pasan los años. Y al fin al cabo otra realidad se impone, la realidad de un exilio duradero, de un exilio crónico, sin fin ni finalidad. La impostura ya no es máscara; es cara. Es más, es más cara.

Llegué a Miami con mis padres y mis hermanos el 24 de octubre de 1960 y nunca he vuelto a Cuba. Cuando llegué tenía 11 años; ya he cumplido 63. A medida que ha pasado el tiempo, el exilio ha ido acaparando una parte cada vez mayor de mi vida. Ya ocupa más de tres cuartas partes. Es como si la edad de mi exilio se fuera aproximando más y más a mi edad. A veces hasta me parece que algún día mi exilio y yo tendremos la misma edad. Ese día, el niño que vivió en el Reparto Kohly en La Habana y asistió a La Salle del Vedado habrá desaparecido por completo. Ese día, seré sólo exilio. Seré alguien que sabe que ha perdido algo pero que no sabe lo que es porque la época antes de la pérdida ya no existe.

Así es como se presentan los síntomas de un exilio perdurable. No es mero juego de palabras decir que el exiliado crónico es también un exiliado anacrónico. Después de tanto tiempo, lo que ya no se tiene se confunde con lo que nunca se tuvo, y lo que fue nostalgia se siente como melancolía. Supongamos que Fico Fellove todavía vive en Nueva York. ¿Cómo se describiría a sí mismo después de medio siglo de exilio? Dudo mucho que siga diciendo que el exilio es una impostura, que él todavía está en Cuba. Creo que diría que el exilio ha calado en lo más profundo de su ser. Tanto, que ya ni siquiera es un cubano exiliado. Es un exiliado cubano. Lo sustantivo es el exilio; lo adjetivo, la nacionalidad.

No sé en qué momento arribé a lo que en inglés se llama *the point of no-return*, modismo que para el exiliado cobra un significado inusitado. Sé que no fue una revelación súbita. Ocurrió poco a poco, casi insensiblemente. El primer atisbo coincidió con la invasión de Playa Girón. Cuando desperté para ir al colegio la mañana del 17 de abril de 1961 mi tío y mi padre estaban en el Florida Room de nuestra casa en Miami escuchando trasmisiones de onda corta, ambos convencidos de que la invasión iba a triunfar. Cuando no fue así, dejaron de hablar con tanto optimismo de un regreso inmediato a la isla. Lo mismo sucedió con la llamada crisis de los misiles. Y con los desembarcos de Alpha 66. Y con la fingida gestión de Alabau Trelles. Y con tantos otros momentos de esperanza y desengaño, *booms and busts*. El lema de mi padre, como el de tantos, era siempre: "Lo bueno que tiene esto es lo malo que se está poniendo". Con el tiempo el lema se trocó en dilema: la cosa se ponía cada vez peor pero nada bueno salía de ello.

La última vez que me pareció que nuestro exilio tenía *expiration date*, fecha de vencimiento, fue a principios de los años noventa, después de la caída del Muro de Berlín. En uno de mis libros describo un concierto de Willy Chirino en el Dade County Auditorium que ocurrió en el verano de 1991. Chirino acababa de lanzar una canción que pronto se convirtió en himno: "Nuestro día ya viene llegando". En ese momento sí nos parecía, en efecto, que el regreso era posible. Pero entonces, igual que antes, igual que siempre, empezaron a pasar los años y nuestro día no acababa de llegar. Llegaban, eso sí, más y más cubanos a las costas de la Florida.

Por esos años, además, mi familia entró en uno de esos ciclos de contracción que atribulan a todas las familias. Hay épocas cuando las familias crecen y otras épocas cuando las familias menguan. Durante nuestras primeras décadas de exilio, mi familia crecía. Los que éramos jóvenes nos casábamos y teníamos hijos. Los que ya no eran jóvenes, seguían tirando. Por esos años me parecía que nadie se moría en Miami. En los años noventa, la familia empezó a menguar. Primero los abuelos, después los tíos y las tías. Cuando mi padre falleció, hace justamente diez años, me di cuenta de que mi exilio era definitivo, que ya habíamos llegado al *point of no return*. La fecha de vencimiento me había vencido. Si no había regreso para mi padre, tampoco podía haber regreso para mí. El poeta Orlando González Esteva tiene una frase que describe con precisión mis sentimientos: "El futuro ya pasó". No digo que el futuro haya pasado para todos. Sólo digo que ha pasado para mí.

Cuando el futuro pasa, el tiempo se vuelve destiempo, o lo que es peor, contratiempo. El año que viene *no* vamos a estar en Cuba. El día que venía llegando *no* llegó. La esperanza de la espera se dirime en la sabiduría de que ya no hay motivo para seguir esperando. Ahora cuando pienso en Cuba, oigo la voz de mi padre, que ya no existe. Lo cual no quiere decir, claro, que yo no siga siendo cubano. Descreo de la asimilación, del desexilio, del ex exilio o del posexilio. Tampoco creo en un exilio que deviene diáspora o emigración. Pero sé que un exilio sin fin, que un exilio sin auxilio, ha modificado mi relación con el país donde nací.

Hay tres palabras distintas para designar la condición de ser cubano: *cubanidad, cubanía y cubaneo*. En inglés, todas se traducen *Cubanness*, aunque no significan lo mismo. El término más antiguo y difundido es *cubanidad*, cuyos orígenes se remontan al despertar del sentir nacionalista en Cuba a principios del siglo xix. En una conferencia de 1939, Fernando Ortiz define la cubanidad como "la condición genérica de cubano". El adjetivo es clave: la cubanidad es un atributo genérico. No admite individualización. En el sentido en que uso el término, designa un estado legal avalado por partidas de nacimiento y pasaportes, documentos que equiparan la nacionalidad con la ciudadanía. Esto quiere decir, sin embargo, que la cubanidad es la manifestación más precaria de la nacionalidad. Es posible ser cubano y no tener vínculos legales con Cuba. Lo opuesto también sucede: para reclamar cubanidad no es necesario haber nacido o haber sido criado en Cuba. Basta con una carta de naturalización.

El *cubaneo* es distinto. A diferencia de la cubanidad, prescinde del aval de documentos expedidos por un gobierno. En lugar, se manifiesta en todo un repertorio informal de gestos, gustos, costumbres, de maneras de hablar, pensar y sentir. En vez de nombrar un estado civil, el cubaneo designa un estado de ánimo –una actitud, un talante, cierta disposición afectiva–. De ahí que el referente del cubaneo no sea un *país* –entidad política– sino un *pueblo* –conjunto social y cultural–. Cabe añadir que el cubaneo no siempre ha sido bien visto, inclusive por los propios cubanos. Es el blanco de obras como *Manual del perfecto sinvergüenza* (1922) de José Muzaurrieta, *La indagación del choteo* (1928) de Jorge Mañach y *El carácter cubano* (1941) de Calixto Masó. Un reciente diccionario de cubanismos publicado en España define el cubaneo de esta manera: "Actitud despreocupada y superficial que se considera típica de los cubanos". Un ejemplo de esta actitud es la frase favorita de mi padre, "Jodido pero contento", máxima que sabiamente supedita la jodedera a la jodedura. Como dijo no sé quién, a veces lo más profundo es la piel.

En efecto, el cubaneo dista mucho de ser superficial. O más bien, se trata de una actitud superficial que entraña un sentido profundo. Pues si la cubanidad designa pertenencia a una nación, el cubaneo denota algo igualmente significativo: pertenencia a una comunidad. Para el exiliado, el cubaneo ayuda a colmar el vacío creado por la separación. Es un antídoto contra la ausencia. Porque en el fondo esa informalidad efusiva y callejera –encarnada en el paradigmático apóstrofe callejero, "oye tú"– no es otra cosa que una manera de reanudar los vínculos rotos por el exilio. Como el "oye tú" el cubaneo reclama comunicación, contacto. El eslogan de un anuncio comercial en la Cuba que ya no existe preguntaba: "¿Hay ambiente, mi gente?" Como la cerveza Crystal, el cubaneo crea ambiente, mitiga el desconcierto de vivir en tierra extraña.

Llegamos entonces al tercer término, *cubanía*, una de esas pocas palabras con fecha de nacimiento, ya que fue acuñada por Fernando Ortiz en la conferencia que mencioné anteriormente, dictada en la Universidad de La Habana el 28 de noviembre de 1939. Desde entonces, "cubanía" y "cubanidad" tienden a usarse indistintamente, aunque Ortiz introdujo la nueva voz para discriminar entre ellas. La idea para el neologismo le llega a Ortiz de Miguel de Unamuno, que distinguía entre hispanidad e hispanía. Según Unamuno, igual que hay una diferencia entre humanidad, atributo genérico, y hombría, virtud individual, existe una distinción correspondiente entre hispanidad e hispanía.

Siguiendo los pasos de Unamuno, Ortiz define la cubanía como una cubanidad arraigada en el sentir del individuo. "Una cubanidad", dice él, "sentida, consciente y deseada". Por lo tanto, la cubanía no yace en una relación legal entre un ciudadano y su nación, ni tampoco en la relación de cordialidad entre cubanos. La cubanía forma parte de nuestra vida interior. No se convalida, se siente. No se expresa, se siente. Según Ortiz, estriba en "la conciencia de ser cubano y la voluntad de quererlo ser". Sucede entonces que la cubanía no depende de contingencias como el destierro o el destiempo, sino de un acto de voluntad, de una especie de añoranza, un querer ser (tal vez, un querer ser lo que ya no somos). A diferencia de la cubanidad, que remite a un país, y a diferencia del cubaneo, que remite a un pueblo, la cubanía encarna en algo más sutil e inefable: en una patria. Como en el conocido poema de Martí, "Cuba y la noche", la patria es una presencia cordial e íntima, una posesión inconfiscable, un país que no se abandona y un pueblo poblado de noche.

La Constitución cubana de 1940 afirma: "El ciudadano tiene derecho a residir en su patria". Y también tiene el derecho, digo yo, de que su patria resida en su interior. La cubanía es la manifestación de lo cubano propia de los exiliados para quienes el único regreso posible es hacia adentro y no hacia atrás. Como dijera una vez el escritor español Vicente Llorens, los ojos del exiliado no ven lo que miran, sino lo que llevan dentro. La Cuba de la cubanía es una corazonada. Como tal, es mitad corazón y mitad nada.

No se me oculta que al fundar mi relación con Cuba en el concepto de cubanía me estoy evadiendo de la historia y hasta de la geografía de la isla. Reconozco que la Cuba de la cubanía guarda poca relación con el país que hace más de medio siglo padece la dictadura castrista. Tampoco se me oculta que en mi relación con Cuba hay un elemento de rencor. No es casualidad que en inglés destiempo es *distemper*, que quiere decir mal humor.

No sé si a otros cubanos exiliados les pasará lo mismo, pero en lo que se refiere a Cuba, reboto entre el apetito y el empalago. Hay épocas cuando mi mundo mental y sentimental gira alrededor de Cuba, centro de gravedad y ligereza. Pero hay otras épocas cuando me harto de todo lo que tenga que ver con Cuba. Entonces me canso de ser sombra de ese Pérez cualquiera que dejó su país siendo niño y hace más de treinta vive en un apartado lugar que en otro tiempo e idioma se hubiera llamado la Loma del Chaple, pero que aquí y ahora se llama Chapel Hill.

De más está decir que estos sentimientos encontrados, este vaivén entre apego y rechazo, *love and hate*, también se proyectan hacia el sujeto que los siente, hacia uno mismo, ya que si bien es verdad que, como dice Albita en una de sus canciones, no tenemos la culpa de haber nacido en Cuba, sí tenemos la culpa –los de aquí y los de allá y los del más allá– de que a Cuba le haya pasado lo que le pasó.

Últimamente mi resguardo contra lo cubano, mi cura de Cuba, es un pueblecito que se llama Mayberry. Está ubicado en las montañas de Carolina del Norte. Tiene 1.800 habitantes, o más bien residentes, la mayoría de los cuales, aún hoy en día, nunca ha viajado más allá de los límites del pueblo. Las grandes carreteras que *criscruzan* (digo, que atraviesan) los Estados Unidos no pasan por Mayberry. La razón es muy sencilla: Mayberry no existe. Es un lugar ficticio, la localidad donde transcurre un programa de televisión de los años sesenta, *The Andy Griffith Show*, del cual mi esposa Mary Anne y yo somos fans. Hace un par de años que me dedico a escribir un libro sobre este lugar sin límites. Me puse a trabajar en este proyecto durante uno de mis accesos de desamor patrio. Quería alejarme de Cuba, imaginar una vida no dañada por el exilio, una vida como la de los ciudadanos de Mayberry. Pero es una ambición irrealizable. Ni siquiera en Mayberry he podido olvidar quién soy y de dónde.

En uno de los episodios del programa, Barney Fife, el asistente del *sheriff* del pueblo, saluda a otro mayberriano diciéndole, en un español macarrónico, "Hola, amigo". El otro le pregunta al *sheriff*: "Is he one of ours?" Si me hacen esa pregunta a mí, siempre tendré que responder que no. No soy uno de ellos. A pesar de su afabilidad, esa gente no es mi gente. A pesar de los 30 años que he vivido en el profundo sur, ese ambiente no es mi ambiente. No existe manera de tender un puente, ni aunque fuera un gran puente, entre Mayberry y el Reparto Kohly.

Cuba es una piel que no se muda, sobre todo cuando degenera en pellejo. Dice Dulce María Loynaz: "De las islas no se despide nadie para siempre". Y dice Tres Patines: "Por mucho que crezca, el bombín nunca llega a bombón". Y no es que yo sea un bombín, ni mucho menos un bombón, *but if the cap fits, wear it*. Traducción en cubano: "Al que nació pa' tamal, del cielo le caen las hojas". En mi caso particular, son las hojas de los libros que me han hecho profesor inútil y escritor equivocado.

III
Cambio de formato: aproximaciones a la literatura electrónica latinoamericana

Prospecciones en *Tierra de extracción*

Daniel Mesa Gancedo
Universidad de Zaragoza

> Pero una vez que la avaricia y el amor al dinero han invadido el
> [espíritu
> ¿esperamos acaso que se puedan componer poemas dignos de ser
> [tratados
> con aceite de cedro y de ser guardados en una caja de ligero ciprés?
> (Horacio, *Arte poética*)

Introducción a la extracción

Me aproximo a *Tierra de extracción*, la "novela multimedia" (o "hipermedia")[1] de Doménico Chiappe (*et al.*, si vale la expresión, por el momento). Es un territorio relativamente nuevo para mí, aunque –lector en pantallas desde el siglo pasado– lleve algún tiempo merodeando por los alrededores o deslizándome por superficies afines. Obras como ésta obligan a profundizar y a preguntarse si lo que alber-

---

1. Aunque "novela multimedia" es el género que se atribuye explícitamente la obra en su última versión, parece convenirle mejor el calificativo de "hipermedia", tal como lo define Chiappe en diversos lugares, pues a la combinación de texto, imagen y sonido (que definirían lo "multimedia") se añade, además, la interactividad. He trabajado con la versión para PC descargada desde la web de Doménico Chiappe (<http://www.domenicochiappe.com/pg_d_2a.html>).

gan esos territorios es nuevo o procede de la lenta sedimentación de una materia prima largamente asentada.

Como los libros, tienen también su hado las obras hipermedia: su origen, su peripecia, su destino, su lector –más o menos capacitado–. La historia de *Tierra de extracción* se despliega (al menos) entre 1996 y 2011, entre la redacción de la primera versión de una novela "tradicional"[2] que, desde su origen, se *contamina* con la escritura de canciones (que al parecer habían tenido una existencia previa, entre 1989 y 1996)[3], y el reconocimiento que le otorgó la "Electronic Literature Collection" en su segunda recopilación (<http://collection.eliterature.org/2/works/ chiappe__tierra_de_extraccion.html>), como "una de las mejores obras digitales escritas en español" (según se afirma en la web de Chiappe). La versión disponible más reciente es la que se encuentra en esos lugares, denominada "Tierra de extracción v. 4.0". La versión denominada "Tierra de extracción 1.0", que ha de entenderse como la primera transformación del relato hacia su versión digital, parece haberse "desvanecido"[4] o haberse convertido en una rareza de la época pre-Internet, y sus huellas quedan apenas en la descripción (e ilustración) que el propio autor hizo en un artículo de 2002[5]. Entre

---

2. "[...] estaba estructurada en 67 eslabones-capítulos, y las tramas y sus tiempos se mezclaban y forzaban a armar un puzzle. Esa primera versión tenía algo más de 100 páginas al tamaño de las letras verdes de mi pantalla, impresas en ese papel que tenía los bordes agujereados para calzar en el rodillo de la impresora. En un diseño de Times New Roman 12 puntos a doble espacio es probable que el total superara las 200 páginas" (Chiappe 2011: 141). En otro lugar (2005), se dice que el número de capítulos era 60. En la versión utilizada hay 63.
3. "[...] el primer acto de la novela fue la canción y de allí partió el resto" (Chiappe 2002).
4. Chiappe ha reflexionado con agudeza sobre los fenómenos de "obsolescencia" y "desvanecimiento" que afectan a las obras digitales (2005 y 2009).
5. De los datos que manejo, no resulta evidente que la versión "en libro" (o en *códice*, como gusta decir el autor: La extinción...) llegara a existir: el artículo recién mencionado comienza: "Tierra de Extracción era (es) una novela que *pudo ser* impresa y vendida como libro en 1996, pero su contenido, aquello que contaba su narración, estaba (está) también en otras formas de expresión, por lo que el sentido de la obra atravesaba las palabras y su tradicional orden literario" (la cursiva es mía). En cuanto a la versión 1.0, afirma: "La obra vivía en el límite de la obsolescencia porque la estructura de programación funcionaba con dificultad en los sistemas operativos de Microsoft y no servía en los de Mac ni en Linux, un requerimiento de ELO. Andreas [Meier] reprogramó la obra. Para él cada modificación podía contarse como una nueva versión, aunque la apariencia y la narrativa quedaran intactas" (Chiappe 2011: 145).

medias, la versión "2.0" debió de ser la primera verdaderamente interactiva[6] y, en este caso, sí que parece haberse perdido definitivamente, desplazada por la "última" versión, que, dicho sea de paso, habrá borrado, aún más profundamente, la existencia de una hipotética versión "3.0" nunca mencionada hasta donde se me alcanza (a no ser que se considere que fuera el punto en que se encontraría en 2007 la transformación de la versión 2.0). Cabe conjeturar ya que, como la materia prima que hace la sustancia de su contenido –el petróleo–, la forma de la expresión de esta novela hipermedia también está "viva": evoluciona y se transforma en el curso del tiempo. Y esta condición, metafóricamente *orgánica*, introduce en la obra –que también necesita de la máquina para funcionar– un componente "cíborg", incluso antes de que intervenga ningún sujeto humano en la lectura (si bien, esas mutaciones son prueba, en este caso, de la intervención de sujetos humanos en su construcción, lo que –dicho sea de paso– no siempre es imprescindible cuando se trata de "literatura electrónica", como bien ha explicado Chiappe 2008c). Puede, quizá, considerarse que esta condición orgánica –más literalmente, histórica– recupera este tipo de textos (hipertextos) para la ciencia que se ocupa de ese tipo de "formas de vida": la filología (que acaso deba convertirse en "hiperfilología"). No es de ese tipo, en principio, el trabajo que aquí se hará, porque, por ahora, aún es preciso leer otras cosas en un texto como *Tierra de extracción*, antes de poder ocuparse de un virtual cotejo y análisis de versiones.

No obstante, hay que precisar que la versión 4.0 que he manejado tiene a su vez tres "avatares" o formatos: una variante *on-line* y dos *off-line* (para descarga en entorno Windows o en entorno Apple-Mac, respectivamente). Las tres son, en principio, idénticas, pero el acceso a la versión *on-line* y a las versiones *off-line* presenta, no obstante, algunas diferencias que afectan a la lectura y merece la pena subrayar. Esas diferencias iniciales tienen que ver con el tiempo, pues el acceso

---

6. "*Tierra de Extracción* se sometió a las mezclas y alteraciones de un lector, un DJ de la literatura y que bien podría ser un prototipo del lector del futuro. Desde Europa, Andreas Meier tomó la versión 1.0 de la novela para recrearlo. Yo, como autor, creé un libro, y tú, como lector, lo modificas con tu visión. ¿La nueva versión, bautizada 2.0, es el mismo libro o es una canción inédita? Puede ocurrir cualquiera de las dos cosas, depende de la intención del DJ. En esta versión 2.0 sucede que decidimos mantener el espíritu de la novela 1.0" (Chiappe 2001).

on-line a determinados contenidos está condicionado por el ancho de banda que el usuario puede manejar, un factor que, antes o después, es de índole económica –lo que no deja de tener importancia, como intentaré mostrar al final–. Y las oscilaciones en la velocidad de acceso repercuten en el ritmo de lectura *on-line*, algo que no es irrelevante en la consideración estética de una obra hipermedia, incluso si se admite que en obras de este tipo el vector temporal pueda estar supeditado al vector espacial (en una concepción romántica, que además privilegia el aspecto plástico por encima del verbal-sonoro). La eventual síncopa derivada de las oscilaciones en el ancho de banda no sucede en las versiones *off-line*, una vez descargadas en el disco duro del ordenador.

Pero incluso desde el aspecto "espacial", hay otra diferencia entre la versión *on-line* y *off-line*: esta última no ofrece la posibilidad de expandir la presentación a pantalla completa, lo que significa que *siempre* hay un *back-ground* tras la obra que puede variar en cada sesión, multiplicando los reclamos-distracciones, o –si se prefiere– permitiendo la contemplación simultánea de otros elementos elegidos libremente por el lector-usuario (que pueden ser herramientas para implementar la tarea de lectura-navegación: paratextos críticos, esquemas personales, etc.) o la supresión a "grado cero" de ese *back-ground*: un fondo blanco o, eventualmente, de otro color. En la versión *on-line* tampoco existe la opción de "pantalla completa", pero siempre puede simularse ampliando la ventana del navegador utilizado, con lo cual el *back-ground*, en principio será siempre blanco (o el elegido por el lector-usuario para su experiencia cotidiana). Son estos, sin duda, aspectos casi literalmente *marginales*, pero que no deben obviarse cuando se trata de obras multimedia en las que la pantalla es, justamente, el marco de la experiencia.

Pero es preciso avanzar un poco más en los aspectos técnicos del artefacto *Tierra de extracción* para comprender su funcionamiento y, eventualmente, su sentido. Debo declarar enseguida que mi competencia –práctica y teórica– en aspectos de programación (o más bien de *des-programación*, que es en realidad lo que me interesó) es casi nula, razón por la cual esta prospección sólo puede entrar en consideraciones muy superficiales desde ese punto de vista. Pero este reconocimiento conlleva, a su vez, dos corolarios: en primer lugar, para analizar estas obras como merecen, para que alcancen el destino que les espera, será preciso el concurso de lectores muy capacitados desde el punto de vista técnico,[7] al menos tan capacitados como los creadores, si es que verdaderamente quiere alcanzarse la supuesta disolución del principio de autoridad que la literatura electrónica suele reclamar. El segundo corolario del reconocimiento de esa por ahora limitada competencia supone el compromiso con otra tarea: la lectura de los aspectos menos "técnicos" de la obra. Suele ocurrir –y ello tal vez sea definitorio de la fase de la lectura "digital" en la que nos encontramos– que el acercamiento a este tipo de obras se quede en la descripción, más o menos superficial, de esos aspectos técnico-formales, cuando no en una mera traslación (o, en el mejor de los casos, crítica) de la declaración de intenciones de sus respectivos creadores. En ese sentido, mi prospección se planeó como "cata" en los aspectos quizá menos hipermediáticos de la obra, en los estratos más accesibles con las herramientas rudimentarias de la crítica literaria arcaica. Herramientas insuficientes, desde luego, para extraer toda su riqueza, pero sin duda útiles para aquilatar algunos elementos imprescindibles para considerarla *valiosa*. Desde luego, esa opción de lectura puede tener una implicación política relacionada con el lugar que esas obras pretenden (o se considera que merecen) ocupar en el –digamos– campo cultural. Es cierto que, como ha ocurrido siempre, las obras hipermedia irán construyendo sus propios lectores, pero no pueden expulsar absolutamente al lector pre-digital. El tan mentado componente "lúdico" (Chiappe 2005) de estas obras puede resultar menoscabado, en una primera fase, si el lector se siente "abrumado" por las competencias que de él se esperan para enfrentarse a ellas. Pero ese eventual menoscabo puede compensarse (o aprovecharse) estimulando otro tipo de lecturas (por el momento) más familiares, y que son las que han permitido la existencia y evolución de eso llamado "humanismo", una tradición a la que, sin duda, algunos de los creadores hipermedia no quieren renunciar.

Los propios autores de *Tierra de extracción* se han dado cuenta de que su lector potencial ha evolucionado en los años de existencia del proyecto: la alfabetización digital ha crecido exponencialmente y, por eso, las instrucciones verbalmente explícitas respecto de cómo navegar el texto han podido reducirse a la mínima expresión en sus versio-

---

7. "[...] esta nueva escritura, que todavía se adivina y que, por el momento, se nutre de los lenguajes conocidos de la radio, la televisión y, sobretodo, la prensa, debe adaptarse al perfil del lector del futuro, el que saldrá de las aulas dominando la programación y la navegación en red" (Chiappe 2002).

nes más avanzadas. Pero aun así, la desaparición de esas instrucciones es una elipsis no casual, sino –digamos– evolutiva: deriva del hecho de que ciertos hábitos del usuario de entornos multimedia han triunfado sobre otros, y ello ha modificado el código y las posibilidades expresivas.

Pero todo esto no es sino una digresión previa al planteamiento de algunas consideraciones sobre el aspecto técnico del proceso constructivo-deconstructivo implicado en este acercamiento a *Tierra de extracción*. La obra, en su versión actual, puede leerse en pantalla siempre que se tenga instalado en el ordenador el programa o *plug-in* Shockwave Player de Adobe. Pero para crearlo fue necesario el acceso (al parecer, extraordinariamente caro en su día, como señala Chiappe en "Historia de una novela") al programa Director, distribuido por la misma empresa.

El nombre de ese programa –como explica Wikipedia– tiene que ver con el tipo de usuario-creador al que va dirigido y cuya interacción se relaciona, inequívocamente, con el cine: "La creación o 'armado' de una película (*movie*), sobre un escenario (*stage*). Para ello, existen ventanas como el reparto de 'actores' (*cast*), otra para el montaje (*score*), otra para los guiones (*scripts*). Es decir, el usuario es como el director de la película, que controla todos sus aspectos".

La película generada mediante el uso del programa Director resulta, no obstante, una especie de sofisticada presentación multimedia, análoga –al menos desde el punto de vista de un usuario más o menos lego– a las que pueden producirse con programas mucho más popularizados durante el periodo de gestación-transformación de *Tierra de extracción*, como pueden ser Powerpoint o Prezi.[8] Llama la atención, no obstante, que, a diferencia de lo que resulta ya bastante común para el usuario de estos programas, la *movie* denominada *Tierra de extracción* no incluya en ningún caso películas propiamente dichas o vínculos que lleven a ellas (casi todas las imágenes son estáticas o con una animación simple).

Una diferencia de los archivos creados con Director y los generados con Powerpoint o Prezi es, sin embargo, importante: en el primer

---

8. En el ámbito hispanoamericano, existen ya ejemplos de "novelas-powerpoint" como Las aventuras de la increíblemente pequeña de la mexicana Cristina Rivera Garza, que, en realidad es un libro ilustrado (o "fotonovela lírica") sin animaciones (<http://issuu.com/criveragarza>).

caso, el resultado es mucho más difícil de "descomponer" –si es que en absoluto posible–. Se genera un producto "cerrado", por mucho que se integre la interactividad en su desarrollo. Esa interactividad será siempre dirigida: el lector hará aquello que los autores han previsto que haga.[9] La previsibilidad puede diluirse o hacerse más complicada, gracias a la técnica, pero no desaparece. El "desarmado", quizá imprevisible, del artefacto no resulta hacedero ni siquiera mediante el intento de "reprocesado" con el programa Director (al menos hasta donde los conocimientos de este lector han alcanzado).

Por ello surgen, de nuevo, dos corolarios. En primer lugar, parece existir algún tipo de lectura –interacción– no deseada por los creadores: la que detecte simultáneamente los diferentes elementos de la novela (por ejemplo: todos los textos que integran un capítulo, todas las fotos, todas las canciones),[10] pero también las descripciones de la interacción prevista o de las claves (cambio de color del texto, por ejemplo) que la provocarán. En alguna parte, entonces, en alguna carpeta de algún ordenador –o quizá ya en "la nube"–, existen los pre-(hiper-) textos de este tipo de obras,[11] esperando, por tanto, a un lector sofis-

---

9. Es casi la misma limitación que desde su origen se detectó en algunos antecedentes *sui generis* de la novela interactiva, como *Rayuela* de Cortázar: el texto podía ser "muchos textos", pero *sobre todo* era dos textos, y no se conoce públicamente –a pesar de la invitación del autor argentino y de algunos beneméritos proyectos en la Red– ningún otro texto que haya tenido sentido (hay algunos intentos de traducción a la Red: "Rayuela virtual": <http://impresioneslasjustasimpresiones.blogspot.com.es/2011/11/rayuela-prologo.html>). Merece la pena ver también el artículo de Brown (2005).
10. El material sonoro y los textos de las canciones son el único componente que el autor ha considerado oportuno desgajar de la obra y publicarlo aparte, en su "novela cantada para internet" (<http://www.domenicochiappe.com/pg_d_7a.html>), que sin embargo tiene con algunas diferencias con las canciones de *Tierra de extracción*: no todas las incluidas en la obra hipermedia se han desgajado y hay algunas de la "novela cantada" que no aparecen en *Tierra de extracción*.
11. En alguna parte (Chiappe 2011) el autor parece lamentarse de que no hayan quedado "registradas" las sesiones de elaboración de la novela y, como para completar mínimamente esa ausencia, ha multiplicado las explicaciones del proyecto, publicando en algún caso correos electrónicos intercambiados con otros colaboradores (Chiappe 2006). Todo ese material, sin duda, influye en la lectura, la orienta y, eventualmente, aclara su sentido: "Nada de esto se documentó. No existen fotografías ni filmaciones de las sesiones que transcurrieron entre 1996 y 1997. Ni siquiera estoy seguro que hayamos comenzado a grabar en 1996. Es probable que termináramos en 1998. Tampoco existen las primeras versiones de los mapas y planos que elaboré en papel. Existe la última versión, escrita y pintada casi sin tacha-

ticado y avezado, no sólo en la técnica multimedia, sino también en la lectura filológica y genética.

En este momento, no obstante, hay que señalar otras diferencias notables con respecto a otros programas de presentaciones multimedia, que inciden en la experiencia de lectura: Director/Shockwave todavía no es soportado por dispositivos de lectura portátil como las tabletas, de modo que por ahora *Tierra de extracción* está confinado a la lectura en un ordenador por muy *ultra* o *netbook* que sea, y obliga, por tanto, al lector a una determinada *posición*. Por otro lado, este programa no permite hacer búsquedas de texto, ni tampoco manipularlo, por lo que el artefacto, aparentemente más sofisticado que una simple traslación de texto a pantalla, se ve afectado de una rigidez de acceso análoga a la del arcaico *códice*.

Unzipping my mind. Des-compresión, deslizamiento y lectura automática

Así las cosas, el lector se ve obligado a entrar en el texto siguiendo las imposiciones del programa, incluso si pretende una lectura deconstructiva. Tras la pantalla-portada (que incluye mención del título, del género y los nombres de los autores), se avanza hacia una introducción que combina imágenes, texto y música instrumental a partir de la cual hay dos itinerarios posibles: avanzar siguiendo las flechas que indican a la derecha (con lo cual se inicia un recorrido progresivo) o acceder a una especie de "tablero de dirección" (por recurrir a una terminología cortazariana) o "mapa de navegación", que incluye todos los títulos de los capítulos de la novela organizados en cuatro columnas combadas (en ligera parábola), y con ubicación destacada de un gran punto rojo que devuelve a la portada. Un clic en cada uno de los títulos nos lleva al capítulo correspondiente, a partir del cual siempre se puede volver al tablero o continuar la navegación de modo –digamos– "cardinal": un clic en cada uno de los lados de cada pantalla lleva a un

> duras, ordenada, entendible. 156 páginas de textos y dibujos, donde se perfilan dos mapas de navegación, uno por tramas y otro por canciones, y diversas rutas de lectura en cada uno de estas propuestas. Hay otros planos con la disposición de los botones y del texto en pantalla y, por cada capítulo, un boceto de cómo interactuarían los elementos entre sí" (Chiappe 2011: 142).

capítulo distinto del texto, salvo el lado izquierdo, que reconstruye el recorrido hecho hasta el momento, volviendo a la última pantalla vista. Cabe señalar que ese acceso "cardinal" no es aleatorio: desde cada capítulo (y desde cada pantalla que lo compone) se llega siempre a los mismos sitios.[12]

Para intentar comprender el mecanismo, es posible realizar un "ojeo" de la novela deslizándose (más que navegando) de capítulo a capítulo (en las tres direcciones que lo permiten), sin tratar de leer u operar en el interior de cada uno de ellos. Ese "ojeo" tiene mucho de automatización consustancial a la lectura hipermedia[13]: el lector se convierte en un dispositivo que repite una "rutina" (clic arriba / clic abajo / clic a la derecha). Durante ese proceso, el lector –si no se ha convertido del todo en un autómata– tal vez puede llegar a preguntarse si esa operación po-

---

12. "Para recorrer las cinco tramas de la novela se presenta un 'mapa', que vendría a ser una versión moderna del infantil mapa de tesoros, donde un eslabón conduce a otro, donde cada parada ofrece pistas para alcanzar el ansiado cofre enterrado. Pero también se puede seguir dos tipos de navegación desde cualquier lugar de la obra: 1) diacrónica: si se sigue el recorrido que ofrece el botón ubicado en el margen superior de la pantalla se produce una prolepsis; es decir, se avanza en el tiempo; si se elige el botón del margen inferior, una analepsis, o una mirada al pasado. Y 2) sincrónica: si se opta por el botón de la derecha se seguirá el recorrido elegido por el autor; si se opta por la izquierda, se verá, como fotografías, el itinerario realizado por el lector. En las manos del lector se encuentra la posibilidad de 'escuchar' la historia contada por la palabra escrita, la voz, la música o la imagen" (Chiappe 2007a). En realidad, no es así: se puede evitar el sonido (silenciando los altavoces del dispositivo), pero no se puede prescindir del texto o las imágenes, ni desgajar uno de otras. En versiones anteriores (la 1.0), la navegación era múltiple también pero distinta. En esencia había cuatro maneras: "arborescente" (recorriendo la "mata de mango", figura simbólica que se convierte en patrón estructural); temporal (regida por la música, cuyas líneas melódicas se transcribían (esto desaparece en 4.0); espacial (recorriendo los lugares); y "tradicional" (siguiendo la numeración de los capítulos: "Esta forma es la preferida por ser menos experimental, lo que garantiza entendimiento pleno de la lectura, algo que bien pudiera no suceder de las otras miles de maneras que tiene este libro electrónico para ser leído" [Chiappe, 2002]). Es interesante notar que éste es el único lugar en el que el autor parece dudar de la posibilidad de un entendimiento pleno de la novela, riesgo que, ciertamente, existe también en versiones posteriores.

13. Chiappe (2005) ha señalado también la importancia de esta operación en el caso de las obras hipermedia: "[...] este tipo de navegación no comporta verdadera lectura, sino un ojear, como si se consultase el encabezado de cada capítulo en un libro que carece de índice. El reto de lo lúdico, entonces, es aún mayor, porque tiene la misión de detener al lector frente al contenido. Para lograr este complejo cometido, el juego debe servir de soporte a la trama".

dría haberla realizado una máquina verdadera (el programa), lo que permitiría revelar de modo más rápido ciertos parámetros compositivos, y llegar a algunas conclusiones que, sin embargo, el lector-no-del-todo-autómata descubre como parte del proceso de construcción del sentido.

Si tomamos como referencia el tablero de dirección inicial para construir una tabla que permita numerar convencionalmente (de arriba abajo y de izquierda a derecha) los capítulos[14] podremos construir fácilmente una serie de tablas que anticipen cada uno de los recorridos y nos permitan llegar a algunas conclusiones:

En la tabla aparecen los títulos de los capítulos en distribución análoga a la del tablero de dirección. El número de orden convencional no corresponde al de su aparición en la novela. Las casillas en blanco reproducen espacios más amplios en el tablero, que, a veces, coinciden con interrupciones de secuencias narrativas, como se verá. En negrita se han destacado los once títulos que aparecen consignados en la segunda pantalla de la obra, que funciona como introducción, puesto que parece que eso pudiera implicar algún tipo de privilegio semántico. La columna señalada con una flecha descendente indica el número del capítulo al que se llega desde el de referencia en una lectura analéptica (en los términos del autor), y la columna señalada con una flecha ascendente el capítulo al que se llega en una lectura proléptica.

A partir de esta operación automática se pueden establecer ya algunas conclusiones interesantes. La primera es que, a pesar de lo que indica el autor, la lectura proléptica o analéptica no son lineales. Un lector que elija esos recorridos se encontrará abocado a un número concreto de "bucles" (lugares en que dos capítulos se remiten uno al otro, sin solución de continuidad). No son pocos (y van señalados con asterisco en la tabla): en la lectura analéptica (en descenso) son 9, y en la proléptica (en ascenso) son 8. Interesa también descubrir que hay un bucle común a ambos recorridos: el que confluye en "Delirio" (22), que en lectura analéptica lleva a "Llaves" (50) y en proléptica a "Estatua" (63), para

---

14. En la versión 1.0, la más parecida a hipertextos en papel, los capítulos aún iban numerados (Chiappe 2002). La numeración se pierde ya en la versión 2.0: "para que los eslabones sean de mercurio no pueden estar numerados. Deben ser identificados con una palabra, pues el número siempre indica una referencia: hay algo antes o después, no así la palabra. El capítulo '1' fue renombrado como capítulo 'Autobús'". Aquí ese capítulo lleva el número 47 porque (insisto) la numeración es convencional a partir de la disposición del "tablero de dirección".

PROSPECCIONES EN *TIERRA DE EXTRACCIÓN* 235

TABLA 1

	→	↑		→	↑	→	↑
1) Niña	20	45*	18) Tristeza	32	24	29*	18	19*	31
2) Regla	32	25	19) Error	48*	16*				
3) Semejanza	6	32	20) Memoria	28*	33*			53	46
4) Hembra	25	41*	21) Vuelta	44	53	34	35	22*	58
5) Confusión	28	29	22) Delirio	50*	63*	10	33	35	57
			23) Sueño	55	30	46	8	56	54
6) Camino	47	3	24) Carcajada	14	13	33	30	21	49
7) Madre	32	56	25) Ebriedad	2	4			52	60
8) Destino	61*	44	26) Billete	12	11			11	23
9) Compañía	62*	60	27) Trampa	50	10*			60	54
10) Virgen	47	27*	28) Espera	20*	57	43*	45	28	59
11) Progreso	26	55	29) Extracción	35*	12	40*	4*	50	30*
12) Lluvia	29	24	30) Anhelos	23	58*	5	4	57	33
13) Mene	24	28	31) Pelicano	48	63	40	2	9	62*
14) Desencuentro	17*	8	32) Monte	3	56	8	21	8*	16
15) Politica	26	56	33) Hermanas	59	20*	3	1*	9*	60
16) Pasos	61	19*	34) Árbol	42	41	47*	6	31	22*
17) Lejos	14*	20				46*	10		

volver siempre a "Delirio". Cabe suponer, entonces, que en lo que el autor llama lectura diacrónica (proléptica o analéptica) ese capítulo cobra un sentido fundamental y merecería la pena hacer una lectura más detenida. Sin profundizar demasiado, se descubre que es el capítulo en que el enunciado reproduce de modo más evidente el efecto "laberinto" que el texto –en su configuración formal– viene desplegando.[15] Es también el lugar en que se hace evidente otro de los postulados de la obra (tanto en su contenido como en su forma): la anulación del tiempo lineal (que en el plano del contenido se procura mediante la fragmentación de las historias y la repetición de determinados elementos argumentales).[16]

Pero esta primera lectura automática depara ya algunas otras conclusiones interesantes relacionadas con el acceso diacrónico: tanto en un sentido como en otro (descendente o ascendente, analéptico o proléptico, hacia el pasado o hacia el futuro) existen capítulos *a los que no se puede llegar*, otros a los que se puede llegar desde *un solo capítulo* y otros a los que se llega *desde dos o tres capítulos*. La frecuencia de estas posibilidades de acceso a determinados capítulos en esta lectura diacrónica es muy parecida y conviene quizá precisarla en otra tabla (la numeración remite a la de la tabla 1):

	Tabla 2			
	Lectura descendente		Lectura ascendente	
Capítulos sin acceso	20	1, 4, 7, 13, 15, 16, 18, 27, 30, 36, 37, 38, 39, 41, 45, 49, 51, 54, 58, 63	20	5, 9, 14, 15, 17, 26, 34, 36, 37, 38, 39, 40, 42, 43, 47, 48, 50, 51, 52, 61
Capítulos de 2 accesos	12	3, 8, 9, 14, 20, 26, 29, 35, 40, 46, 48, 61	11	8, 10, 16, 20, 24, 41, 45, 54, 57, 58, 63
Capítulos de 3 accesos	4	28, 32, 47, 50	5	4, 30, 33, 56, 60
Capítulos de 1 solo acceso	27	El resto	27	El resto

---

15. "En la nueva versión [2.0], el relato se construye a medida que el lector avanza, como si explorara un laberinto" (Chiappe 2002).
16. "La estructura prescinde de la dimensión del tiempo tal como hasta ahora ha estado presente en las novelas, en el teatro, en el cine. En este sentido se asemeja más a la poesía, a la pintura, a la prosa experimental. En lo multimedia, el tiempo se ha fragmentado, ha perdido su cualidad unificadora, de ordenamiento del caos" (Chiappe 2006).

Quizá de esta tabla merece la pena señalar sobre todo los capítulos que ocupan un lugar coincidente (señalados en negrita) y, especialmente, aquellos que se pierden en cualquiera de las dos lecturas: el 15 ("Política"), la secuencia 36, 37, 38, 39 ("Sentencia", "Parto", "Mangal", "Milagro"), que constituye –a su vez– el desenlace de una de las líneas argumentales de la lectura sincrónica o progresiva), y el 51 ("Venta", que, por su parte, también desaparece en una de las posibles lecturas sincrónicas). Tal vez mereciera la pena señalar que, como puede comprobarse, hay capítulos que invierten la frecuencia de sus accesos en una u otra lectura (el 4 o el 30, que desaparecen en la descendente y aparecen 3 veces en la ascendente; o, a la inversa, el 47 o el 50). Puede que en ellos estribe una eventual modificación del sentido del relato.

Me he detenido en el "desmontaje" de estas dos lecturas diacrónicas porque son, acaso, las menos previsibles o, en cualquier caso, las no privilegiadas por la decisión autoral, que, confesadamente, opta por la lectura sincrónica (ciertamente, con un uso peculiar del adjetivo) o, en mis propios términos, progresiva (entendiendo por tal la que opta por el vector habitual de la lectura en las lenguas occidentales: izquierda-derecha). Pero el repaso rápido de este último modo de lectura también permite establecer algunas cuestiones de interés.

Esta lectura progresiva o sincrónica se inicia en el capítulo "Autobús" (47 en la numeración convencional que he sugerido). Ese capítulo ocupa una posición de privilegio en el tablero de dirección inicial: está en su base, siempre aparece destacado en color rojo y en él confluyen las curvas que definen las columnas combadas que conforman el resto de los capítulos. A partir de "Autobús", la lectura prosigue sin alteraciones ascendiendo por la segunda columna del tablero (la que se inicia en "Árbol", 34) hasta el capítulo titulado "Tristeza" (18), que cumple así una función conclusiva parcial. Esta secuencia constituye lo que podría considerarse un primer ciclo narrativo, centrado en la historia de Matías Gracia y Miriam Fuentellana, al final del cual se abren tres posibilidades de continuación:

> a) La primera continúa la inercia progresiva, esto es, avanza haciendo clic en el lado derecho de la pantalla. Se inicia así otra secuencia casi tan larga como la anterior, que abarca los capítulos 63-48 (ascendiendo por la cuarta columna del tablero), entre "Estatua" y "Flores", y se centra en una histo-

ria de corrupción política y económica, que gira en torno al personaje de Manifiesto López y las hijas de Constelación, con mención ocasional del personaje de Matías Gracia (cuya historia será, por ello, casi contemporánea). Esta historia tiene un planteamiento circular, porque en el capítulo inicial y en el final de la secuencia aparece mencionado el personaje de Carmencito Villegas, alguien del pasado cuyo objetivo fue convertirse en estatua para contemplar la vida del pueblo.

Las otras dos historias que pueden continuar el ciclo inicial, a partir de "Tristeza", se abren –literalmente– mediante un recurso que no se da en ningún otro capítulo: sendas puertas que aparecen en la pantalla final del capítulo. En ese momento se produce una verdadera bifurcación de la historia hacia otras dos posibles continuaciones:

b) La puerta de la izquierda inicia una secuencia entre los capítulos "Niña" (1) y "Confusión" (5), y desde allí aún se prolonga en la secuencia "Golpe" (46)-"Confesión" (40). Estas dos secuencias desarrollan la historia de Rafael Bastidor y Lucelena; el asesinato, por error, bajo la mata de mango, de alguien (probablemente, Israel Valleterno, un personaje que aún no ha aparecido y a quien en esta secuencia nunca se da nombre, instaurando así una de las mayores ambigüedades de la novela); y, por fin, se cuenta también la historia de Rafaelito, hijo de Lucelena y Carlos Tortuga, que terminará convertido en asesino. A partir de "Confesión", la lectura progresiva lleva a "Fácil" (35), que es el capítulo en que se inicia la otra rama de la bifurcación a partir de "Tristeza".

c) La puerta de la derecha inicia otra secuencia entre los capítulos "Fácil" (35) y "Milagro" (39) en la que se completa la historia de Rafaelito Bastidor: como factótum del alcalde corrupto de Menegrande, uno de sus primeros encargos consiste en sobornar a Manifiesto López. Por otro lado, se introduce la historia de Mercedes, la partera de Menegrande, virgen y centenaria, aludiendo a su larga relación (casi siempre en ausencia y por escrito) con Jonás Valleterno. El último capítulo de esta secuencia recupera la figura de Matías Gracia dejando Menegrande. Ese último capítulo ("Milagro", 39) y el anterior ("Mangal") son los de composición multimedia más compleja.[17]

Conviene señalar, entonces, que si tras leer el capítulo "Tristeza" se opta por la puerta de la derecha, se pierde la historia de Rafael Bastidor y su prolongación en la historia de su hijo. Por otro lado, el capítulo "Milagro" funciona como conclusión total de la novela en esta lectura progresiva, ya que si se avanza hacia la derecha se vuelve a "Autobús", y si se opta por ampliar la lectura de modo diacrónico (proléptico o analéptico) se vuelve a capítulos ya leídos.

Pero el repaso del tablero de dirección revela que esta lectura progresiva ha dejado por completo de lado otra extensa secuencia: la que abarca los capítulos "Lejos" (17)-"Camino" (6), la cual supone el salto atrás en el tiempo más importante de la novela, pues se sitúa en los tiempos de la dictadura de Cipriano Castro y Juan Vicente Gómez, en los comienzos de la extracción petrolera en Venezuela hacia 1914. Esa secuencia relata la historia de Jonás Valleterno y Mercedes, que, a su vez, se prolonga en la historia de Israel, hijo de José y otra mujer, la "catira de Ceuta". A la muerte de su padre, Israel, cumpliendo su última voluntad, emprende la búsqueda de Mercedes, pero antes de encontrarla la historia concluye en un final premonitorio –que hay que suponer se realiza en el asesinato narrado en la primera secuencia y conocido "mágicamente" por Matías Gracia (a través de las voces que oye en el capítulo "Confusión", 5).

Para leer esta secuencia es preciso volver al plano inicial, lo que supone una metalepsis (o salto de nivel, en sentido genettiano), más violenta que ninguna de las que se dan entre cualesquiera otros fragmentos de la novela. No hay forma de acceder al capítulo "Lejos" desde ningún capítulo de las secuencias anteriores y en ninguna lectura (progresiva, proléptica o analéptica) se llega a ese capítulo. Es como si se tratara del (verdadero o en cualquier caso, del más remoto) comienzo de *otra* novela. Sin embargo, desde "Camino" la lectura progresiva avanza (o regresa) hacia la secuencia "Niña"-"Confusión" y de ahí puede continuar, como se ha señalado, hasta "Fácil"-"Milagro" llegando al que cabe considerar final absoluto de la novela.

---

17. "Mangal" es el capítulo que centra la discusión epistolar entre Chiappe y Meier, transcrita por el primero (Chiappe 2006), y que constituye el único paratexto genético que se conserva del proyecto, lo que revela la importancia de ese capítulo.

De esta descripción de la lectura progresiva (ya mucho menos "automática") se desprenden conclusiones muy importantes. En primer lugar, este modo de lectura revela de modo claro las líneas argumentales que articulan el relato y lo convierten, justamente, en "novela" (en el sentido que explícitamente le atribuye el autor al género[18]) y que son las siguientes:

- Historia de Matías Gracia y Miriam Fuentellana. Es la más avanzada en el tiempo, aunque no se dan datos cronológicos precisos y sólo puede fecharse aproximadamente por uno indirecto, obtenido fuera del texto: en el capítulo "Vuelta" (21) se cita la canción "Sangueo por la vida" de Iván Pérez Rossi con el grupo Serenata Guayanesa, incluida en el disco *Si la tierra tierra fuera*, de 1991.
- Historia de Rafael Bastidor y Lucelena, prolongada en el hijo de ésta (Rafaelito). Se ubica explícitamente en "esa década de los 70" ("Golpe", 46), momento en el que se produce el asesinato de Israel Valleterno (que, como se ha dicho, será conocido "sobrenaturalmente" por Matías).
- Historia de Manifiesto López. Más o menos contemporánea de la primera anteriores, pues uno de los personajes, Enrique Ángeles, habla con Matías ("Anécdotas", 61), aludiendo además a sucesos violentos que tuvieron lugar en Caracas (con casi total seguridad, se trata de las revueltas y posterior represión conocidas como el "caracazo", a finales de febrero de 1989, consecuencia de las medidas económicas adoptadas por el gobierno de Carlos Andrés Pérez).
- Historia de José Valleterno y Mercedes Casas (la Partera), prolongada en Israel, hijo del primero y de "la catira de Ceuta". El origen se ubica "antes de fin de siglo" ("Compañía", 9) y su núcleo entre 1914-1923. La prolongación es simultánea a la historia de Bastidor y Lucelena (pues Israel parece ser la víctima de la venganza de Rafael). Por otro lado, la combinación de las líneas argumentales[19] (*historia* en térmi-

---

18. "Para mí una novela se caracteriza por cruzar varias tramas y porque cada una de estas tramas está protagonizada por un personaje diferente. Esto la distingue del cuento, y no sólo la extensión" (Chiappe, 2006).
19. En diversos lugares, Chiappe ha presentado una estructura de tramas algo diferente: "En esencia, se redujo su volumen, sin sacrificar la riqueza de tramas, que

nos narratológicos) y su distribución sintagmática (*discurso*) permite detectar varias conclusiones parciales: el abandono del pueblo por parte de Matías, dejando una carta para Miriam ("Tristeza"); la confesión de Rafaelito de haberse convertido en asesino ("Confesión"); la llegada de Israel al pueblo donde vive la amante de su padre y donde la muerte le está esperando ("Camino"); el asesinato de Israel a la salida del pueblo ("Confusión"); la muerte por codicia de los ase-

---

son 6: un hombre que ama a una mujer sólo porque ella no consciente [*sic*] que la toque [se trata de Matías y Miriam]; una mujer [Mercedes] que busca a un hombre que huyó de su lado para evitar el rechazo [Jonás]; un hijo [Israel] que busca al verdadero amor de su padre muerto; un malentendido que provoca el asesinato de un inocente, sólo por parecerse al galán de una telenovela [Rafael y Lucelena]; un hombre que se corrompe [Manifiesto] y otro que, a su pesar, es el ídolo del pueblo [Carmencito Villegas]. Todas las tramas giran alrededor de un árbol de mango que nunca ha dado frutos y al que se le atribuye un maleficio. El árbol vive en Menegrande, el pueblo donde se encontró el primer pozo petrolero de Venezuela" (Chiappe 2006); "La obra tiene cinco tramas, que transcurren desde 1914 hasta finales de los noventa (tres generaciones), en Menegrande (lugar donde estalló el primer pozo petrolero de importancia comercial en Venezuela) o alrededores: 1) Jonás Valleterno trabaja con la transnacional que descubrirá el pozo y, antes de morir, le encarga a su hijo que busque a su antiguo amor. Israel Valleterno busca a Mercedes para cumplir el encargo de su padre moribundo; 2) Lucelena engaña a su marido, poderoso hacendado, con un desconocido que se parece al galán de la telenovela. El marido sale en su búsqueda y una confusión (haber identificado al galán en la telenovela de otro canal) le lleva a perseguir a Israel [*n.b.*: que el perseguido sea Israel no es evidente en una primera lectura]; 3) Ya adulto, el hijo de esta pareja trabaja a favor de los intereses de la petrolera y el gobierno y corrompe o coacciona a quienes protestan; 4) Matías Gracia huye de Caracas y conoce a Miriam Fuentellana, que ha finalizado una huida similar y ha regresado a su pueblo; y 5) La breve historia del seductor [Carmencito Villegas] cuya máxima ilusión es ser una estatua. Desde el inicio, la idea era que cada una de estas tramas se sostuviera sobre diversos lenguajes artísticos, que, en el espacio de la pantalla, compusieran distintos e independientes planos narrativos, superpuestos y combinatorios" (Chiappe 2011: 141); "Las tramas tienen un argumento común: búsqueda. Un personaje busca un lugar donde refugiarse de un sistema que no entiende [Matías]; otro [Israel] siente que su palabra empeñada lo obliga a buscar a una mujer amada por su padre muerto; un tercero intenta encontrar la manera de esconder su miedo [¿Rafaelito?]; otro, sólo quiere hallar tranquilidad [¿Carmencito?]" (Chiappe 2002). Los elementos narrativos destacados en cada ocasión son diferentes y, desde luego, no todas las tramas tienen la misma importancia: la que adquiere una representación más superficial es la de Carmencito Villegas, personaje muy secundario, aludido en dos capítulos ("Delirio", 22; y "Semejanza", 3), y protagonista de otros dos muy breves ("Estatua", 63, y "Flores", 48) que funcionan como prólogo y epílogo de otra secuencia más importante.

sinos de Israel ("Entierro") y la permanencia imperturbable de la estatua de Carmencito Villegas ("Flores").

Hay, además, historias que pueden quedarse en el camino. Del mismo modo, hay capítulos que en esta lectura progresiva también pueden perderse: de "Ironía" (57) puede pasarse a "Cúcuta" (54), si se pincha en el enlace que allí lleva este nombre, prescindiendo de "Gemido" (56) y "Negocio" (55), que, sin embargo, aparecen en la lectura consecutiva. De "Tesoros" (53) se pasa a "Llaves" (50) y se pierden "Desnudo" (52) y "Venta" (51), si no se vuelve al tablero de dirección (en una metalepsis semejante a la que afecta a la historia de Jonás y Mercedes, pero de menos recorrido). Todos esos capítulos "prescindibles" (de nuevo en términos "rayuelescos") completan la historia de la corrupción (forzada) de Manifiesto.

De todo este "desmontaje" o deslizamiento se derivan, además, algunas conclusiones de carácter general, que conviene, igualmente, ordenar. Una primera aproximación parece enfrentar al lector a un artefacto aleatorio, de múltiple entrada y de combinaciones infinitas. Sin embargo, el repaso superficial descubre que existen patrones de navegación y lugares-capítulos (o secuencias) privilegiados. Semejante condición aproxima el artefacto hipertextual a la categoría del laberinto, a partir de la propia disposición gráfica del "tablero de dirección" y del mecanismo de avance-retroceso: en principio no es determinable la dirección en la que debe avanzar la lectura; existen puntos ciegos, bucles y nudos... De ese modo, el artefacto multimedia que podía encontrar remite de modo evidente a uno de los géneros interactivos más remotos, el laberinto textual, de origen antiguo y particularmente apreciado por la literatura barroca.[20]

Esa impresión laberíntica inicial hace temer que sea difícil establecer las dimensiones reales de la obra: su extensión *a priori* se ignora. Posteriormente, se revela, sin embargo, que la extensión es relativa, pues depende del recorrido que se adopte: en algún caso, hay capítulos (o secuencias enteras) que se pierden; en otros casos es posible caer en

---

20. Parece que el laberinto es el patrón ideográfico de cualquier literatura combinatoria. La bibliografía es ingente. Las nuevas tecnologías permiten explotar/explorar ese arquetipo de forma más participativa. Quizá una de las últimas muestras sea el reciente disco *n* del uruguayo Jorge Drexler, formado por "aplicaciones" que se pueden manipular con una tableta o un teléfono, mostrando que esa interactividad es ya posible en formatos portátiles.

bucles (¿y cómo ponerles fin?) o, simplemente, llegar a los mismos capítulos (y por tanto releerlos) desde diferentes lugares.

En relación, por último, con la cuestión del recorrido, una primera aproximación puede hacer creer al lector que debe ser continuo, no interrumpido, pues podría tener dificultades para recuperar la lectura (el hilo) en el momento exacto en el que la abandonó. La experiencia le enseñará (cual sistema experto) que siempre es posible anotar (pero fuera del hipertexto, con nueva metalepsis) el capítulo de referencia y luego volver a él a partir del tablero de dirección.

De la des-compresión a la comprensión

Avanzar hacia la comprensión del texto implica empezar a extraer contenidos menos evidentes que los encontrados en el deslizamiento más o menos superficial. En primer lugar, la navegación por capítulos todavía no permite saber (pues no interesaba detenerse en ello), por ejemplo, cuántas pantallas (¿diapositivas, *slides*, *frames*?, ¿interficies[21]?) integran cada uno de los capítulos. No es el mismo número para cada uno de ellos, pero su estructura básica es semejante: cada capítulo tiene, al menos, una pantalla-portada (que incluye la palabra que funciona como título, además de otra información multimedia) y otra pantalla en la que, además de repetirse ese término-título (que siempre funciona a su vez como hipervínculo regresivo hacia la pantalla-portada), se amplía la información, siempre con texto verbal y eventualmente con otro contenido audiovisual.

El número de pantallas o *slides* que componen cada capítulo oscila entre 1 (apenas en dos casos: las secciones que podemos considerar la portada y la introducción) y 6 (sólo uno de los capítulos: "Confusión", 5) –este cómputo incluye siempre la pantalla que hace de portada para cada capítulo–. Eso no quiere decir que necesariamente ese capítulo sea más extenso, pues cada pantalla puede incluir mucha o poca información verbal o de otro tipo. La frecuencia de pantallas por capí-

---

21. El término, muy usado en la jerga multimedia, no aparece definido por Chiappe en su "Mínimo glosario" (2009), pero su aparición en la definición de "pantalla" permite reescribir su significado como "aparece bajo "Pantalla" y la definición puede reescribirse como "contenedores de información ubicados tras la pantalla y que se encuentran a la misma distancia: un clic".

tulo (sin considerar la portada, la introducción y los créditos finales) es la siguiente:

		TABLA 3
Pantallas (incluído título)	Número de capítulos	Identificación de capítulos según tabla 1 (y en orden de aparición en la lectura progresiva)
2	8	24, 23, 35, 38, 40, 63, 54, 48
3	31	47, 31, 30, 29, 28, 27, 26, 20, 36, 2, 3, 45, 44, 43, 62, 61, 60, 59, 58, 56, 55, 53, 52, 51, 49, 17, 16, 11, 10, 9, 7
4	19	32, 25, 22, 19, 18, 39, 1, 4, 46, 42, 41, 57, 50, 15, 14, 13, 12, 8, 6
5	4	34, 33, 21, 37
6	1	5

Otra información que conviene tener presente en este momento es el número de capítulos que incluyen información musical (puesto que ésta es fundamental para la construcción de la novela, según se vio) y, por otro lado, ya que casi todos los capítulos tienen información visual o iconográfica, cuáles de ellos –*a contrario*– prescinden de ella para confiar su contenido casi exclusivamente a la información verbal.

Este análisis arroja el siguiente resultado: además de la portada y la introducción (que llevan, respectivamente, un acompañamiento instrumental y un recitado-lectura acompañado de música), los capítulos que llevan información musical son 13 (por orden de aparición en la lectura progresiva: 47, 32, 21, 39, 59, 17, 5, 31, 4, 30, 9, 10, 38). En casi todos los casos se trata de canciones y, en unos pocos, además, aparecen recitados (31 y 10: descripción de un personajes secundarios por una voz femenina) o música exclusivamente instrumental (38).

En cuanto a los capítulos que confían su información casi exclusivamente al texto verbal son cinco (en orden de aparición en la lectura progresiva): 63, 50, 16, 15 y 11. "Estatua" (63) y "Llaves" (50) llevan todavía alguna información visual en las portadas. Son, además, respectivamente, uno de los capítulos más breves y uno de los más extensos (en número de pantallas y de líneas). "Pasos" (16), "Política" (15) y "Progreso" (11) son los más austeros desde el punto de vista multimedia, pues no incluyen tampoco ningún tipo de imagen (ni siquiera en sus respectivas portadas) y se confían absolutamente al texto.

Hay una segunda fase en el proceso de "descompresión" del artefacto, que nos aproxima ya al análisis tradicionalmente literario. Se trata de la descripción de la estructura narrativa interna que se deriva de la lectura progresiva. Previamente, han quedado establecidas las principales tramas que articulan la novela, y ya entonces se precisó –en la medida de lo posible– la ubicación temporal de esas tramas, entre finales del siglo XIX y un tiempo indeterminado de la década de 1990. En cuanto al tiempo interno de la novela, a pesar del fragmentarismo se percibe una sintaxis narrativa bastante clara, con ocasionales contigüidades inequívocas ("Ebriedad", 25-"Carcajada", 24) y no pocos *flash-backs* (analepsis en sentido propio) muy notables (aunque en general el desorden temporal sea la norma en cada una de las historias): en "Espera" (28) se alude al momento en que Miriam sufrió un desengaño amoroso y se va de Menegrande; "Golpe" (46) supone un verdadero salto atrás en relación con la historia de Matías hacia los años setenta y el asesinato de (posiblemente) Israel Valleterno; "Cuerpos" (41) relata también analépticamente la iniciación sexual de Rafaelito Bastidor; "Gemido" (56) relata del mismo modo el primer encuentro de Manifiesto López con los sicarios del alcalde corrupto de Menegrande; "Compañía" (9) supone el salto atrás más importante, al origen de la historia de Jonás Valleterno.

El espacio es siempre Menegrande, un pueblo petrolero del estado de Zulia, en la costa este del lago de Maracaibo, cercano al pozo Zumaque I, el primero que "reventó" en Venezuela en 1914. Se mencionan otras localidades del mismo estado (Ceuta, Lagunillas) y hay referencias a Caracas (en los diferentes tiempos de la acción) o a otros lugares fronterizos (Cúcuta, en Colombia). Por otro lado, los espacios concretos son diversos, pero algunos cobran una importancia capital (incluso simbólica): el salón de baile Casa Grande/Grand House de Menegrande y el hotel de enfrente, los dos lugares en los que se fraguan las relaciones entre los sexos y, de ese modo, se asegura la continuidad de la historia del pueblo (como se dice explícitamente). También importan los palafitos de Ceuta, donde comenzarán a percibirse las primeras consecuencias de la contaminación petrolera, o, desde luego, el mangal ubicado a las afueras de Menegrande, espacio simbólico por excelencia, ligado a la muerte.

En cuanto a los personajes, además de los protagonistas de cada una de las tramas, aparecen otros secundarios que tienen gran importancia y que establecen relaciones análogas en diferentes tiempos: los dos tríos de hermanas (las Fuentellana: Miriam, Cecilia y Cristina del Rosario, y las hijas de Constelación: Sol, Orión y Estrella); las parejas de sicarios (Amatisto y Omar, que trabajan para Rafael Bastidor y matan a Israel; Alcilio Ríos y Miguel Rondalla, que trabajan para el gordo Arístides, alcalde de Menegrande y secuestran y sobornan a Manifiesto López). Otros funcionan como *link* narrativo entre diferentes tiempos (el caso de Carmencito Villegas). Pero otros muchos secundarios apenas aparecen como sombras: Ramón Jiménez, el primer amor de Miriam Fuentellana; Carlos Tortuga, el amante de Lucelena. Otros, por fin, parecen tener más importancia que la que el texto verdaderamente les concede (aunque suelen tener espacio propio en algún capítulo: Cecilia Fuentellana; "Pelícano"; Azuceno Correa; Enrique Ángeles; la catira de Ceuta... en la condensación a la que parecen sometidas sus historias es donde mejor se percibe el trabajo de síntesis que la novela tradicional ha sufrido para transformarse en novela hipermedia).

La multitud de personajes y la complejidad de sus relaciones es la que, sin duda, va confiriendo espesor verdaderamente novelesco al relato. La voz narrativa debe ser el otro elemento al que ese espesor se confía. Teniendo en cuenta la importancia concedida por el autor a la polifonía es importante notar cómo se trabaja esa voz en *Tierra de extracción*. El diálogo es, desde luego, importante en muchos capítulos, pero suele predominar una tercera persona omnisciente que cuenta todas las historias. Sólo algunos capítulos incluyen fragmentos en primera persona atribuidos a personajes no identificados: en "Sueño" (23) alguien cuenta su recurrente sueño de una revolución que finalmente es traicionada. Podría tratarse de Matías Gracia, pero también de otro personaje como Enrique Ángeles, comprometido –involuntariamente– en la represión de las revueltas caraqueñas. En otro fragmento ("Ebriedad", 25), alguien recuerda un encuentro sexual con Miriam (probablemente sea un hombre "cualquiera", al que encuentra en la Grand House tras pensar que Ramón Jiménez la ha abandonado). Finalmente, destaca el capítulo "Confesión" (40) en el que Rafaelito se dirige a Nérida (probablemente en ausencia), la criada de su padre que lo inició sexualmente, para confesarle que sigue siendo su único amor y, aparentemente, su única vía de redención en esa tierra.

Desde el punto de vista de la técnica narrativa, entonces, la novela resulta bastante tradicional. Ciertamente se vale de recursos de la técnica multimedia (los *pop-up* o ventanas emergentes, por ejemplo, con diferente disposición gráfica) para ofrecer la ficción de la simultaneidad discursiva, pero prescinde del uso de recursos ya aquilatados por la narrativa moderna como lo que podríamos llamar "incrustación" de discursos simultáneos. Sólo en un capítulo ("Vuelta", 21) se percibe esa técnica, cuando el relato de una partida de billar y un baile posterior se ve segmentado por la cita fragmentaria de la letra de la canción que suena (el ya mencionado "Sangueo por la vida") y la onomatopeya de su ritmo ("ololé olelá si a esto llaman progreso yo no quiero progresar…/ pum tucupum hay miles de garimpeiros que nos vienen a saquear"). Este capítulo es, además, muy notable desde el punto de vista de la narración, porque una de sus pantallas permuta el orden del texto al mover el ratón sin que el sentido del texto se pierda. A continuación se lee el relato de la partida y el baile y, sin embargo, no se oye la canción[22] ni se transcribe su letra separadamente (en una ventana emergente, por ejemplo), sino que se incrusta en el texto, al que va pautando y marcando la continuidad entre partida y baile. Por eso, "Vuelta" es quizá el capítulo más notable en cuanto al manejo de una técnica narrativa elaborada al margen (antes) de la transformación hipermedia.

Pero en relación con la voz y la polifonía todavía cabe decir algunas cosas. *Tierra de extracción* es una novela polifónica no sólo porque en ella se oyen múltiples voces –de los personajes–, sino porque además han participado en su composición múltiples voces con un propósito común. Esa combinación de polifonías es la que Chiappe (2009) ha definido como "hiperfonía", que a su vez viene a ser una culminación del arte hipermedia (entendido, conviene recordarlo, como la suma de multimedia –texto, imagen, sonido– e interactividad). Es preciso atender, entonces, a algunos de los paratextos de la novela para aquilatar el alcance hiperfónico de la obra.

Para ello, se hace necesario volver al principio: cuando se abre el archivo *off-line* titulado "tierra" lo primero que aparece es una pantalla blanca con la palabra "extracción". Sólo unos segundos después aparece el título y el subtítulo (siempre en minúsculas): "tierra de extracción / novela multimedia" y a continuación los nombres de los autores: "doménico chiappe & andreas meier". El primer paso, no obstante, es ligeramente distinto en la versión *on-line*: allí se abre primero

---

22. Se puede escuchar aquí: <http://www.yumusica.net/Escuchar/-ESPYBg5>.

el icono del programa que manipula la obra (Adobe Shockwave Player) y a continuación directamente el título. El hecho de que en la versión *off-line* el archivo se llame "tierra" y aparezca primero la palabra "extracción" es un índice inequívoco de la dilogía que el término comporta: en los segundos en los que esa palabra ocupa la pantalla se está produciendo –podemos imaginar– la "extracción" de los ficheros que componen la novela. Enseguida, el título se completa con "tierra de" y entonces el sentido apunta a la temática petrolera que atravesará todo el relato.[23]

Al margen de la ornamentación audiovisual de esta pantalla (el texto del título, al roce del cursor, se desdobla y adopta dos colores, negro y rojo, para volver a integrarse, mientras suena un *riff* electrónico), me interesa señalar otras cuestiones: en primer lugar, la adscripción genérica, que se hace explícita desde el principio aun de modo relativamente impreciso (como señalé): "novela multimedia". El hecho de que no se haya cambiado la calificación ("multimedia" por "hipermedia") en la portada puede ser significativo: la interactividad, como también se dijo, es necesaria, pero está ciertamente limitada (y prevista). Por otro lado, si se entiende "multimedia" como combinación de planos discursivos, cabe señalar que "novela multimedia" (dada la definición de novela que propone el autor) resulta una especie de pleonasmo: la polifonía novelesca sería una característica que lo "multimedia" potencia con otros recursos. En cualquier caso, además, inscribir en la portada la definición del artefacto que se pone a disposición del lector es ya una instrucción fuerte, un comando referido al tipo de objeto artístico que el lector va a encontrarse y a la tradición a la que debe adscribirlo.[24]

Por fin, me parece también significativo que el acceso al texto deba hacerse, obligatoriamente, mediante un clic *sobre el nombre de los autores* y no, por ejemplo, sobre el título. Ese primer gesto interactivo

---

23. El título reaparece en varios lugares: "La Tierra de Extracción no sólo ofrece la riqueza de su suelo a los saqueadores, también permite que se asalte a su gente. [...] Para extraer se compran las almas. Nada más fácil." ("Fácil", 19); "Esto es Venezuela: una tierra de extracción, murmuró alguno de los peones" ("Lluvia", 12).

24. Al tiempo que marca diferencias con otros tipos de obras electrónicas (entrando en una especie de polémica implícita): las hipernovelas, las novelas hipermedia, las webnovelas, las blognovelas, las novelas colectivas o las wikinovelas (son las categorías en las que clasifica el corpus la página "Literatura electrónica hispánica": <http://www.cervantesvirtual.com/bib/portal/literaturaelectronica/obras.html#hipernovelas>.

privilegia la posición del autor (de los autores) sobre la obra, y es análogo al recurso cinematográfico de inscribir el nombre del director al final de los créditos, justo antes de comenzar el relato y habitualmente en una posición o sobre una imagen connotada). La novela hiperfónica o hipermedia, entonces, está lejos de disolver las voces concretas en un coro indiferenciado y, supuestamente, igualitario.

La verdadera declaración de la polifonía creadora se reserva para los créditos finales (numerosos y sobrios: apenas letras negras sobre fondo blanco, sin ningún tipo de animación o interactividad posible). En ellos se revela la verdadera condición de creación colectiva, aunque cuidadosamente distinguida por pantallas: en primer lugar, "Dirección y producción" (Chiappe y Meier), separando "Novela y guión" (Chiappe) de "Diseño gráfico y multimedia" (Meier). En otra pantalla se concretan los responsables del componente "icónico": "Arte plástico" (tres autores, entre ellos de nuevo Meier) y "Fotografía" (tres autores y los fondos de dos instituciones –que no se dice quién ha seleccionado–). En una tercera pantalla se identifican los responsables de la música, con una mención destacada del autor de "Letra y música" (Chiappe) y una extensa nómina de colaboradores (trece) en diferentes aspectos como la producción, la voz, los arreglos, la programación y la interpretación. Luego aparece una pantalla que identifica –simultáneamente, como si fueran procesos análogos– a los responsables de la "Narración" (Rebeca Alemán) y la "Programación" (Meier). Por fin, la última pantalla consiste en los "Agradecimientos", donde se menciona a dos especialistas en literatura multi- o hipermedia (Antonio Rodríguez de las Heras y Caroline de Oteyza) y a las familias de los dos autores principales. En esa inscripción epilogal de la genealogía (que no es ajena, como se ha ido viendo, a ciertos vectores del sentido de la novela) termina definitivamente el recorrido por *Tierra de extracción*.

Un no tan *ridiculus mouse*

Pero todavía resta por aclarar cuál es la posición de quien ha realizado ese recorrido: el lector de este artefacto polifónico e hipermedia. Según Chiappe, en una de las reuniones preparatorias a la composición de la obra, alguien dijo una frase: "Para hacer una novela, ya no basta saber escribir" (Chiappe 2008b: 67),[25] y propone un corolario de esa idea: la literatura multimedia "ya no puede crearse desde la soledad del escritorio". Hay, no obstante, otro corolario posible, que ahora plantearé en forma interrogativa (aunque al principio de este trabajo ya se anticipó una respuesta): ¿basta con saber leer para acercarse a la literatura multimedia? Esa pregunta genera otras: ¿qué significa *leer*, en esa interacción?, ¿desde dónde y cómo –*literalmente*– se "lee" la literatura multimedia? Ya no son preguntas retóricas, en efecto. Frente a la *ópera multimedia* (entendida como aspiración a una "obra de arte total") ya no se trata de conocer la posición abstracta del lector –sea cual sea el significado de este término–.[26] Si la literatura multimedia "no puede crearse desde la soledad del escritorio", lo cierto es que el acceso a obras como *Tierra de extracción* –en su estado actual– exige que el lector se encuentre en un escritorio, o al menos, con un ordenador portátil al alcance de sus manos,[27] y deseablemente con un *mouse*. La obra, como ya ha quedado dicho, no es accesible todavía para dispositivos móviles con pantallas táctiles, y ello limita considerablemente la libertad del lector para elegir su *posición*.[28]

Tenemos, pues, un lector vinculado (mediante un ratón) a una máquina que alberga y expone el texto hipermedia, un lector obligado a hacer unos gestos físicos para poder avanzar en la lectura (algo que también exige el libro-códice, como es obvio). Esos gestos, en *Tierra de extracción*, pueden ser de dos tipos: el clic y –a falta de mejor término– el roce. El primero es definido por el propio Chiappe como "Onomatopeya que imita el sonido de la pulsación del botón de un ratón y que sirve para denominar el poder del lector en los contenidos para la pantalla" (Chiappe 2009). Es evidente que hay una *voluntad*

---

25. Sin reparar en que el autor se excluye de la responsabilidad de la frase, Mora (2012: 103) se la atribuye, sin preocuparse tampoco de ubicarla.
26. Me resisto, por razones de gusto, a utilizar el término que propone Mora: "lectoespectador".
27. Es cierto que se han hecho presentaciones públicas de la novela (e incluso hay algún vídeo en Youtube que "representa" una "navegación normal", que puede verse en <http://www.domenicochiappe.com/pg_d_6a.html>). Pero siempre han sido parciales, *performances* del componente musical acompañadas de imágenes en una pantalla (pero no manipuladas por ningún lector "real") (Puede verse en Chiappe s. a. [Literatura digital]).
28. Es posible que la próxima versión (5.0), si es que los autores aún no se han cansado, como sí parece, tenga en cuenta este aspecto.

tras ese *poder*, que se ejerce para cambiar de pantalla, abrir ventanas emergentes o hacer que suene una música. Por lo común, el clic es dirigido (está previsto) mediante la utilización de códigos convencionales en el espacio multimedia (cambios de colores, por ejemplo) o avisos (los cambios de pantalla que se producen mediante un clic en los márgenes, se anuncian mediante una flecha previa que aparece al acercar el ratón a esos bordes y cambia de color antes de convertirse en un triángulo sobre el que el clic ya es efectivo).[29] Los dos últimos resultados se obtienen también mediante roce (que definiré como gesto consistente en desplazar el cursor por una determinada área de la pantalla sin necesidad de hacer clic). En este caso, el área efectiva de interactividad es, por lo general, desconocida para el lector (suele estar siempre en el título de cada capítulo, pero en el interior éste resulta imprevisible: puede aparecer marcada por un cambio de color en el texto o por la presencia de una imagen, pero no siempre es así). En cualquier caso, el roce difiere del clic en que su efecto es, a priori, involuntario e incontrolable por el lector, que a menudo conseguirá el efecto, no sólo inesperadamente, sino incluso cuando no lo desee (en una relectura, por ejemplo). En otras ocasiones, por el contrario, si el cursor no roza la zona adecuada, el efecto puede perderse inadvertido. En cualquier caso, ese efecto del roce, a diferencia del del clic, casi siempre es dinámico y durativo: despliegue de una secuencia de imágenes o de un texto, transformación de una imagen, emergencia o desaparición de un determinado sonido, cambio de color del texto o de la imagen... Por todo esto, en *Tierra de extracción* nos encontramos con un doble tipo de interactividad esperable del lector: voluntaria y controlada (clic), involuntaria y aleatoria (roce). Conviene añadir que en algunos casos –tal vez por error de programación– algunos de los indicios convencionales de interactividad (el cambio de color del texto) son engañosos, pues ni el clic ni el roce tienen efecto, con lo cual la expectativa del lector que ya ha aprendido a interactuar con el artefacto se ve frustrada.

Por ello, puede decirse ya que la posición del lector en este tipo

---

29. En la versión 1.0 había al parecer instrucciones explícitas. Luego desaparecen: "Tanta palabra puede ahorrarse, como se hace en la versión 2.0, en la que los elementos aparecen sólo en el momento en que el lector los llama con su curiosidad. La escritura multimedia necesita un lector activo, curioso, ávido de apretar los botones del "ratón" y de descubrir nuevas posibilidades en las narraciones" (Chiappe 2002).

de artefactos se parece más a una *disposición* (a dejarse sorprender, a aprender a medida que va interactuando con la obra) y, quizá, el lector mismo se convierte así (de modo más claro que en la lectura tradicional) en un *dispositivo* necesario para que la obra despliegue toda su potencialidad (aunque, como dije al principio, no llega a ser un dispositivo capaz de deconstruir el material). Se ha hablado, en tal sentido, de *lector-cíborg* en la medida en que integra un componente orgánico-humano y un componente cibernético-maquinal. Pero conviene volver a recordar que más allá de la interactividad o del sistema experto[30] que construyen lector humano y novela-multimedia (con la mediación del ordenador y el ratón), cada uno de los sujetos implicados en la interacción o en el sistema es en sí mismo ya un cíborg: como se vio, la novela tenía algo de orgánico desde el momento en que su cuerpo *evolucionó* a lo largo del tiempo; y el lector enfrentado a ella tiene algo de maquinal en la medida en que puede plantearse un primer acercamiento casi automático que le permite descubrir bastante información respecto de su funcionamiento, según acaba de verse.

El lector previsto por la literatura multimedia no es desde luego un lector convencional, si entendemos por tal el que se desprende de algunas consideraciones de Chiappe: el que busca "la cadencia del relato", más que "la velocidad en la información". El lector hipermedia "lee contra el tiempo" y todo lo que busca debe ser "medular" (El oficio de vender). Y, sin embargo, paradójicamente, suele insistirse en el componente "lúdico" de esta literatura (que va contra la prisa, desde luego, y cabe suponer que aspira aún a algún tipo de "placer" y no sólo a información). Hasta ahora esa libertad para el juego sigue estando limitada por la intención de los autores y, aunque se pretende una creciente competencia técnica por parte del lector –que le permitiría, eventualmente, manipular la obra hasta generar otra[31]–, lo cierto

---

30. Hablando de *Rayuela* y su eventual carácter precursor de la ciberliteratura, Brown afirma al respecto: "As one may recall, a feedback loop in cybernetic theory describes the exchange of information between two systems where said exchange obliges both systems to alter their behaviour in response to the other. In that exchange of information one also witnesses the creation of a hybrid system that is defined by the two interacting partners in the loop. If one of the elements of that loop is human, the resulting combination produces –at least metaphorically– a cyberntic organism or cyborg" (2005: 382).

31. Es repetida (por Chiappe, por Mora) la idea del lector "DJ", el *homo sampler* (por usar un término que, desde otros presupuestos, ha introducido Fernández Porta):

es que hasta ahora esa libertad está cancelada, justamente, por medios técnicos: sólo un lector no previsto (¿un *lector hacker?*) podría, verdaderamente, conseguir esos resultados, en el estado actual de *Tierra de extracción*.

Y, a pesar de todo, el lector previsto por la literatura multimedia no deja de ser un lector análogo al lector previsto por la literatura vanguardista: esto es, un lector nuevo, un lector que, enfrentado a los retos que los textos le plantean, debe dejar de leer como leía hasta entonces para empezar a leer de otra manera. Valéry lo dijo mejor: "Donc, si j'écris, je tente d'écrire de telle sorte que si je me lisais, je ne pourrais me lire comme je lis" (1998: 167). Hasta ahora la novela multimedia ha conseguido modificar los gestos físicos de la lectura; ha conseguido, incluso, permitir leer de diferentes maneras (en direcciones diversas) la lectura. El reto que se le plantea en este momento es mayor: primero, asumir de manera fuerte el postulado del sentido, para que "leer de otra manera" no sea sólo hacer clic (o hacerlo cada vez en un lugar diferente de la pantalla), sino, de nuevo, perseguir un sentido diferente y elusivo, pero no inexistente. Segundo, y más acorde con sus propios principios, liberarse del condicionamiento impuesto por la intención autoral y la técnica: aspirar realmente a la posibilidad de la combinatoria infinita. También eso lo previó la imaginación vanguardista: el libro de arena borgiano. Hasta ahora, los libros de bits pueden releerse idénticos –con tiempo, con paciencia; a veces, con dificultad– dos y hasta más veces. Quizá en esa persistencia que propicia la pregunta por el sentido radique la fuerza con que estas obras puedan oponerse a la obsolescencia y el desvanecimiento.

Porque, en efecto, la forma de estas obras será tanto más frágil, cuanta mayor maleabilidad quieran ofrecer al usuario. En el artículo en el que Chiappe explica la historia de *Tierra de extracción* (2002), enumera también las características del género "novela multimedia":

1. Los capítulos deben ser como eslabones de mercurio: concisos y circulares

2. Se narra en varios planos.

"¿Cómo es este lector? Actualmente, en el medio musical, existe una muestra del lector del futuro, de la interactividad cultural a la que vivirán sometidos los medios de comunicación, incluyendo el libro. Se trata del fenómeno de los DJ's, esos seres que toman la música de otros para alterarla y mezclarla de tal manera que componen sus propias creaciones" (Chiappe 2002).

3. Las imágenes sirven como enlaces con el subconsciente del lector.
4. Dos premisas: Sencillez del diseño y modestas instrucciones
5. Construcción lúdica. El lector hace su camino

Si se atiende bien, se verá que tan sólo la tercera de esas condiciones hace mención específica de un elemento distinto del código verbal, y aun ésa alude a un rasgo ciertamente complejo, tanto más cuanto que las imágenes que se incluyen en *Tierra de extracción* son en su mayor parte "representativas" y, por lo tanto, sus vínculos serán más bien conscientes.[32] En cualquier caso, en otras ocasiones ha sido más explícito y menos controvertido respecto a la función de lo audio-visual en la novela. A esos recursos se confía el componente "sentimental"-emocional de la obra:

> [...] la música expresa el *sentimiento* que transmite el capítulo: violencia, amor, tristeza, felicidad. La lírica que acompaña a la música proyecta el pensamiento más íntimo de los personajes, una acotación que no se encuentra en el texto. Las imágenes captan un momento (real si es fotográfica, o imaginaria [sic] si es una pintura) que nada tiene que ver con lo narrado posteriormente, pero que transmite una *sensación* que ocurre justo cuando el lector la observa y la relaciona con su propia experiencia (Chiappe 2001; la cursiva es mía).

Hay, entonces, una dialéctica explícita entre texto e imagen-sonido, paralela (cabe suponer) a la tradicional oposición "racional / irracional", y que, en realidad, es también paralela a otra no menos importante en este caso: "atención / distracción". No puede obviarse que al texto se confía el componente conceptual, y, por ello, sigue mereciendo atención privilegiada (incluso en lo que afecta a su aspecto gráfico), quizá algo imprescindible si se quiere seguir hablando de "novela" y no de otro tipo de artefacto:

> En ambas versiones [1.0 y 2.0; pero también en la 4.0], y por razones relacionadas con la psiquis del ser humano y su manera de entender al mundo, el texto es lo más explícito de todas las narraciones que posee la novela y la palabra continúa siendo el icono perfecto (2002).

---

32. Sólo el capítulo "Milagro" (39) incluye unos iconos minúsculos repetidos y relativamente abstractos que se modifican al roce en un ciclo repetido, e incitan a una especie de juego sin fin.

En esas condiciones, es el texto el que "por razones relacionadas con la psiquis" exige la mayor atención y cualquier otro componente actúa en contra de esa exigencia, con información complementaria que, antes de ser integrada, *distrae*. La *distracción*, en su sentido etimológico, tiene sin embargo mucho que ver con la *ex –tracción* inscrita en el título de la novela: la *tierra de extracción* es, entonces, el territorio en el que –como deseaba Valéry– el lector es apartado de su modo tradicional de leer.

Y a este lector nuevo se le exige, casi desde el origen, una actitud explícita de *escucha*. Según el autor, en el origen de *Tierra de extracción* estuvieron las canciones:

> [...] el primer acto de la novela fue la canción y de allí partió el resto. En el proceso de creación, que dio lugar al nacimiento de *Tierra de Extracción*, esa esquiva y abstracta musa inspiradora fue retratada de manera instantánea a través de la música, cuyo compás desencadenaba la lírica, corta y contundente como la poesía, y después, mucho después, se transformaba en relato. Así, cuando creí poner el punto final a la novela, entendí que su narración estaba ligada íntimamente a las canciones, y que para dárselas juntas al lector sólo había un formato: el multimedia (Chiappe 2002).

Como queda dicho, además de esa explicación "genética", las canciones, una vez integradas en la retórica multimedia, cumplían una doble función: la música debía generar un estado de ánimo en el lector, análogo al que se le atribuye al personaje; la letra (lo que el autor llama "lírica", con patente anglicismo), por su parte, había de traducir la interioridad de los pensamientos (conscientes o inconscientes) del personaje, y complementar, de esa manera, la información aportada por el narrador omnisciente: "Los acordes de la música van al compás del estado anímico del personaje; la lírica revela su pensamiento interno" (Chiappe 2002). Esa función de lo musical recuerda mucho a la de la ópera, hasta el punto de que en alguna ocasión el autor ha hablado de que los personajes debían identificarse con alguna canción, a modo del *Leitmotiv* wagneriano.[33] Lo cierto es que la composición de

---

33. "La música es otro plano narrativo. La lírica tiene otro punto de vista, la primera persona, y aborda un aspecto que se reserva sólo para el canto: el pensamiento interior del protagonista del capítulo. Existe una canción para cada protagonista y las canciones se dividen en dos, tres y cuatro partes, cada una con arreglos diferentes,

la obra multimedia aspira, obviamente, al concepto romántico de *Gesamtkunstwerk*, aunque –en este caso– no hay imágenes en movimiento, ni verdadera utilización del espacio tridimensional.

Pero esto, sin embargo, se refiere a las intenciones. Aunque no puedo dedicar un análisis minucioso a ese componente, cabe señalar, como primera prospección, que en su plasmación real, la música difícilmente puede ser asociada a un personaje, entre otras cosas porque la atención del lector se encuentra dispersa en otros estímulos (y también porque a veces la identificación de los personajes no es inequívoca en sus respectivos capítulos[34]); tampoco es fácil entender cabalmente el hilo de los "pensamientos interiores" de ese personaje, porque –lamentablemente– en su versión actual la calidad del sonido de *Tierra de extracción* es un tanto deficiente, y a menudo las letras resultan difíciles de seguir[35]: un extraño *reverb* a veces transforma la "hiperfonía" en probablemente involuntaria "psicofonía" (si vale la broma). Es, seguramente, una cuestión técnica que, no obstante, el arte multimedia no puede obviar.

Por fin, no deja de llamar la atención que desde la propia novela no pueda escucharse (quizá por cuestiones de derechos que también afectan a este tipo de obras) la única canción "no original", el ya citado "Sangueo por la vida", que –además de proporcionar una fecha *a quo* para alguna de las tramas– resume el contenido ecológico-político de

---

según el capítulo donde aparece. La lírica es la subconciencia de los personajes. La letra y la música fue compuesta por la misma persona que escribió la novela (yo), pero cada canción se entregó a distintos músicos, junto a la trama correspondiente (Ojo Fatuo, Jorge Ramírez, Slam Ballet, Culto Oculto, Daniel Armand). Ellos leyeron los capítulos y trabajaron en los arreglos musicales que creyeron convenientes. Luego los grabaron con su propia perspectiva. Polifonía sobre polifonía" (Chiappe 2006).

34. De los 13 capítulos que incluyen música (además de la portada e introducción), esto ocurre al parecer en "Autobús" (47), donde la música puede atribuirse a Miriam, pero también a Matías; en "Trío" (59) en el que cabe atribuir la canción a cualquiera de las hijas de Constelación; en "Confusión" (5), donde puede atribuirse a Israel Valleterno, pero también a Matías; en "Anhelos" (30), donde puede atribuirse a Pelícano o a Matías. En "Milagro" (39) resulta verdaderamente difícil decidir a quién se atribuye la canción (quizás a Miriam). "Mangal" (38) es el capítulo más complejo desde el punto de vista multimedia: incluye varias canciones que ya han aparecido.

35. Esa deficiencia puede paliarse acudiendo al sitio web del autor donde se encuentran transcritas, pero en versiones que no son exactamente iguales a las que suenan en la novela, como ya se dijo.

la historia, como revela la letra, ella sí incrustada en el discurso del narrador. Al hilo de ese silenciamiento conviene igualmente recordar que el sonido es el único componente discursivo de la novela que el lector puede eliminar (mediante el uso del botón *mute* de su ordenador), lo que demuestra que ese nivel está en un plano sustancialmente distinto del texto-visual. Y ese eventual silenciamiento, hay que decirlo, no repercute excesivamente en la pérdida de sentido.

Más logrado resulta el componente visual de la obra. A diferencia de la música, las imágenes pretenden, según el autor, vincular el texto con el mundo "exterior", y a tal respecto, las palabras son consideradas un tipo especial de icono: "los íconos ya sean imágenes o palabras relacionan a la novela con el mundo real" (Chiappe 2002). Dejando de lado por el momento la consideración del aspecto gráfico de la letra, el componente visual se confía a dos tipos de imágenes: fotografías y dibujos-pinturas:[36]

> Las imágenes se trabajaron de una manera distinta. La novela se entregó a los artistas plásticos y a los fotógrafos Ramón León, Manuel Gallardo, Humberto Mayol, Edgar Galíndez, Pedro Ruiz). Con plena libertad, los pintores plasmaron en sus obras los aspectos que más les impresionaron de la obra. Los fotógrafos buscaron entre sus trabajos las imágenes que consideraron que estaban vinculados, de alguna forma, con los textos. Así, hay fotografías de distintos países y situaciones. Además, un coordinador buscó imágenes históricas en dos importantes archivos fotográficos y hemerográficos (Shell-CIC-UCAB y El Universal) (Chiappe 2006).

En cuanto a las fotos, tras corroborar en muchos casos la mencionada intención referencial, lo primero que llama la atención es, quizá, su condición anacrónica. Los orígenes de la explotación petrolera se ilustran con imágenes probablemente actuales ("Lejos", 17); la vida violenta de Rafaelito Bastidor ("Hedor", 42) hacia los años setenta es acompañada de imágenes (probablemente) del "caracazo". Sería posible justificar ese anacronismo por el reclamo de alteración o indiferencia respecto del componente cronológico que busca la obra hipermedia o también, desde un punto de vista más tradicional, como si se

---

36. Conviene volver a señalar que, a pesar de la condición "fílmica" de la herramienta técnica que permite la construcción de la obra, ésta no incluye vídeo o películas en sentido estricto (aunque sí, a veces, secuencias de fotogramas repetidos).

quisiera *traducir* visualmente la consustancial identidad entre determinados procesos por lo general violentos.

Las fotografías más "referenciales" son, en cualquier caso, las que tienen que ver con espacios más o menos genéricos (calles, fachadas, hoteles, bares). Los retratos buscan menos ese tipo de identificación: no hay desde luego posibilidad de "poner cara" a los personajes por referencia a las fotos que aparecen en los capítulos que se les dedican. Sólo parece haber esa intención referencial en el caso de "José Bardina" el galán de telenovela al que se parece el amante de Lucelena, y que determinará el asesinato –por error– de otro personaje. En este sentido, es llamativo también el predominio en las fotos de personajes de raza negra o mulatos, aspecto que no se señala en la caracterización verbal de los personajes (salvo en el caso de las menciones de las "catiras") y que, a lo mejor, puede "poner en crisis" ciertas presunciones del lector.

Sea como sea, las fotos parecen preexistir a la novela (proceden de fondos particulares de artistas o fundaciones) y *se adaptan* a la novela, condicionando (o *desviando*) de modo muy claro la comprensión. Los dibujos y pinturas, por el contrario, parecen ajustarse de modo más preciso al contenido de la novela, por lo que, probablemente, en muchos casos, hayan sido creadas *ad hoc*. Se trata de reproducciones muy logradas de acuarelas o aguatintas, y su carácter "realista" es mucho menor que en las fotos, aunque, en cualquier caso, casi siempre tienen intención representativa: árboles, figuras, objetos, paisajes… A menudo, suelen animarse mediante la intervención del lector.

Esas animaciones (tanto en el caso de los dibujos como en el de las fotos) consisten por lo común en transformaciones, en superposiciones o disoluciones o desvanecimientos (con diferentes efectos). En algunos casos, ("Golpe", 46, por ejemplo) la imagen aparece antes que el texto, pero no es lo habitual, lo que lleva a pensar que, en todo caso, como se ha dicho antes, el texto es el icono rector al que el aspecto audiovisual se subordina.

Un tipo particular de imagen lo constituyen los recortes de prensa que emergen en ocasiones para completar información (aunque pueden ser también anacrónicos, como algunas fotos) relacionada con el componente político de la novela: la explotación de los trabajadores petroleros ("Extracción", 29), la contaminación derivada de las extracciones ("Derrame", 62). El recurso, aparte del mecanismo de inserción (las ventanas emergentes) y algún efecto accesorio (la eventual lectura con "lupa") es poco original, pues ya estaba en las vanguardias, y fue retomado por autores como Cortázar en *Libro de Manuel*. Como en este caso, en *Tierra de extracción* esos recortes de prensa vehiculan y objetivan un cierto componente de pedagogía social.

Teniendo en cuenta que la palabra es también considerada icono por el autor, interesa mucho hacer alguna referencia a su aspecto y a su tratamiento. Hay una uniformidad tipográfica notable en toda la novela (en un tipo similar a Arial 10 pt. para el texto de los capítulos y Garamond 26 para los títulos), aunque en algunos casos esa uniformidad se rompe, llamando la atención mucho más sobre el texto y a veces fusionándolo con la imagen ("Árbol", 34, sería un buen ejemplo). El color de los textos es negro y el fondo blanco, salvo en las ventanas emergentes en que el fondo suele ser ocre claro. Es frecuente que el texto aparezca a veces en rojo, indicando en la mayoría de las ocasiones una llamada a la interacción del lector (mediante clic o roce), pero esto no ocurre siempre y no puede saberse si es por fallo en la sincronización o una provocación intencional que busca desautomatizar las respuestas del lector.

La disposición del texto en la pantalla suele ser también uniforme, con justificación total, pero a veces hay una disposición "caligramática": una figura humana ("Milagro", 39) o un árbol ("Error", 19). Pero quizá lo más llamativo sean las animaciones (por intervención del lector o a veces "espontáneas" al cabo de un tiempo) de ese material verbal y, específicamente, los procesos que podríamos considerar deconstructivos, en la medida en que el texto se desvanece o se descompone: esto ocurre en "Anhelos" (30), por ejemplo, donde la descripción de la semejanza entre dos personajes se confía a una imagen desenrollable, en la que, según el sentido en el que se mueva el cursor, aparece el texto o una pintura que representa a esos dos personajes. También es notable el caso de "Error" (19), donde de la figura arbórea compuesta por el texto en negro van cayendo –¿como frutos?– letras rojas que no pueden leerse. También en este mismo capítulo, dos "aes" enormes (dispuestas simétricamente) se intercambian un flujo denso de letras igualmente ilegibles, que al roce del cursor van desapareciendo. En "Milagro" (39), un texto que habla de la desaparición de un personaje "como tragado por la tierra" comienza efectivamente a ser tragado por un pozo dibujado en la base de la pantalla, para luego volver a elevarse ya descompuesto y desaparecer. Son juegos que cabría considerar afines a las prácticas "letristas" con las que también condice una de las primeras pantallas de ese mismo capítulo "Milagro", ya aludida, que está compuesta por seis tipos de signos circulares minúsculos y animados, dispuestos reticularmente, que conforman imágenes difícilmente identificables (a veces parece surgir de nuevo una forma arborescente), pero que al roce del cursor van mutando en un ciclo repetido.[37]

Parturient montes: neo-telurismo 2.0

A pesar de todo lo dicho hasta ahora, yo me proponía una aproximación arcaizante a *Tierra de extracción*. Es ya tiempo de ir cumpliendo la promesa que planteaba al principio de mi recorrido, aunque, finalmente, sólo sea de modo superficial. Hasta ahora, no he hecho más que el trabajo descriptivo habitual por ahora en los acercamientos críticos a las obras multimedia. Pero además de "multimedia", esta obra es también "literatura" y, si se quiere aquilatar su sentido y su lugar en la tradición, conviene intentar, cuando menos, una aproximación a sus contenidos.

Una lectura así parecería, en principio, una *contralectura*, respecto de los postulados establecidos por el propio autor. Cuando éste afirma que para "recibir el espíritu" [*sic*] de la novela (Chiappe 2002) no es necesario recorrer un camino lineal, ni hacerlo de manera completa, ¿está desdeñando *la letra*? ¿Pero, en realidad, a qué se refiere ese "espíritu"? ¿Al contenido? ¿O a la intención "innovadora"? Más bien parece, desde luego, esto último. Leer a la contra significa, entonces, frustrar las expectativas del autor y del texto, buscar la letra y el contenido, más allá de la intención.

En otro lugar, Chiappe afirma: "En esta vanguardia, como en su momento en el movimiento cubista, lo que importa no es lo que se cuenta, sino cómo se cuenta" (Chiappe 2008b: 66). Dejando de lado

---

37. Como un tipo especial de "mutaciones" gráficas habría que considerar algunas erratas detectables: "Matas" por "Matías" o "sueo" por "sueño" ("Ebriedad", 25), "encorbado" por "encorvado" ("Hedor", 42). La presencia de estas erratas permite dudar que la transformación de "Rafelito" en "Rafaelijo" (también en "Hedor" y otros) sea intencional como palabra "maleta": Rafael-(el)-hijo, o tal vez pueda ser también errata.

si eso era realmente lo que le importaba al cubismo, si buscamos "extraer" el contenido de este artefacto relativamente sofisticado, nos encontraremos con algo que, significativamente, ya estaba inscrito en su título. Pues, en efecto, *Tierra de extracción* parece optar, en cuanto a sus tramas, por una especie de "nueva novela de la tierra".

Una imagen horaciana –que ya introduje parcialmente en una sección anterior– puede dar el pie para esta contralectura: si el *ridiculus mouse* me sirvió de pretexto para analizar el lugar del lector, *parturient montes* condensa, por su parte, una clave semántica para entrar en el componente temático de la novela. De modo casi literal, en *Tierra de extracción* los partos y el monte son motivos esenciales. La protagonista de una de las tramas, Mercedes (la amante de Jonás Valleterno), es partera, se dedica a traer al mundo a las criaturas de Menegrande. Pero más allá de esa presencia, la cuestión de los nacimientos y la prolongación de la población del lugar es una de las claves semánticas: la "hembra del mene", como se dice en algún lugar, tiene por misión cautivar y retener al hombre, acaso para garantizar la continuidad de la extracción. En la novela, además, hay dos nacimientos fundamentales: el de Israel Valleterno y el de Rafaelito Bastidor, pero ambos son hijos "de quien no deben". En el primer caso es la madre la "equivocada": Jonás Valleterno lo engendró en la catira de Ceuta, aunque a quien ama es a Mercedes. En el segundo, es el padre quien está "fuera de lugar": Lucelena lo concibe de un encuentro ocasional con Carlos Tortuga, y aunque su esposo Rafael Bastidor lo reconoce, no superará los celos y mandará matar al amante de su esposa. Por error, el muerto será, casualmente, Israel Valleterno.

La imagen del "monte" es, al contrario, metafórica y, de modo explícito en la novela, tiene una connotación sexual que, de nuevo, remite al componente genesíaco: el capítulo "Monte" (32) alude a dos maneras de bailar en Menegrande: "monte adentro" o "monte afuera"; y en "Extracción" (29), Pelícano explica a Matías Gracia que la diferencia está en si el varón se sitúa en el interior o en el exterior de las piernas de la mujer, y establece una comparación simbólica que será clave: "Bailar monte adentro es moverse más allá de los muslos de la mujer, justo donde se encuentra petróleo". La oposición "monte adentro / monte afuera" establece, además, un código binario que representa otra de las claves argumentales de las diferentes tramas de la novela: amor correspondido / amor frustrado, y así (por lo binario) podría relacionar la trama con el programa-lenguaje (informático).

Que el sexo y el linaje sean claves semánticas del relato implica, claro, un vínculo fuerte con la tradición novelesca. A pesar de lo dicho por el autor en relación con la poca importancia del contenido, él mismo es consciente de esa tradición y del beneficio que ello le reporta: "Afortunadamente para el resultado final, la novela había sido escrita bajo la influencia de Faulkner, Rulfo y Cortázar" (Chiappe 2011: 141). Ciertamente, la huella de los tres narradores es evidente: del primero toma la "polifonía" y hasta el relato paralelo; del tercero, la huella más evidente es la que viene de *Rayuela* (por la posibilidad de lecturas múltiples), pero también de *Libro de Manuel* (por la inserción de recortes de prensa, por ejemplo, según se dijo). Aunque quizá la huella "rayuelesca" sea algo más profunda: si *Rayuela* actualiza uno de los temas narrativos modernos por excelencia, la búsqueda (de la mujer), *Tierra de extracción* multiplica esa búsqueda en cada una de sus tramas y a veces introduce variaciones: Matías busca a Miriam; Jonás huye de Mercedes; Israel busca a Mercedes, Pelícano busca a no se sabe quién... La búsqueda, además, es el correlato temático del símbolo-forma del laberinto, que la novela hipermedia representa de modo cabal.

Pero quizá, de las mencionadas por el autor, la huella más evidente es la de Rulfo. La historia de Lucelena y Rafael Bastidor recuerda en mucho a la de Susana San Juan y Pedro Páramo: la adolescente que cautiva por su belleza al cacique y que, una vez casada con él, se convierte en su prisionera y enloquece. También rulfiana es la figura de Rafaelito Bastidor: el hijo "maldito" que se transforma en un criminal se parece a la figura de Miguel Páramo en la novela del mexicano.

A la huella rulfiana se une, de modo inequívoco, la de García Márquez en varios lugares: la historia de amor a lo largo del tiempo entre Jonás y Mercedes recuerda a la de los protagonistas de *El amor en los tiempos del cólera*; las premoniciones de muerte para Israel Valleterno algo tienen de la fatalidad que sobrevuela *Crónica de una muerte anunciada*. Pero, además, en algunas ocasiones el uso de recursos "mágico-realistas" es explícito: a Mercedes la lluvia no la toca, y además le llega una carta en letras que puede leer en la placenta de una criatura a la que acaba de traer al mundo ("Parto", 37). El personaje de Azuceno Correa y su historia del tesoro escondido también remite a ese mundo, al igual que la historia de amor frustrado entre Enrique Ángeles y su novia Mariangélica ("Llaves", 50), reescritura de un argumento tradicional (la novia encerrada) en términos desmesurados, por el tiempo que tarda en abrir la puerta y por el peso del saco de llaves que tienen que transportar entre dos personas.

También podrían detectarse otras influencias de autores del canon moderno hispanoamericano: la función y sentido del prostíbulo-bar Grand House/Gran Casa recuerda inevitablemente a la "Casa Verde" vargallosiana; y la relación especular que se establece entre los personajes de Pelícano y Matías Gracia recuerda también inevitablemente (tal como está narrada en "Anhelos", 30) a cuentos borgianos ("El otro") o cortazarianos ("Una flor amarilla").

Por último cabría señalar los vínculos con la narrativa venezolana de tema petrolero (Carrera). De esa tradición específica, Chiappe toma los temas del trabajo, la ambición, el amor... Varias de esas novelas habían subrayado desde sus títulos el componente telúrico: *Tierra del sol amada* (de Pocaterra, 1918) o *Sobre la misma tierra* (de Gallegos, 1943). Pero, en realidad, el tema del petróleo en *Tierra de extracción* es secundario: sólo resulta primordial en la historia de Manifiesto López, por sus denuncias de contaminación y por su posterior corrupción. El verdadero significado del tema del petróleo es simbólico aquí, y tiene que ver con el valor de lo buscado y los riesgos de la extracción, que se proyectan sobre las tramas sentimentales. En eso también, *Tierra de extracción* sigue el modelo telúrico. Con éste, como han señalado los especialistas coincide también en el modo de composición fragmentario: muchas de las novelas de la tierra están también construidas como acumulación de "cuadros" (¿*frames*?).[38]

Tantas referencias a la tradición narrativa del continente no pueden ser casuales: es como si el autor hubiera decidido no innovar argumentalmente en una obra cuyo aporte es sobre todo formal. Pero, por ello mismo, es como si estuviera renunciando al recurso falaz de modernidad temática y defendiera explícitamente que esa modernidad en narrativa no tiene que pasar por los argumentos, sino por un uso de los nuevos recursos al alcance de los autores.

Pero tampoco cabe descartar una intención paródica en ese vínculo con la tradición. Algunos aspectos expresivos permiten sospechar:

---

38. Recuérdese el subtítulo de *Los de abajo* de Mariano Azuela (1916): "Cuadros y escenas de la revolución actual". Ese modo de composición a veces estaba relacionado con la difusión (periodística, por entregas) de las obras, lo que no deja de ser también una analogía con la difusión de la obra multimedia (que condiciona su composición).

los nombres de algunos personajes son acaso demasiado pintorescos (Azuceno, Alcilio, Manifiesto, Carmencito, las tres hijas de "Constelación": Sol, Orión, Estrella; los apellidos Valleterno o Fuentegrande, el posible apodo Rafaelijo). Algunos pasajes –sobre todo de las historias ambientadas en el tiempo más remoto– adoptan una afectación estilística que no puede considerarse casual: "En Caracas, la orgía de libídine y poder hizo más nítida la presencia de Mercedes y lo obligó a partir, ajeno a los nuevos acontecimientos políticos" ("Pasos", 16); "Otras mujeres difuminaron el recuerdo al mismo ritmo con que el cuerpo se rendía al cansancio. Pero aquel sentimiento juvenil permanecía como un terco huésped que le impedía amar." ("Política", 15); "…había amado con la debilidad de las almas inmaculadas" ("Virgen", 10); "El atardecer, estático, parecía el vaho tibio de un cadáver" ("Fantasma", 4); "Los años ya carcomían sus hermosas facciones pero no transó durante el rústico camino" ("Lluvia", 12). En alguno de esos capítulos, las imágenes inciden en esa puesta en escena que cabe acercar al *kitsch* (fotos arcaicas, orlas "modernistas"). Por la misma vertiente se desliza el uso de un léxico muy marcado geográficamente que, como en las viejas novelas regionalistas, hubiera requerido de un glosario –o al menos de un *link* hacia uno–: jeva, güicha, jabillo, catira, bachaca, jaibas, chícura, maracucho, gocho…

Con esa sospecha de parodia quedan también teñidas las eventuales connotaciones simbólicas del relato. En varios lugares se hace explícita la identificación entre los temas principales de la novela: la mujer y el petróleo atraen por igual a los hombres en Menegrande, y explícitamente dice Pelícano que lo que aquellas tienen entre las piernas es petróleo ("Anhelos"). Incluso en algunas representaciones iconográficas esa identificación mujer-petróleo se extiende hacia la letra, que se entierra para luego ser extraída ("Milagro"). Del mismo modo, otros temas arquetípicos pueden estar tratados con cierta distancia: los hijos "malditos" (Israel, Rafaelito) o, con una importancia que los autores han subrayado fuera del texto (como ya se dijo), la idea del árbol igualmente maldito (el mangal), que no da frutos porque a su sombra se han producido crímenes repetidamente.

Ese componente simbólico se articula fluidamente con las referencias históricas: el origen del relato se identifica con el inicio de las extracciones petroleras en Venezuela a partir de 1914, momento en que "reventó" el primer pozo (Zumaque I). A partir de ahí, se introducen datos relativos a la corrupción que desencadenó la riqueza durante los gobiernos dictatoriales de Cipriano Castro y Juan Vicente Gómez (entre 1899 y 1935), un sistema en el que participan directamente algunos personajes como Jonás Valleterno. Se asume que ese sistema corrupto perdura a lo largo del siglo, puesto que la contaminación que las extracciones provocan será silenciada gracias a la extorsión y el soborno (el caso de Manifiesto López). Es una situación como esa la que parece estar detrás de la peripecia vital de otros personajes como Matías Gracia, que abandona la capital, al menos explícitamente, por liberarse de la presión de "hacer billete" en la que han caído todos sus amigos ("Billete", 26). Esa corrupción del sistema, se insinúa, genera una violencia explícita o implícita que puede estar detrás de la huida: Matías contempla en televisión cómo el ejército aniquila a unos guerrilleros refugiados en una embajada y el narrador afirma: "Aunque la acción estaba muy lejos de allí, los recuerdos revivieron cercanos." ("Carcajada", 24); el personaje de Enrique Ángeles relata cómo había sido movilizado para reprimir protestas en Caracas, que acabaron con muertos ("Anécdotas", 61), probablemente durante el "caracazo" de febrero de 1989, como se ha dicho; suyo puede ser el "Sueño" que da título a un capítulo (23) y que describe una esperanza revolucionaria traicionada; el baile sensual, en otro lugar, se mezcla con citas de una canción ecológica reivindicativa; algunas de las canciones que acompañan a la novela incorporan también esa temática política ("Contradicciones en mi bello país")…

La novela, telúrica, simbólica, paródica, es también, entonces, una novela de denuncia y por ese lado aparece un componente semántico que articula tema y forma de modo fuerte, y que me parece necesario subrayar como conclusión de mi análisis. La polisemia del título *Tierra de extracción* no sólo apunta el nexo entre lo telúrico-petrolero con lo técnico-multimedia. Ya mencioné antes de pasada el posible vínculo compositivo con el lenguaje binario típico de la programación informática (en la medida en que un motor de las tramas es la dualidad "amor correspondido" / "amor frustrado"). Ahora debo señalar que la elección del tema petrolero no es sólo una concesión al "color local" venezolano, típico de un relato paródico en relación con la tradición. *Tierra de extracción* propone una sofisticada máquina narrativa que precisa de un estadio avanzado en la evolución de los medios técnicos que pueden hacerla posible. La traslación del papel al nuevo soporte digital implica una reflexión teórica (explícita e implícita en la propia composición), que no elude las connotaciones políticas (la incorporación de la autoría colectiva; la relación con los marcos académicos e institucionales) y económicas (el precio de las herramientas de producción). Al hacer del petróleo el tema principal de su relato (y en parte su imagen simbólica clave, subrayada también iconográficamente de diversos modos), la obra apunta al origen de un proceso en cuyo término (momentáneamente) se encuentra la posibilidad de construir (y acceder) a obras como la propia *Tierra de extracción*: hay una línea (soterrada quizá) que une la explotación de los primeros pozos petrolíferos venezolanos con la producción de obras multimedia que requieren de la participación de múltiples agentes especializados y de la utilización de máquinas más o menos caras. Esa línea es la evolución del capitalismo, cuyas crisis marcan implícitamente algunos pasajes de la novela. El salto energético, técnico y económico que supuso el descubrimiento y la explotación del petróleo propicio que el capitalismo pasara de su fase industrial a su fase informacional. El petróleo está en el origen del plástico de los ratones, teclados, carcasas y pantallas necesarios para construir y surcar esta *Tierra de extracción*. *Parturient montes*, en efecto, reventaron enormes bolsas de crudo, acaso para generar estos ridículos adminículos: *nascetur ridiculus "mouse"*, esos minúsculos ratones que mueven el mundo, y ya también la literatura. El autor no ha soslayado el componente económico de ese proceso. Sabe que –como vaticinaba Horacio– su obra no olerá a cedro (sino en el mejor de los casos a un simulacro digital del petróleo[39]) y que tampoco será salvaguardada de la obsolescencia en una singular caja de ligero ciprés (sino en dispositivos de almacenamiento, cuantos más mejor, eso

---

39. "Como lo hipermedia dispone de recursos que otros formatos no poseen, un autor tiene el deber de plantearse la múltiple utilización de estímulos para acercarse al lector. Estímulos intelectuales (como la palabra), visuales, sonoros, e incluso aromáticos y gustativos. Estas dos últimas posibilidades ya comienzan a desarrollarse. En la Universidad de Huelva se estudia la transmisión de olores con un lenguaje propio de programación XML Smell, que permite 'definir de forma universal y estandarizada la transmisión del olor, de manera que tanto el que lo emite, (el que hace una página web o envía un correo electrónico o realiza un programa de televisión o incluso manda un mensaje por un teléfono móvil), como el que lo recibe, únicamente tienen que usar el lenguaje sin necesidad de ningún conocimiento específico', con la sola instalación de un periférico que contendrá una 'paleta' de 'olores básicos'" (Chiappe 2005).

sí, cada vez más livianos, más sutiles). Sabe que su obra habla de y está condicionada por el "billete", por el "amor al dinero", que ya también preocupaba a Horacio. Llevar la historia a la pantalla del ordenador requería el concurso de numerosas personas cuyo trabajo no resultaba barato: la empresa (como la de la extracción petrolera) iba a ser cara y difícil. Chiappe hubo de recurrir al apoyo financiero paterno para poder sacar a la luz el proyecto: "Mi padre puso el talonario sobre la mesa. Al fin, *Tierra de extracción* se trasladaba a la pantalla" (Chiappe 2011: 143). Ese gesto no es sólo una anécdota común a tantas trayectorias literarias "modernas" (basta pensar en las de Borges o Bioy). Teniendo en cuenta también que la cuestión de la paternidad (y la genealogía) son claves en la novela, y que máquina y sujeto difuminan en obras como esta su estatus orgánico o cibernético, la interacción del linaje y lo económico enraíza profundamente el sentido de esta obra (de este nuevo arte) en un estrato que no puede quedar al margen de la lectura.

Bibliografía

Brown, J. Andrew (2005): "Reading *Rayuela* in the Rayuel-O-Matic". En: *Revista Canadiense de Estudios Hispánicos* 29.2, 379-395.

Carrera, Gustavo Luis (2005 [1972]): *La novela del petróleo en Venezuela*. Mérida: Universidad de Los Andes.

Chiappe, Doménico (2001): "*Tierra de Extracción*. En busca del lenguaje multimedia". En: *Ciberletras* 4, <http://www.lehman.cuny.edu/ciberletras/v04/Chiappe.html>.

— (2002): "El oficio de vender un lenguaje multimedia, con muy poco uso". En: Oteyza, Caroline de (ed.): *Los desafíos de la escritura multimedia*. Caracas: Universidad Católica Andrés Bello, 17-34. Disponible en <http://www.domenicochiappe.com/pg_d_3l.html>.

— (2005): "Hipermedismo, narrativa para la virtualidad". Trabajo para la obtención del Diploma de Estudios Avanzados en Humanidades por la Universidad Carlos III de Madrid. En: <http://www.domenicochiappe.com/pg_d_3i.html>.

— (2006): "Herramientas para no perderse en el laberinto". En: *III Congreso On Line, observatorio para la cibersociedad*, <http://www.domenicochiappe.com/pg_d_3h.html>.

— (2007a): "Ciudad de letras danzantes". En: <http://www.domenicochiappe.com/ciudad_letras_danzantes.pdf>.
— (2007b): "Procesos creativos en la literatura hipermedia. Intención única y autor múltiple". En: Taylor, Claire/Pitman, Thea (eds.): *Latin American Cyberculture and Cyberliterature*. Liverpool: Liverpool University Press. Disponible en <http://www.domenicochiappe.com /pg_d_3c_en.html>.
— (2008a): "La extinción de los adoradores del códice". En: *Letras Libres* 84, 80-81.
— (2008b): "Literatura hiperfónica multimedia". En: *Letras Libres* 78, 66-67.
— (2008c): "Máquinas autoras, artificios literarios". En: *Letras Libres* 80, 79-80.
— (2009): "Mínimo glosario hipermedia". En: *Quimera* 310. Disponible en <http://www.domenicochiappe.com /minimo-glosario-hipermedia.pdf>.
— (2011): "*Tierra de extracción* o la historia de una novela multimedia". En: *Texto Digital* 7.1, 138-146.
— (s. a.): "Literatura digital: del códice a la pantalla y aterrizaje en escena". En *Letralia*, <http://www.letralia.com/ed_let/12/04.htm>.

FERNÁNDEZ PORTA, Eloy (2008): *Homo Sampler: tiempo y consumo en la era Afterpop*. Barcelona: Anagrama.

GENETTE, Gérard (2006): *Metalepsis. De la figura a la ficción*. Barcelona: Reverso.

HORACIO (1986): *Obras completas*. Trad. Alfonso Cuatrecasas. Barcelona: Planeta.

MORA, Vicente Luis (2012): *El lectoespectador*. Barcelona: Seix-Barral.

VALÉRY, Paul (1998 [1918]): *Ego scriptor*. Paris: Gallimard.

La literatura envolvente y otros retos del escritor multimedia[1]

Doménico Chiappe
Universidad Carlos III

Diez años después de la escritura de la novela hipermedia *Tierra de extracción* (en la que se ensayaba con la circularidad, la brevedad, la fragmentación), los retos del autor multimedia conducen hacia una evolución más radical del lenguaje narrativo, hacia la realización de una literatura envolvente: indagar en formas de escritura posliterarias (permutación, repetición y los idiomas de programación), aumentar la característica lúdica, buscar la hiperfonía de la creación y construir el libro como objeto virtual. Con su consolidación, la literatura envolvente se trasladará de la pantalla hacia el espacio público, e inaugurará una nueva era de lectura.

I. Introducción

La experimentación literaria, el terreno de la vanguardia en la era digital, explora en las estrategias poéticas y narrativas, en la forma. Como ha sucedido con los grandes saltos científicos de otras épocas, la tecnología actual incentiva la transformación del lenguaje literario. En la búsqueda de una retórica y un lenguaje multimedia, el autor indaga en la forma del nuevo texto, una forma independiente del contenido.

---

1. Este texto fue leído como conferencia en el congreso Hybrid Storyspaces (Cornell University, abril/mayo, 2010). Es la primera vez que se publica en castellano.

¿Creó una corriente literaria el primer autor que mencionó el televisor? ¿O lo hizo quien apostó por privilegiar la acción? ¿Acuñó un género literario el primer narrador que metió un móvil en el bolsillo de su detective? ¿O lo hace quien logra una poética con emoticonos? ¿Un creador de obras hipermedia debe ceñirse a tramas de cíborg y cibersexo? ¿O es libre de contar las historias que quiera, aunque no suceda en la era digital?

La tecnología que existe en el universo diegético afecta el devenir de los personajes que interactúan allí, pero no necesariamente repercute en el lenguaje empleado por el autor, a quien sí le influye la tecnología de su tiempo. Porque las historias pueden contarse con el lenguaje, convencional o transgresor, que elija y conozca el autor. Pero solo contribuye a la evolución literaria el lenguaje transgresor, concebido, por una parte, por la innovación tecnológica que altera la vida de un autor y, por otra, como continuación de las vanguardias preexistentes, lo que ocurre con la recuperación y potenciación de experimentaciones anteriores que habían sido marginadas por autores posteriores y por el público, debido a una eficacia dudosa: carecían de una tecnología compatible. Por ejemplo, la fragmentación que requiere el hipervínculo fue intensamente investigada por el cubismo. Pero mientras que el códice potencia la lectura lineal y la autoridad del autor y editor; la pantalla fomenta la aleatoriedad y la combinación y, sostenida en la fragmentación, reduce esa autoridad.

En la novela multimedia *Tierra de extracción v. 2.0* (<http://www.domenicochiappe.com/pg_d_2a.html>) coexisten cinco tramas; todas ungidas de una tecnología que afectó drásticamente a la humanidad: la del petróleo y sus derivados. Una tecnología que revolucionó la forma de vivir, sin alterar los modos de narrar. Cada una de estas tramas se sostiene sobre diversos discursos. Cada discurso se apoya en un arte. Cada arte construye una capa y cada capa constituye un plano narrativo independiente. Cuando las capas se superponen, lo que ocurre en la pantalla, las artes se combinan y la obra adquiere cualidades multimedia. La obra no está compuesta por un lenguaje único (textual, plástico, musical, audiovisual): es el resultado de la combinación de los lenguajes que interactúan entre sí.

En *Tierra de extracción* lo textual es el espacio desde el que un narrador omnisciente narra las acciones; lo musical transmite las emociones de un personaje e identifica los capítulos que constituyen una misma trama; lo lírico y oral, presente en las letras de las canciones, reflejan en primera persona el pensamiento interior del protagonista; la plástica cuenta variaciones del tema; la fotografía narra historias reales de aquel ambiente que envuelve a los personajes de ficción; la animación y la programación enhebra las claves de cada relato y busca la representación onírica de las tramas. La obra completa se compone de 63 capítulos, eslabones cuyo primer nivel de relación con el usuario es el texto. De ahí que la obra sea denominada "novela multimedia" y no "cancionero multimedia" ni "galería multimedia".

El epicentro de las cinco tramas es el mismo: Menegrande, donde se descubrió el primer gran yacimiento de petróleo en Venezuela y se construyó el pozo Zumaque I. Cada trama transcurre en tiempos diferentes (la historia abarca tres generaciones, desde 1910 hasta 1990) y traza líneas que se entrecruzan cuando la acción de un protagonista es causa de las circunstancias de otro.

- Una trama sucede a mediados de los años noventa, cuando Matías Gracia llega a Menegrande y conoce a Miriam Fuentellana, que regresa al pueblo natal después de varios años de exilio voluntario. Miriam acaba de terminar la búsqueda que Matías recién inicia con la complicidad de otro hombre, Pelícano, a quien encuentra en el pueblo.
- Otra trama comienza en 1914 cuando se trabaja para construir el Zumaque I, y Jonás Valleterno es peón de una de las transnacionales petroleras. A él le busca una mujer, añorada, Mercedes Casas, que siempre llega con retraso al lugar que él ha abandonado ya en su migración tras la ruta del petróleo. Anciana, ella se asienta en Menegrande. El hijo de Jonás Valleterno, Israel, cumple con el encargo de su padre moribundo: encontrar a Mercedes, y vaga por el Zulia hasta llegar a Menegrande, donde será asesinado.
- La historia del hacendado Rafael Bastidor, que se obsesiona con la hija de un peón, Lucelena, se cuenta en otra trama. Luego ella le engaña con un hombre parecido al actor de una telenovela, "es igualito al galán". En su venganza, Bastidor se equivoca de hombre. Asesina a Jonás, que acaba de llegar.
- La búsqueda de justicia social de Manifiesto López, un poblador de los palafitos cercanos a Menegrande, y su poste-

rior incursión en la política instituida sostiene otra trama de la obra, que se entremezcla con la subtrama de Israel Valleterno y la de otros habitantes de Menegrande.

- La más breve en longitud textual cuenta el devenir de Carmencito Villegas, un personaje víctima de la apatía existencial: "Quisiera ser una estatua", dice.

La elaboración de los contenidos sigue tres orientaciones de estilo, impuestas por el medio:

- Brevedad: la precisión del lenguaje es crucial para utilizar la menor cantidad de palabras en pantalla; la concisión estimula el uso de la sugerencia y la exactitud afina la poética, que se relaciona con el lenguaje de las demás artes, que a su vez siguen este precepto: canciones de pocos segundos, imágenes que pretenden el impacto visual instantáneo, diseño y recursos informáticos minimalistas.

- Circularidad: cada capítulo inicia y finaliza una historia, que, a la vez, forma parte de una estructura mayor; aunque puede leerse de manera individual, sin que su entendimiento dependa de un texto previo ni posterior. Con la lectura, los eslabones arman un puzle y la ficción aumenta al ritmo en que se colocan las piezas. Lo mismo ocurre con la lírica, que narra el estado anímico que siente un personaje en un lapso concreto, o con las imágenes: cada una encierra una gran historia.

- Fragmentación: la trama se escinde en partes autónomas y, gracias a la circularidad de cada eslabón, las piezas se disponen en una estructura de rizoma, de nodos conectados por espacio (localidad), drama (personajes) y tiempo (secuencia lineal temporal), lo que hace un circuito muy complejo. La suma de textos compone la novela; de canciones, una sinfonía distinta según el orden en que se pinchan; de la secuencia visual, una gran historia donde cada imagen pertenece a una parte de su estructura, ya sea el planteamiento, el desarrollo o el desenlace. La fragmentación potencia la lectura aleatoria y la combinación de eslabones. La elección del recorrido dentro del rizoma y del arte que narrará la historia queda en manos del usuario, lo que aviva la interactividad con la obra y el sentido lúdico con que se acerca al nuevo medio.

De esta manera, las artes conviven en la pantalla y asumen su rol narrativo en *Tierra de extracción*. Esta obra utiliza los recursos disponibles entre 1996 y 2006. En la obra, los elementos de cada arte se encuentran en varios espacios a la vez (multipresencia), vinculados entre sí (interconexión) y abiertos a la variación que el espacio les exija (mutabilidad). Pero la tecnología ha continuado su desarrollo y han surgido nuevas herramientas que afectan el ecosistema donde se desarrolla esa convivencia de artes; el hábitat de la literatura multimedia. Surgen nuevos caminos y el autor tiene el reto, y el deber, de indagar en las posibilidades, y exigencias, que el nuevo ecosistema ofrece al lenguaje.

II. Retos del escritor multimedia

1. *Labrar el lenguaje*

La tecnología genera nuevos discursos, campos potenciales para la literatura.

1.1 SMS

El lenguaje escrito muta a partir de las limitaciones tecnológicas de los medios de utilización masiva, como el teléfono móvil, y de mensajes instantáneos, como en el caso de los sms. La evolución va de lo escrito vocalizable, que reproduce el sonido de la palabra oral, a lo escrito impronunciable, que solo puede leerse en silencio y desdeña la vocalización. Los sms surgen de dos formas: 1) al modificar la estructura de la palabra escrita tradicional y elegir solo aquellas letras de su código que pueden construir un icono de la palabra textual, y 2) al representar al objeto o al gesto que se quiere transmitir, utilizando letras y signos provenientes de la escritura convencional.

La brevedad del sms basa gran parte de su información en la suspicacia y deducción del receptor, quien aporta la sintaxis y los matices del contenido. Hasta el momento, los mensajes transmitidos por sms son prácticos, con información útil y efímera. Aunque el verso y el microcuento se ha publicado en ocasiones en la pantalla del móvil, siempre se ha preponderado la escritura tradicional, restringiendo la cantidad de palabras utilizadas y no abreviando estas palabras para encontrar más espacio para la escritura y, por tanto, para el desarrollo de ideas, tramas y versos. Ese sería, junto a las convenciones que el uso literario impondría, la tarea de domesticación y enriquecimiento de un lenguaje que ahora, en este primer estadio, es funcional, limitado y burdo. Estos intentos literarios, escritos en sms, no tienen por qué restringirse a la pantalla del móvil y pueden establecerse en otros formatos y combinarse con otras lenguas hasta que se consolide su lectura.

1.2. Lenguaje informático

Es otro lenguaje funcional, extraño a la autoridad literaria, que ha ganado en complejidad desde aquel sistema binario original. Su potencial es apreciable en un largo registro, el de las marcaciones y mensajería de los móviles, y transmutada a .txt para su legibilidad en pantalla de ordenador. El texto, sin título, (<http://911.wikileaks.org/release/messages.zip>) recopila los SMS enviados durante las horas de la tragedia del 11 S, junto a la información que intercambian automáticamente las compañías telefónicas. Si el lector se toma la molestia de leerlos linealmente, como si se tratara de un texto; si dedica el tiempo necesario a desentrañar las palabras, y evita que sus ojos corran deprisa sobre las líneas, encontrará literatura: Los datos, minuto a minuto, son una gran crónica de los acontecimientos, y, narrativamente, le confieren un ritmo que solo alcanzan las grandes novelas de acción. No existen los párrafos, pero en la primera parte, de las primeras horas, se recrea el despertar de una sociedad que será sacudida luego. Más adelante, cuando ha sucedido el ataque, se recrea el clima, claustrofóbico, tenso, de aquellas horas: incomunicación, llamadas fallidas. Una y otra vez. Hay poesía en esa reiteración. La tensión, gracias a los bucles que traza el testimonio autómata de estos registros textuales, aumenta línea a línea.

El universo diegético se construye y se sostiene también en el ruido. Blanco o sucio, corre como un rumor paralelo a la trama. Ruido que se puede leer. Y que se combina con el gesto del dedo apretando el botón de los teléfonos. Acción que se "ve" al leer los números marcados. Primerísimos primeros planos de las manos de los personajes, que aparecen, así, en medio del ambiente, cada vez más tenso. Gracias al signo, ahora un icono, 2001/09/11 se siente opresivo, claustrofóbico; se presiente desesperación, horror. Es la poética del signo, como la imagen que transmite la palabra exacta; ahora reconvertida en ocho números.

Escrita por un elemento no-humano, podría tratarse de la gran novela de principios de siglo si pudiera superar un obstáculo: se requiere de una enorme paciencia para adiestrar la vista a la lectura de estos códigos, para descifrar su contenido a primera vista, para apreciar la información que transmite la reiteración del lenguaje. Para acercarse a esta obra, el público debe aprender a leer otra vez. El autor de literatura puede aprovechar este lenguaje de programación, adaptarlo al entendimiento humano, utilizarlo para recrear universos complejos, como los que retrata este registro.

1.3. Narrar sin texto

En las dos propuestas anteriores, la literatura se sostiene en el texto. Un contenido modificado, insurgente, pero con base en la palabra escrita. Sin embargo, la literatura puede explorar otra posibilidad, la de prescindir del texto de la misma manera como ya antes renunció en gran medida a la oralidad y a la gestualidad. Al renunciar al texto como base para su transmisión, soporta parte de su mensaje y contenido sobre otras artes, con lo que obtiene un efecto envolvente al producir estímulos que no necesariamente pasan por el cerebro, sino que penetran en el lector por medio de sus otros sentidos, como el gusto o el olfato. En lo multimedia, lo textual se reserva para lo abstracto y lo intangible; es territorio de la subjetividad del autor, de representación de aquello que no puede atestiguarse sin la mediación textual.

Una de las claves para una literatura envolvente es la superación del texto como mediador único. Incluso se trata de superar todo aquello que intente mediar entre, por ejemplo, una fragancia y la fragancia misma. Con lo multimedia, la palabra escrita gana y pierde espacios. La entidad digital del libro contendrá y transmitirá, además de lo visual y lo audible, los olores y sabores. Y se convierten así en más territorios para la literatura.

2. *Transformar el medio (texto) en objeto de la obra*

Es uno de los espacios que gana el texto, la de elegir la palabra no solo por su significado, sino por su forma visual, tanto como la rima la prepondera por su sonido. El placer de ver la silueta de la palabra y sus letras, revestidas de belleza según sus características ilustrativas y pictóricas.

Cuando se acopla al ciberespacio, el texto se transforma también en otra cosa, algo que permite su aprovechamiento como objeto de arte. Es decir, independiente de su significado, la palabra escrita se aísla, lo que la despoja de significado abstracto y le convierte en materia tridimensional. Mientras que si se encuentra dentro de un contexto, mantiene su sentido. La potestad para aislarla o contextualizarla la tiene, desde luego, el autor, pero también la puede tener el lector, quien puede acercarse o alejarse de ella con un clic. Dentro de una composición, cuando la distancia desde la que un lector observa el texto es adecuada para la lectura, el texto mantiene su rol tradicional y su significado. Si es demasiado cercana o lejana, se transforma en ese objeto transformado.

3. *Indagar en la escritura posliteraria*

La utilización de recursos propios del videojuego, como la repetición, que se aplica en la descripción, y la permutación, que se aplica en la trama, conduce a una multiplicación de alternativas para la trama, partir de variaciones mínimas de la idea central, que se ramifica y cambia según las rutas que resultan de la elección y combinación de tramas resultantes. La repetición consiste en realizar variaciones mínimas en los elementos del universo (personajes, objetos), lo que produce tantos personajes y objetos como diferencias se hagan. Por ejemplo, en las características prototípicas de un protagonista: se le cambia el color de pelo diez veces; de piel, tres veces; de estatura, ocho veces. Se combinan estos cambios, se obtienen cientos de individuos diferentes, entre los que puede elegir el lector, o que pueden interactuar entre sí, cuando las variaciones se aplican también a las cualidades interiores de los personajes. Por otra parte, la permutación consiste en hacer pequeñas variaciones en la trama, en el devenir de esos personajes que a su vez han sido "repetidos".

La escritura posliteraria multiplica la interactividad (el lector elige quién actúa y los diversos itinerarios que puede seguir, aun cuando no sepa qué sucederá) y el sentido lúdico (la elección y el azar del resultado se entiende como un juego). A pesar de la cantidad de opciones que tiene el lector, la utilización de estos recursos permite que el autor mantenga el dominio de su obra, pues no existe la posibilidad de seguir caminos que el autor no ha contemplado o provocado.

4. *Polifonía autorial, hiperfonía*

La polifonía es un término que se aplica a las obras literarias que retratan un universo desde múltiples visiones; tantas como personajes tengan protagonismo. La polifonía está vinculada a la complejidad de la obra y la ambición artística del autor. En la literatura analógica, aunque la obra posea diferentes perspectivas, la creación proviene de una única visión, la del autor. En las obras multimedia, en las que la necesidad de contar con excelencia desde diversas artes obliga a la colaboración creativa de varios autores, la polifonía sucede desde la concepción, en un plano de meta-obra. Si el resultado de una creación construida desde la polifonía es una obra polifónica, se obtiene la hiperfonía (polifonía dentro de la polifonía).

La obra hiperfónica no solo otorga al lector o usuario una múltiple visión del universo según los personajes que viven en ese universo, sino que le aporta la de los creadores sobre ese universo creado. Es una cualidad de la obra multimedia, que exige acuerdos previos entre los autores para partir de una misma intención artística, independiente entre sí, pero que converge en un territorio, el de la obra, enriquecida por las visiones, seguramente divergentes, de los creadores.

5. *Ludismo*

La posibilidad de intervenir en la obra aumenta la característica lúdica de la lectura. Y con su acción, el público, como exigía Mallarmé, hace la obra. La interacción puede tener diferentes grados, desde la de una obra cerrada que permite que el lector tome pequeñas decisiones como el recorrido de la lectura, hasta una obra abierta que muta con su intervención. El grado de poder que tiene el lector es decidido por el autor, que renuncia o no al control total de la obra, si eso obedece a su intención artística.

5.1. La reciprocidad del narrador robot

El narrador robot, provisto de inteligencia artificial e investido de poder para conocer la información personal del lector, tiene la capacidad para generar historias a la medida de ese lector que le abre el plano privado e íntimo que, por lo general, se resguarda tras contraseñas: contactos del correo electrónico, historial de navegación, archivos del escritorio, perfiles de redes sociales. Con estos datos se personaliza la trama primigenia. Pero sus posibilidades son inmensas cuando se combina con la escritura post-literaria, cuando la repetición y permutación que varían la trama siguen los patrones que encuentra en la intimidad del lector. El narrador robot se multiplica tantas veces como lectores existan. Hay un narrador por cada lector. Cambia la relación entre autor (uno) y lector (multitud). Ahora la relación es de uno a uno, personal, y modifica el paradigma de la lectura, en que el lector no recibía respuestas en sus intentos de comunicación con el autor. El narrador robot se nutre de ese lector y cuida su relación. Se consagra a ese receptor único, en la misma medida en que recibe sus estímulos. La reciprocidad en el trato despierta en el lector una relación más intensa, donde pueden aflorar sentimientos y deseos, que corresponde el narrador.

La disposición del narrador robot a modificar su trama en función de las exigencias del lector puede dotar de complejidad dramática una obra, que a su vez se ensambla a otra obra que ha nacido del mismo punto de arranque. Ambas son hijas de una obra primigenia, y retornan a ella, aportándole sus variaciones, lo que enriquece y engrandece a la matriz, que sí puede ser controlada directamente por el autor.

5.2. Lector Wii

La obra literaria combinatoria puede transformase también con los movimientos del público, gracias a la posibilidad que los sensores brindan al nuevo espacio del libro. El lector Wii –término que utiliza la marca de Nintendo para su consola de videojuego- se apoya en la "lectura" de las respuestas corporales por parte de la obra, y le posibilita la interacción por medio del movimiento, el tacto, el olor, el sudor y toda manifestación de un sentimiento (miedo, alegría) o pensamiento (exteriorizado a través de la escritura y la voz). La trama puede avanzar con la intervención del lector, pero esa injerencia también puede modificar el devenir de los personajes y de la historia.

Usando la definición de Barthes, el texto es el espacio del lenguaje y va más allá de sus contenedores habituales (el libro) y de las obras individuales firmadas por un autor. El texto engloba y combina estas obras, en una esfera compleja y literaria. La actuación del lector Wii se genera más en esta macro-esfera que en el terreno de la obra cerrada y firmada. La acción de alterar, entremezclar, editar la obra hace que el texto retorne de la obra cerrada al espacio abierto; un terreno intangible como el de las ideas, donde no existen las fronteras nítidas que sí están en la cultura de los códices. Es así como se produce la neointertextualidad, el paso del texto registrado a un espacio más libre y menos literario, cuyos contenidos pertenecen a quien los utiliza durante el lapso que dura ese usufructo.

6. *Publicación*

Parte de los retos del autor se relacionan con el nuevo libro y el medio en que existe.

6.1. Reconstrucción del objeto libro

El libro ahora es virtual. La inmaterialidad del libro y el hecho de que la literatura comienza –vuelve– a carecer del empaque, tan eficaz para la mercadotecnia de los géneros literarios como productos, obliga al autor a reafirmar su compromiso con la poética. Los editores del libro códice favorecieron la imprecisión del discurso, premiaron la longitud del texto en detrimento de la exactitud. Cualquier historia era mejor si alcanzaba un total de palabras que la convirtiera en novela. El libro virtual desvanece, por una parte, la importancia del empaque. Por otra, la compulsión en la compra según la novedad y la publicidad. No obstante, el libro virtual, el que alberga la literatura hipermedia y no el que almacena la migración del códice a lo digital (el *e-book*), se encuentra en la etapa de incunable, de formación, de pruebas que, al ritmo en que se explorón los nuevos lenguajes, conducirá a una consolidación del formato.

La virtualidad del libro permite también que el escritor publique en tiempo real, a medida que los eslabones de su obra sean finalizados. La existencia de obras literarias "en proceso" potencia la intervención del lector (si es que esa intervención pública forma parte de la intención artística del autor).

6.2. Combatir la obsolescencia y el desvanecimiento

La obra digital es vulnerable. La preservación de su existencia en el ciberespacio requiere de continuos cuidados, para que su programación y formato electrónico no quede obsoleto e ilegible con la renovación de soportes y para que no se desvanezca en los servidores por falta de mantenimiento o pago de cuotas. Mientras que para combatir el desvanecimiento, el autor debe intentar la duplicación, las copias, aun cuando en el medio digital una única copia es suficiente para que infinidad de usuarios la lean. Pero la desaparición de ese ejemplar singular significaría una pérdida permanente. Sin la vigilancia del autor, que por ahora asume la figura que el bibliotecario asumió para los papiros y códices, la obra digital es tan frágil como un libro abandonado en medio del bosque.

7. *Ocupar el espacio público con la literatura envolvente*

Para lograr una literatura envolvente, la segunda clave (además de superar la noción del texto como mediador único) es que la interacción no sea solo voluntaria. Que no sea el lector el que decida si influye o no. Que sea el autor, robot o no, el que paute las condiciones para que la injerencia del lector afecte la obra. Incluso a pesar del lector. Incluso a pesar del no-lector, del transeúnte desprevenido cuando la obra se instala en el espacio público –plazas, calles, garajes, hall de instituciones–, de quien "pasaba por ahí". Esto implica que quien vive de espaldas a la literatura, aunque no lo quiera, se relaciona con la obra. Debe aprender a convivir con la literatura que existe en el espacio público, así como los ciudadanos de cualquier ciudad lo hacen con los coches. La literatura instalada envuelve a la persona, la atrae, instiga, seduce. Y la incluye en la obra.

La ocupación del espacio público con obras literarias hipermedia reabre la era de la lectura colectiva, aunque esta vez, silenciosa.

Sobre los autores

Ángel Esteban: catedrático de Literatura Hispanoamericana de la Universidad de Granada y *visiting professor* permanente de las universidades de Montclair State y Delaware (EE UU). Ha publicado más de cincuenta libros entre ensayos, antologías, libros de conjunto y ediciones de clásicos, algunos de ellos traducidos hasta a ocho idiomas. Es redactor jefe de la revista *LETRAL* y coordina el Máster de Estudios Latinoamericanos de la Universidad de Granada.

Belén Ramos: licenciada en Filología Hispánica por la Universidad de Sevilla. Diploma de Estudios Avanzados por la Universidad de Granada, donde realiza su tesis doctoral sobre la novelística del escritor Edmundo Paz Soldán. Ha participado en numerosos congresos de carácter nacional e internacional. Ha publicado artículos de investigación literaria en distintos medios de reconocido prestigio.

Daniel Mesa Gancedo, profesor titular de Literatura Hispanoamericana en la Universidad de Zaragoza. Entre los resultados de sus investigaciones destacan tres libros: *La emergencia de la escritura. Para una poética de la poesía cortazariana* (1998), *La apertura órfica. Hacia el sentido de la poesía de Julio Cortázar* (1999) y *Extraños semejantes. El personaje artificial y el artefacto narrativo en la literatura hispanoamericana* (2002). Ha colaborado en la edición de la poesía completa de Cortázar (2005) y ha coordinado un volumen sobre la obra de Ricardo Piglia: *Ricardo Piglia: la escritura y el arte nuevo de la sospecha* (2006). Es responsable de la antología *Novísima relación. Narrativa amerispánica actual* (2012).

DOMÉNICO CHIAPPE: nació en Perú en 1970 y se crió en Venezuela desde 1974. En 2002 se radicó en Madrid. Como narrador ha publicado los libros de cuentos *Los muros / Les murs*, en edición bilingüe francés-español (2012) y *Párrafos sueltos* (2003, reed. 2011), la novela *Entrevista a Mailer Daemon* (2007) y la novela multimedia *Tierra de extracción*, que fue un trabajo en proceso (1996-2007) y que Electronic Literature Organization eligió para su antología de las mejores obras de literatura digital. Como investigador aborda el periodismo y la literatura multimedia y ha publicado los libros *Tan real como la ficción. Herramientas narrativas en periodismo* (2010) e *Hipermedismo, narrativa para la virtualidad*, además de artículos sobre ambos temas en libros y revistas.

FRANCISCA NOGUEROL: profesora titular de Literatura Hispanoamericana en la Facultad de Filología de la Universidad de Salamanca, ha ejercido asimismo la docencia en diferentes universidades americanas (Estados Unidos, Colombia, México, Brasil, Chile) y europeas (Francia, Italia y Alemania). Doctorada con una tesis sobre Augusto Monterroso fruto de la cual fue su libro *La trampa en la sonrisa* (1995; 2ª ed. 2000), ha participado como autora y editora en *Los espejos las sombras. Mario Benedetti* (1999), *Augusto Monterroso* (2004), *Escritos disconformes: nuevos modelos de lectura* (2004), *Contra el canto de la goma de borrar: asedios a Enrique Lihn* (2005), *Contraelegía. La poesía de José Emilio Pacheco* (2009), *Narrativas latinoamericanas para el siglo XXI: nuevos enfoques y territorios* (2010) y *Literatura más allá de la nación: de lo centrípeto y lo centrífugo en la narrativa hispanoamericana del siglo XXI* (Iberoamericana/Vervuert 2011). Es autora de más de 160 trabajos de investigación publicados en revistas nacionales e internacionales, en los que se manifiesta su especial interés por los movimientos estéticos más innovadores, desde las vanguardias históricas hasta la narrativa reciente, la poesía de los siglos XX y XXI, los imaginarios culturales, las relaciones entre imagen y literatura y la minificción.

GUSTAVO PÉREZ FIRMAT: poeta de la generación cubano-americana del 1.5 y catedrático de Literatura en Columbia University (Nueva York). Narrador y ensayista, miembro de la Academia Americana de las Artes y las Ciencias, ha sido constantemente galardonado por sus obras. Ha sido seleccionado como uno de los 100 hispanos más influyentes en los Estados Unidos y uno de los 100 americanos más relevantes del siglo XXI. Su obra *Next Year in Cuba* fue nominada al Pulitzer en 1995, y *Life on the Hyphen* es el ensayo de referencia sobre la biculturalidad en los Estados Unidos.

Hugo Achugar: poeta y ensayista uruguayo, profesor emérito de la Universidad de la República y de la Universidad de Miami. Entre sus obras líricas más sobresalientes están los libros *El derrumbe* (1968), *Las mariposas tropicales* (1985) y *Orfeo en la memoria* (1991). Como ensayista es uno de los pensadores más destacados en el ámbito del latinoamericanismo y los estudios culturales, siendo autor de textos fundamentales, como los volúmenes de ensayos *La balsa de la Medusa: ensayos sobre identidad, cultura y fin de siglo* (1992), *La biblioteca en ruinas: reflexiones culturales desde la periferia* (1994) y *Planetas sin boca* (2004). Ha compilado y prologado la antología de cuento uruguayo del siglo XXI *El descontento y la promesa* (2008). Desde 2008 es director nacional de Cultura del Uruguay.

Jesús Montoya Juárez: profesor de Literatura Española e Hispanoamericana en la Universidad de Murcia, es doctor en Literatura por la Universidad de Granada. Ha sido investigador visitante en Duke University, Universidad de Buenos Aires, Universidad de la República (Uruguay) o La Sorbona. Ha publicado los ensayos *Narrativas del simulacro* (2013) y *Mario Levrero para armar* (2013), además de prologar y coeditar los volúmenes de ensayos *Entre lo local y lo global: la narrativa latinoamericana en el cambio de siglo (1990-2006)* (Iberoamericana/Vervuert, 2008), *Miradas oblicuas en la narrativa latinoamericana* (Iberoamericana/Vervuert, 2009), *Narrativas latinoamericanas para el siglo XXI* (2010) y *Literatura más allá de la nación* (Iberoamericana/Vervuert, 2011). Dirige el proyecto de I+D del MINECO "Global-tec: globalización y tecnología en la narrativa hispanoamericana desde 1990".

Jorge Carrión: escritor, crítico cultural y profesor de Literatura y Escritura Creativa en la Universidad Pompeu Fabra, por la que es doctor en Humanidades, fue miembro del consejo de redacción de las revistas *Lateral* y *Quimera*. Ha publicado la novela *Los muertos* (2010); los ensayos *Teleshakespeare* (2011) y *Viaje contra espacio. Juan Goyti-*

solo y W. G. Sebald (Iberoamericana/Vervuert, 2009); los libros de viaje *Australia. Un viaje* (2008), *La piel de La Boca* (2008), *GR-83* (2007) y *La brújula* (2006); y la novela corta *Ene* (2001). Además, ha prologado y editado los volúmenes *Madrid/Barcelona. Literatura y ciudad (1995-2010)* (Iberoamericana/Vervuert, 2009), *El lugar de Piglia. Crítica sin ficción* (2008) y *Amor global* (2003). Sus crónicas sobre América Latina han sido recopiladas en *Norte es Sur* (2009).

JUAN FRANCISCO FERRÉ: escritor y crítico literario. Es doctor en Filología Hispánica. Entre 2005 y 2012 ejerce como profesor invitado e investigador en Brown University, impartiendo clases de Narrativa, Cine y Literatura Española e Hispanoamericana. Ha colaborado con relatos y artículos en medios nacionales e internacionales. Es autor de las antologías *El Quijote. Instrucciones de uso* (2005) y *Mutantes* (2007, en colaboración con Julio Ortega). Ha publicado el libro de estudios literarios *Mímesis y simulacro. Ensayos sobre la realidad (Del Marqués de Sade a David Foster Wallace)*, la colección de ficciones *Metamorfosis®* (2006) y las novelas *La vuelta al mundo* (2002), *I love you Sade* (2003) y *La fiesta del asno* (2005, con prólogo de Juan Goytisolo; traducida al francés en 2012). Su novela *Providence* (finalista del Premio Herralde 2009), obtuvo una rara y espléndida unanimidad crítica, tanto en su edición española como en la francesa, donde fue prologada por Julián Ríos. Su nueva novela, *Karnaval*, ganó en 2012 la XXX edición del Premio Herralde de Novela concedido por la editorial Anagrama y será publicada en Francia en enero de 2014. Mantiene el blog *La vuelta al mundo* (<www.juanfranciscoferre.blogspot.com>).

VICENTE LUIS MORA es escritor, investigador académico y crítico literario. Sus últimos libros publicados son la novela *Alba Cromm* (2010), el poemario *Tiempo* (2009), la monografía *La literatura egódica. El sujeto narrativo en el espejo* (2013) y el ensayo *El lectoespectador* (2012). Su crítica cultural puede encontrarse en <http://vicenteluismora.blogspot.com>, I Premio Revista de Letras al mejor blog español de crítica literaria.

VIRGINIA CAPOTE-DÍAZ es investigadora y docente en la Universidad de Granada. Obtuvo su doctorado en 2012 con una tesis titulada *Mu-*

jer y Memoria. El discurso literario de la violencia en Colombia, a través del cual se especializó en literatura colombiana y narrativa testimonial. Ha realizado estancias de investigación en centros de prestigio como University of Illinois at Urbana-Champaign, London Metropolitan University, la Universidad Nacional de Bogotá y la Université Paris-Sorbona. Asimismo, ha escrito diferentes artículos y capítulos sobre literatura colombiana en revistas y libros de impacto nacional e internacional y ha dictado numerosas conferencias y ponencias en congresos especializados. Actualmente lleva a cabo una investigación sobre los flujos transatlánticos entre España y Colombia en relación con el concepto de memoria.

Yannelys Aparicio: profesora de Montclair State University (EE UU). Ha publicado las ediciones de las novelas *Las impuras* y *Las honradas*, del cubano Miguel de Carrión, y el ensayo *Narrativa histórica cubana: la obra literaria de Julio Travieso Serrano*. Actualmente prepara un libro sobre la educación en la multiculturalidad en los Estados Unidos y España.